LIDE SHUREN SANMING JIANXING

CHONGQINGSHI JIULONGPOQU XIPENG YIZHONG

SANMING LIREN CHENGGUO

立德树人

『三明』践行

——重庆市九龙坡区西彭一中『三明立人』成果

主 编◎傅世海 张建成

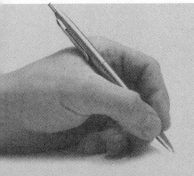

重庆大学出版社

图书在版编目(CIP)数据

立德树人 "三明"践行:重庆市九龙坡区西彭一中
"三明立人"成果/傅世海,张建成主编.一重庆:
重庆大学出版社,2017.5
ISBN 978-7-5689-0516-9

Ⅰ.①立… Ⅱ.①傅…②张… Ⅲ.①中小学—教学
研究 Ⅳ.①G632.0

中国版本图书馆 CIP 数据核字(2017)第 078126 号

立德树人 "三明"践行
——重庆市九龙坡区西彭一中"三明立人"成果

主编 傅世海 张建成
策划编辑:鲁 黎

责任编辑:文 鹏 方 正 版式设计:鲁 黎
责任校对:秦巴达 责任印制:赵 晟

*

重庆大学出版社出版发行
出版人:易树平
社址:重庆市沙坪坝区大学城西路 21 号
邮编:401331
电话:(023)88617190 88617185(中小学)
传真:(023)88617186 88617166
网址:http://www.cqup.com.cn
邮箱:fxk@cqup.com.cn(营销中心)
全国新华书店经销
重庆共创印务有限公司印刷

*

开本:787mm×1092mm 1/16 印张:15.75 字数:282千
2017 年 5 月第 1 版 2017 年 5 月第 1 次印刷
印数:1—1 200
ISBN 978-7-5689-0516-9 定价:38.00 元

编委会

总序

以立德树人根本任务
完成驱动教师专业化发展
——《立德树人 "三明"践行》一书总序

深化课程改革,落实立德树人根本任务,是基础教育关注改革、关注教育质量提高的重中之重。重庆市九龙坡区西彭第一中学,从学校多年重视教师师德与教师专业发展的高度上,提出"明德、明理、明志"三明办学理念,全面深化学校的教育改革,引领学校课程体系建设,最终形成本书中教师践行立德树人根本任务的研究成果,值得祝贺。

首先,我认为书中对于"三明"内涵的界定十分准确。明德是对教师立德树人的理解与把握,是强调教师的职业道德。国家对于教师发展的第一要求,就是德育为先、能力为重。教师本身是学生学习和成长的榜样,教师的师德不仅是职业道德,而且是对学生进行成长与成人教育的重要课程内容。中华优秀文化传统之一的德育教育,就在于重师德,重教师言行的示范教育。明理是要求教师掌握科学文化知识,在教书育人过程中以理教人、以理育人,可以说做教师的许多素质都集中在教师的明理之中。明志是教师的职业需要有理想与信念,需要教师坚持教育

的人生追求，以及对于教育梦的思考与践行。

其次，在教师正心、修身、齐家、治国、平天下的成长过程中，"三明"践行可以说是最重要与最丰富的实践活动。中国特色的社会主义理论中有"实践是检验真理的唯一标准"之说，借用过来，教师能否完成立德树人的根本任务，是否对学校课程改革起到建设者与实施者的作用，就在于其是否很好地践行了"三明"。《立德树人 "三明"践行》一书呈现给读者的内容，虽不能说是很完善地保存了西彭一中教师践行"三明"的实践经验，但可以说是学校教师具体落实立德树人根本任务的重要日志。

再次，从《师资建设》到《教师发展》多年的编辑审稿过程中，特别是近两年重庆市教师教育研究会对于教师专业发展的研究成果走向上讲，"三明"的发展理念应当能很好地代表教师科学发展理念的一个方面。我个人对于教师发展十分强调三个方面：一是主动发展，二是继承创新发展，三是个性化发展。从《立德树人 "三明"践行》中，我发现对于这三个方面发展都有不同程度的表述。因此，我推荐本书给大家，让大家从中学习到如何实现教师科学发展的一些道理。

中国传统，世界眼光，这是基础教育面临的挑战与机遇，同样也是教师专业化成长的道路。中国传统，实质是要中小学教师立足国情，把握优秀文化，育中国人，做中国事，培育中国特色社会主义事业的接班人与建设者。世界眼光，是教育要改革开放，要引进先进的教育理论与方法，要学习最有用的科学技术知识，成为教育专业工作者，成为有理想、有思路、有技术、有成就的新一代教育工作者。

最后，希望西彭一中的干部和教师多学习、多研究立德树人的原理与方法，多总结"三明"实践活动的经验，最终实现个体与群体的专业化发展，全面贯彻好党的教育方针，提高育人的质量。

《教师发展》总编
重庆市教师教育研究会会长　黄明超
2017 年 2 月于北碚

前言

追梦品质教育　践行生命价值
——重庆市九龙坡区西彭第一中学建设特色学校发展之路

　　在中国铝都——重庆市西彭镇，有这么一所学校，它是"全国语文教师专业化发展基地校""全国青少年校园足球活动布局学校""全国首批校园足球特色学校""重庆市'领雁工程'优秀项目学校""中国教育科学院九龙坡实验区科技项目和书香校园建设项目学校"，重庆市文明单位，九龙坡区"绿色学校"，九龙坡区"教改科研实验基地"，九龙坡区科技教育活动特色学校，九龙坡区青少年体育训练基地。它以"三明立人 健全人格"为办学理念（明理求真、明德至善、明志笃行），注重学生全面发展和综合能力的培养。这就是重庆市九龙坡区西彭第一中学。如今学校有21个教学班，在校学生1 100人，在职教师80人，市、区、校级骨干教师45人。近年来，学校以校园文化为统领，走出了一条特色发展之路。

让书香飘满整个校园

　　学校秉承中华民族的优秀文化传统及学校的文化历史，在力求汇融与再生多元文化的前提下，进行书香校园的营建工作，力图以此引领孩

子"读书、读好书、读整本的书",从而推动师生对文化的渴求与学习,形成浓郁的书香之气,然后息息相生,不断地促进师生感悟、思考,不断地净化灵魂、完善人格,最后形成良性循环,推动学校、教师、学生持续和谐发展。通过营造读书环境,使书香氛围外化于形;完善常规制度,使书香建设固化于本;开展系列活动,使书香气质内化于心;课程引领阅读,使书香成效融化于行。经过师生们的不懈努力,书香校园建设成绩显著,2014年学校获重庆市十佳书香校园殊荣。

让活动推动学生发展

学校常年开展丰富多彩的社团活动,学生参与积极,特别是体育活动,成绩斐然。女子乒乓球队常年保持在区前三名,男子保持在区前四名;男子篮球队常年保持在区前两名,女子篮球队常年保持在区前三名;男子足球队多次参加重庆市校园足球乙级联赛,常年保持在前五名;田径运动队常年保持在区前六名,多次代表区参加重庆市比赛,获得多枚金牌,李韵诗打破重庆市女子800米、1 500米纪录,周泽皓打破重庆市男子3 000米、5 000米纪录;跳绳队连续8年蝉联九龙坡集体长绳团体总分第一名,连续三年获重庆市团体总分第一名,参加亚洲跳绳锦标赛获1金2银3铜,参加世界跳绳锦标赛获5金2银5铜,李雪莲成为亚洲跳绳大师,余飞宇成为世界跳绳大师,并参加了2017年春节联欢晚会歌舞类节目表演。学校通过特色活动创建,每年有多名体育、艺术优秀学生进入重庆市直属重点高中学习。

让特色诠释教育均衡

学校每年定期举办"圆通杯体育节""科技创造节""读书节",每次历时数月,活动内容丰富,学生全员参与,通过专业教师的精心组织和悉心指导,取得了良好的效果。

近年来,学校积极参与科技教育联盟研讨活动,以培养学生的科学思想、科学精神、科学方法和科学能力为目标,充分利用各种科普教育的阵地与渠道,大力推进学校科技教育工作。学校科技活动以市、区科技活动为导向,结合学校科技教育特色,组织开展丰富多彩的比赛,给学校的科技活动带来了勃勃生机。

让硕果塑造教育品牌

学校注重内涵发展,重视师资队伍建设,大力推进课堂教学改革,办学质量高,社会声誉好,中考成绩喜人。2013 年中考综合排名西部初中学校第一名,全区第五名;2014 年中考综合排名西部初中学校第一名,全区第四名。2015 年中考综合排名西部初中学校第一名,全区第七名;学校每年均荣获九龙坡区初中教育教学工作先进集体称号,每年区综合目标督导考评均为初中组一等奖。

古希腊荷马曾说:"决定问题,需要智慧,贯彻执行时则需要耐心。"重庆市九龙坡区西彭第一中学将坚持自己的办学理念,在建设特色学校之路上愈行愈远,漫步在秀丽的风光中,前行在平坦的大道上。

用爱心培育爱心,用人格塑造人格,用教师的智慧和学校文化的力量,最大程度地促进学生的发展,关爱每一位学生,不放弃一个孩子,着眼于学生的健康成长和未来发展。为办成质量一流、特色鲜明、社会满意的学校,全体一中人一直在努力拼搏、不断进取。

编　者
2017 年 2 月

目　录

■ 明德篇

■ 明理篇

■ 明志篇

明德篇

——中华优秀文化传统重视以德为先，德才兼备，立德树人

明德说

党的教育方针与新时期教育发展纲要，都把德育放到了首要地位。作为中华优秀文化传统之一的德育教育，可以说是中国特色最具有代表性的教育。如何坚持德育为先，对于学校的改革与发展，应当说是十分重要的一个问题。

学校德育，从教师的师德开始。师德，就是教师要为人师表，能够发挥榜样示范作用，有职业操守与教育情怀。对于一个学校而言，管理首先是思想道德的重视与强化。西彭一中提出"三明"育人，第一明是明德，这是管理者的正确决策，更是推进学校特色办学的第一需要。中国特色教育落实到该校，从明德开始。

中国古代的《大学》，是儒家谈论大学教育的文章，全文共十章，"明德"就是第一章。其内容主要为：明德于天下者，先治其国；欲治其国者，先齐其家；欲齐其家者，先修其身；欲修其身者，先正其心；欲正其心者，先诚其意；欲诚其意者，先致其知。为此，中国人的成人之道，在于其"心正而后身修，身修而后家齐，家齐而后国治，国治而后天下平"。

如何实施明德教育，从现代学校教育上讲，可以分为4个部分：一是校园文化建设可以彰显德育教育的特色，许多德育内容应当自然地融入学校的环境文化、师生的行为文化、管理制度文化，以及课程建设的具体选定之中。二是学校的主题活动开展，如西彭一中每年举行的"科技创造节""圆通杯体育节"活动，以及学校文学社、舞蹈队、合唱队、书法、绘画、科技活动、校园舞台剧表演等多种形式的主题活动，对学生都有不同程度明德教育的作用。三是学校的改革，特别课程改革落实到学科课程建设上，十分重视传统文化的礼仪教育，这可以说是明德教育的一个重点，充分呈现出"明德在礼"的教育思想。四是学生的特长发展，首先从学会做人开始，学会自我管理与学会与人交流，这是现代教育所需要的德育丰富内涵之一。

　　当然,德育为首的明德教育,对于西彭一中的特色发展起到了十分重要的方向性作用。通过教师们对于明德教育的实施体会,不难发现其中最为核心的是全面贯彻党的教育方针,全面实施素质教育,全面落实立德树人的根本任务的思考与实践。

"六项修炼"为教师走向卓越插上翅膀

傅世海

"鹤发银丝映日月,丹心热血沃新花。"一所学校想要维持和发展,教师是最不能忽视的存在。可以说,一个学校的全部内涵在于它的教师,教师是兴校之基,强校之本,名校之魂。成为卓越的教师是我们每一位教师的理想和追求。怎样成为卓越的教师? 我认为一名教师要想走向卓越,自觉地做好以下 6 个方面的修炼尤为重要。

一、发挥潜能　无所不能

无数事实证明,没有一位卓越的人才不是潜能得到理想开发的结果。苏联学者衣凡·叶夫莫雷夫指出:"人的潜力之大令人震惊,我们迫使大脑开足一半马力,就能毫不费力地学会 40 种语言,把苏联百科全书从头到尾背下,完成几十个大学的课程。"这是多么令人向往的境界啊! 一个人潜能的开发,离不开激情的燃烧,当我们启动自己全部的激情去学习、去工作、去生活时,我们对学习、对工作、对生活的爱就如朝阳一样喷薄而出,冉冉升起在我们生命的天空中,就会蔑视失败、渴望成功、拥抱胜利! 当你充分发挥你的潜能时,你就无所不能。

二、爱我所选　定能成功

我们今天做事的态度决定了我们明天存在的状态。不能选你所爱的,那就爱你所选的。对于多数教师而言,虽然我们当初不一定能选择自己最爱的职业,但是既然选择了又不能离开,那干脆就努力做好我们所选的教师职业,矢志不渝,终生不悔! 只有抱着这样的心态,才能提高工作效率,获得更多的发展机会,进而取得更大的成功。

三、勇于实践　善于积累

一位优秀的教师,一定是勇于实践、善于积累的教师。

1. 勇于实践

作为教师,要丰富自己的教育实践。一是要多看,对教育对象和教育环境多观察、多了解、多关注、多熟悉。二是要多想,在实践过程中多思考、多探究、多鉴别,不断形成自己的个性化理论。三是要多做,抓住各种实践机会,体验多种教育、教学经历。

2. 善于积累

教师对自己的实践经验,要善于积累,要在筛选的基础上,进行归类与储存,使经验有序化和条理化。我认为教师的成长,除了要有积极的工作态度和高度的责任心外,还要注意科学、合理的工作方式。其中读书、反思、研究和写作,就是最好的工作方式。

四、徜徉书海，学以致用

朱永新教授说过:"一个人的精神发展史就是一个人的阅读史,一个民族的精神境界,在很大程度上取决于全民族的阅读水平。"古人说:"读万卷书,行万里路。"如果一个人没有广泛阅读,只行万里路,不过是一名脚夫;读万卷书,才能具有一双善于发现的眼睛。

1. 教师为什么要读书

读书是教师专业成长的重要方式和生命状态。当我们专注于一本好书,犹如沐浴智慧的洗礼,与智者进行心灵的对话,犹如跳动的知识精灵带着我们遨游寰宇,让我们感到充实、愉悦和慰藉。阅读可能改变不了人生的长度,但可以改变人生的宽度;阅读可能改变不了人生的起点,但可以改变人生的终点。在书中畅游,我们收获的不只是知识,还有智慧和真理。读书让我们开阔视野,增长才气,激活灵气。

2. 教师应该怎样读书

(1)要善于选择。教师读书必须学会选择,采用浏览和精读相结合。浏览的面不可太窄,精读的面不可太宽。第一,教师首选读物是教科书。第二,阅读其他科目的教科书。第三,阅读一些优秀的教育刊物。第四,阅读一些教育经典名著。此外,还要读一些政治的、哲学的、经济的、历史的、文学的等与教育"无关"的书,徜徉于人类精神文明的长廊,从非教育的书籍中读出教育来。阅读一些文学作品和思想随笔之类的书籍,会使内心变得丰富、细腻与鲜活。

(2)要善于积累。把读到的感悟和重要部分用笔记下来,或制作卡片备查,有时间的话还可以分类剪辑,或用计算机记录为电子笔记,对所读的东西加以梳理和提升,从而转换成专业发展的一种新力量。

(3)要学以致用。只有将读到的知识运用到实际教育、教学中,才能加深对知识的理解,才能感到知识的欠缺与贫乏而换来对知识的渴求。我们只有不停地读书,才能拥有源头活水,滋润学生求知若渴的心田;只有不停地读书,才能打下深厚的精神底蕴,引领学生丰富的精神世界。也只有热爱读书的教师,才能培养热爱读书的学生,才能营造出整个社会热爱读书的良好氛围。

五、善于反思,总结提升

众多功成名就者,或者正在成长中的优秀教师,总是以极大的热情和严谨的实践不断追求着教育工作中的完美。他们的身上,闪烁着自我挑战精神所催生出的各种优秀品质的光芒。其中重要的一条就是善于反思。

1.为什么要进行反思

对于一名教师来说,教育思考使他明确自己的教育方向,科学而理性地设计、实施自己的教育,同时不断地总结、提炼、升华自己的教育实践。

2.教师反思什么

(1)对教育实验的反思。以科学的态度进行反思,即使是失败的教育实验,也是一笔财富,而对于成功的教育实验,同样需要以科学的眼光进行实事求是的剖析和评价。

(2)对教育行为的反思。反思不仅仅是针对明显的教育事务,也包括对自己一切教育、教学行为的反思。

(3)对教育现象的反思。作为一名有责任感同时胸襟开阔的教育者,还应关注与自己相关或不直接相关的其他教育现象,并以科学的态度,尤其是批判的眼光进行审视和追问。

3.教师如何进行反思

（1）写第二教案。课后，在原来的基础上进行教案的修改、调整和补充。

（2）写教学札记。坚持每天写教学札记，把自己教学的得失记录下来。

（3）听取同行或专家的评价，为自我反思提供资料。

（4）与别人作比较。通过对比、联系，结合自己的教育、教学，取长补短。

叶澜教授说过："一个教师写一辈子教案不一定成为名师，如果一个教师写三年反思则可能成为名师。"成长是一个过程，永无止境；反思也是一个过程，永无终点。

六、致力教研，记录火花

教师的教育研究可以使课程、教学与教师真正融为一体。只有教师基于研究的教学，才能真正实施新课程。作为一名教师，要学会养成记录自己平时思想火花的习惯。一次联想、一回顿悟、一缕思绪、一个念头……都以随笔、格言的形式写下来，让"激情的火焰在纸上燃烧"。实践证明，大凡有所成就的教师，都十分重视对工作经验的总结和研究，不断地把自己的经验上升为理论。

一个教师不想一辈子当教书匠，想让自己的声音传得更远，使自己在报刊获得发言权，就不能轻视写作。养成写作习惯，也会使我们更用心地品味生活，洞察世事，从更广阔的生活世界中捕获到益人心智、怡人性情、滋养人生的知识与信息。

俄国作家捏克拉索夫说过："一个人想要自己成为怎样的人，他就能成为怎样的人。"可以说，教师走向卓越的六项修炼是一个相互联系、相互影响、相互作用的整体。充分认识自己潜能的自信和对教育事业的热爱是教师走向卓越的基石，丰富的教育实践和厚重的知识底蕴是教师走向卓越的双翼，永远的反思精神和自觉的研究态度是教师走向卓越的必由之路。

如何激发学生的学习兴趣

李 秋

国家教科院调查结果显示:90%的学生对学习缺乏足够的兴趣。那么,怎样激发学生的学习兴趣就显得尤为重要。托尔斯泰说过:"成功的教学所需要的不是强制,而是激发学生的兴趣。"能使学生在愉悦的气氛中学习,唤起学生强烈的求知欲望是教学成功的关键。为此,我在教学中也不断地思考如何激发学生的学习兴趣。

一、改变传统的教育模式

以往的教学模式是以教师的教为主,学生被动地接受知识。在面对自己较感兴趣的知识时才主动、积极地学习,而大部分知识是学生不感兴趣的,所以就存在上课不听讲、打瞌睡等现象。对于这些问题,许多专家早已意识到,因此很早就提出教育改革。我区实施的"品质课堂"就是改变传统的教育模式,把课堂还给学生,让学生成为课堂的主人。在平时的教学中,我以小组学习为主,让学生相互帮助,提倡自主探索、小组合作的学习方式,不断创设有意义的问题情境和教学活动,激励每一个学生自己去探索化学,独立思考,发表见解,善于倾听其他同学的不同意见,在小组交流、合作中达到共同获取知识、发展能力的目的。教师再加以点拨和鼓励,让创新意识在轻松和谐的氛围中萌发在学生身上,学生的学习兴趣也大增。

二、教学过程注重趣乐性

平时的教学中,有针对性地选择学习情境素材,学生对发生在身边的事情最容易产生兴趣,如果发生在身边的事情能用所学的知识来解决,就能增强学生学习化

学的自信心。化学与生活联系紧密,通过分析与化学有关的社会热点问题,激发学生获取化学知识,认识和解决化学问题的热情。让学生尝到学习乐趣的同时,发现和赏识孩子身上的优点、长处和天赋,唤醒孩子的自信。

三、精心设计问题

好的设问是一节课的亮点,犹如画龙点睛。设计问题时注重问题的质量,让问题有探究性和引导性,可以通过问题来激发学生的学习兴趣,让学生在问题中发现快乐,在解决问题中寻找快乐,这样不仅可以激发学生学习的兴趣,而且有助于学生更好地理解和运用知识,同时也让学生获得了学习的快乐。当然,问题应该有层次性,对不同的时段、不同的学生所提的问题也应不同,应该让每一个学生都能回答上一个问题,学生答错也不要责备,要用鼓励性的语言来赞扬学生,这样可以让学生更有自信,学生的学习兴趣也会慢慢浓起来。

四、联系生活

化学是一门自然科学,与生产生活联系很紧密。我们可以让学生在生活中了解一些化学知识和发现一些化学现象,然后在课堂上交流、探究,从而解决一些生活中的化学问题,这样可以让学生觉得化学是学有所用的一门学科,可以帮助我们更好地生活,提高我们的生活质量。同时也培养和锻炼了学生的综合实践能力,让学生的创新意识、探究欲望更加强烈。

五、建立良好的师生关系

师生之间的关系可以是朋友关系,也可以是长辈与晚辈的关系。作为朋友,我们应该相互帮助,相互理解,为朋友排忧解难;作为长辈,应该关心爱护晚辈,了解他们的需求和愿望,帮助他们实现理想,这样的师生关系就会和谐融洽,学生的畏师情结消失以后,对学习就积极主动得多,兴趣也就慢慢培养起来了。当然,课后对学生学情的了解要及时,以便更好地调整自己的教学,更好地满足学生对获取知识的欲望。

化学来源于生活,从学生的生活经验和已有知识出发,创设生动有趣的情境,引导学生发现问题、探究问题和解决问题,使学生通过化学实验探究,掌握基本的化学知识、技能,初步学会从化学角度去观察事物,思考问题,激发对化学学习的兴趣以及学好化学的愿望。

初中英语课堂中学生自主学习能力的培养

李小军

创新是一个民族兴旺发达的不竭动力,同样,教育、教学也需要创新,我们现有的教育、教学模式已经跟不上时代的步伐了,因此,教学改革势在必行。教育、教学的改革首先要改变学生的学习方式,即变被动学习为主动学习,也就是自主学习。

一、自主学习的内涵

自主学习就是学习者在总体教学目标的宏观调控下,在教师的指导下,根据学生自身条件和需要自由地选择学习目标、学习内容、学习方法并通过自我调控的学习活动完成具体学习目标的学习模式。在自主学习中,学生才是学习的主体,教师只是引导者,这两者之间的关系我们一定要分清。

二、初中英语课堂中学生自主学习能力的培养方法

1.培养学生自主学习的意识

思想支配行动,初中生在课堂中学习英语的时候往往不动脑筋,期待教师把问题都讲完,殊不知这样的学习方式是低效的,对于培养出的自身能力也是低下的。学生之所以会有这样的想法,就是没有自主学习的意识,在小学的时候,我们的学生就已经习惯了这样的学习方式,但是随着教育、教学的改革,我们一定要培养学生的自主学习的意识。

(1)改掉学生的不良学习习惯。初中生在学习英语的时候有许多不良的习惯,如不按时完成作业、上课走神、用汉语标注英语单词的读音等,要想改掉学生这些习惯,教师就要"对症下药":对于不完成作业的学生,教师就要上课多提问,尤

其是提问作业中的问题;对于上课走神的学生,教师要给予语言或眼神的暗示,无论采用什么样的方法,都要使学生感觉到老师是关注自己的。

(2)提前布置学习的任务。每次上课之前,教师应该布置一些预习的任务,其中预习的内容要有明确的要求,比如写单词、读课文等,这样的方式才能为学生课上的自主学习打下基础。

2.激发学生自主学习的兴趣

学生缺乏自主学习的能力,其实也是缺乏自主学习的兴趣,在课堂上教师喋喋不休地讲,学生麻木地听,这样的教学方式怎能激发学生的兴趣。因此,在课堂上,教师要善于利用课程资源,激发学生的学习兴趣。比如,在一些有对话场景的阅读课文中,教师可以组织学生将课文内容以课本剧的形式表演出来,这样不仅能让学生熟悉课文内容,还能激发学生自主学习英语的兴趣。所以在实际的教学过程中,教师要善于挖掘教材资源,做到匠心独运。

3.教给学生自主学习的方法

让学生学会自主学习,学会方法是关键,因此,教师要引导学生走上自主学习之路。比如,在分析阅读理解题时,笔者常常让学生采用"鱼骨阅读法"来分析课文。

例文:Last summer vacation, I went to the Great Wall. It was a sunny day. My mother and I took a bus and went there happily. But when we almost got there, it began to rain suddenly. We felt very sad.

As we went on our trip, it was raining harder and harder, we even wanted to give up. Just at this time, a long wall came into my eyes. What a huge wall it is! It's more than 6,000 kilometers long.

It was difficult for us to travel in the rain. It was even more difficult to build such a wall in the ancient days without any modern machines. The Great Wall was made not only of stone and earth, but of the flesh and blood of millions of people.

当学生拿到一篇例文时,教师可以适当地将学生分组,每个小组又分成内在的2个小组,其中一部分学生提出问题并将问题写在鱼骨的上方,剩下的学生通过合作找出答案写在鱼骨的下方。比如,就本篇文章来说,学生可以从时间、事件等方面来提问;回答问题的学生则要找出时间:Last summer vacation,事件:We went on our trip, it was raining.当学生们把这些问题弄清楚后,再让一个小组的学生讨论文章的主题,并写在鱼骨中间。

用"鱼骨阅读法"来分析课文,让学生在自主学习时有了目标,这样,学生就会在方法的指引下慢慢地学会自主学习。

4.评价学生自主学习的成果

学生学习的快乐来源于教师的适时鼓励,学生在自主学习的过程中也许会遇到很多的困难,他们求知过程不是一帆风顺的。因此,教师更应该给予他们肯定和鼓励,哪怕是一句表扬的话语,一个鼓励的眼神,都能激发学生再学习的动力。比如,当学生在自主学习的过程中,对问题有了自己的新看法,这种看法也许是不全面的,但教师可以这样说,你已经认真思考了,很棒,如果考虑得再全面一些就完美了,继续努力吧。赞扬学生自主学习的成果,其实就是满足学生的心理需要,当学生的心理需要满足了,他才有动力去学习新的知识。

参考文献

[1] 刀剑英.浅谈初中生英语自主学习能力的培养[J].现代阅读:教育版,2011(24):139.

[2] 江晓娟.用"心"教学——教师积极心理暗示在英语学习中的作用[J].现代教育科学:小学教师,2011(05):121-122.

浅论初中语文教学中学生主动学会的方式

梁如鲜

学生主动学会，是学生学会学习，学会运用科学有效的方法，是主动地获取语文知识，而不是被动地接受教师的传授性讲解语文知识。主动学会根本上是学生的自主学习能力得到不断的提高，主动学会，关键是学生的学习不再被限制于教师所讲的范围，而是不断地发现、不断地创新。

一、学生主动学会的几种方式

1.学生自己提问

"发明千千万，关键在一问。"引导学生质疑问难，是培养学生创新精神的有效途径，也是学生主动学会的重要途径。没有问题的学生就是问题学生。再到具体的教学中，我们要让学生充分地质疑，可以从重点词句质疑，可以从文章的内容质疑，可以从内容的矛盾处、模糊处质疑，也可以从同学或老师的语言中寻找疑问。让学生在质疑中产生阅读期待，调动学生的学习兴趣。同时，老师在学生的质疑中也能够了解学生的心理需求，及时调整预设的方案，把课堂生成的资源有机地融入正在进行的教学中，真正做到以学定教、顺学而导。当然，面对学生一个又一个的问题，老师要有足够的心理准备，有效地帮助他们进行梳理、归类，以此作为教学的起点。切不可虚晃一招，表面看学生小手如林，热热闹闹，提出的问题一个又一个，结果还是回到预设的方案中来，这种让学生钻圈的方法是万万不可的。

2.学生自己说话

"每一个人的心灵都像他们的脸一样各不相同，正是他们无时无刻地表现自己的个性,才使这个世界显得如此的精彩。"(洛克)新课程的理念之一认为阅读是学生个性化的行为,不应该以教师的分析来代替学生的阅读实践。在教学中,要让学生在主动积极的情感活动中,加深理解和体验,把自己的感悟充分地表达出来。我们在引导学生说的时候,要注意站在学生的角度,仔细倾听,不随意打断他们的发言,更不能简单地把自己的理解作为结论性的东西硬塞给学生。尤其是对学习有困难的学生,老师要有足够的耐心等待他们,充分信任他们通过学习一定有所收获,尽管表达上也许不太尽人意。在这一过程中,老师时而旁敲侧击,时而正面引导,逐渐逼近问题的实质,最终问题解决的表述还是要学生来完成。

3.学生自己做事

新课程倡导综合性学习。体现在语文学习的方面,我认为主要是语文知识的综合应用、听说读写能力的整体发展、校内校外的沟通、书本学习和实践活动的紧密结合等。老师要在相信学生的同时进行指导,才能在实践中有效地锤炼学生的自主、合作、探究的能力。有经验的教师曾开展设置新闻摘抄本的做法,效果很好。具体为制定出"班规":要求学生每天摘录一至两条新闻,资料的来源可以是报纸、电视,也可以是网络,或者其他途径,还要对页面装帧进行美化,并把星期三下午第三节课作为固定的交流时间,发言时要求脱稿,交流的顺序采取抽签产生和自愿发言相结合,从实施的效果来看,学生对当前时事的关注程度明显高于以往。

4.学生自己评学

教育评价是新课程重点探讨的话题之一,也是转变学生学习方式的一个平台。教师可在班级白板上精心设计"比一比,谁的红旗多"的评比栏,引导学生根据学习表现评比出优秀学生,给予适当的奖励,奖品就是小红旗。谁的朗读精彩,谁的进步明显,谁解决了大家解决不了的难题,谁的发言最有创意、感悟最深刻,谁就有机会得到小红旗。另外,我们也把自评和互评的机制运用到作文的评改中。在给出习作要求的同时,我们经常引导学生反思自己的文章,把优点和缺点都用文字的形式表述出来,特别在老师的引导下互评习作时,学生都能够坚持鼓励为主的原则,虚心地学习别人的长处,诚恳地指出对方的不足之处。这种文字化的对话与交流,不但提高了学生的阅读质量,而且提升了他们自主能力和表达能力。

二、指导学生掌握主动学会的方法

"未来的文盲不再是不识字的人,而是没有学会怎样学习的人。"由此可见,引

导学生学会学习比传授知识更为重要,教师要善于"授之以渔",引导学生学会"织网""捕鱼"的方法,让他们在知识的海洋里获取无穷无尽的"鱼"。

1.规划法

规划法是指让学生对学习内容、学习时间进行短期规划,使其知道在一定的时间段里做什么、怎样做,如何把大目标分解成若干个小目标,然后逐一去实现。

2.质疑法

质疑法是指鼓励学生从无字句处读书,从课题、重点词句、课文的矛盾处、语言表达、谋篇布局、中心思想、标点符号等处质疑,教师带着疑问走向学生,学生带着疑问走进课堂。

3.查阅法

查阅法就是教给学生在发现疑问后,能根据工具书、资料、文献、网络等提供的信息解决疑难的方法。

4.探究法

探究法就是鼓励学生勇敢地走进新的学习领域,尝试新的学习方法,追求新的思想、新的表达,能够多角度、多层次地阅读,对优秀作品能够常读常新,获得新的体验和发现。其具体做法有:下放争论焦点,提供探究机会;自主筛选目标,营造探究氛围;关注生活现象,拓展探究渠道等。

三、培养学生主动学会的习惯

在语文学习中,尤其要重视良好学习习惯的养成。学生主动学会的习惯主要有以下几方面。

(1)自主预习的习惯。课前自主预习,就是直接与文本对话的过程,在这一过程中没有教师的"干扰",学生可以以自己的知识、经验、思维、价值观直接去理解课文,进行情感的体验、价值的判断,与作者、文本、心灵直接对话。教师要让学生明确"三读两查一质疑"(初读明大意、划新词、标段序,次读析思路、明主旨、质疑难,三读体情感、品语句;一查生字、新词,二查相关资料;质疑问难,标出不理解处)的预习要求,帮助学生养成写自学笔记的习惯。

(2)自主复习的习惯。学生每天在完成作业之前对当天所写内容及时复习,不仅能提高完成速度,而且能巩固知识。复习的方法有:分类整理、重点记忆、自编习题等。

(3)自主练习的习惯。告诉学生在"三读两答一检查"(速读明大意,跳读带问题,精度作答案;先口头试答,后用笔正答;再对照答案检查)后认真思考出错原因,及时反思,总结提高,并教会学生阅读方法:"四联三不离"(联系中心,联系段意,联系写作方法,联系上下文;词不离句,句不离段,段不离篇)。

(4)自主反思的习惯。反思是学生通过自我认识、自我分析、自我评价,获得自我体验的过程。因此,学生在反思中要善于总结达成目标的成功经验和失败教训,及时调整学习方法,即对知识内容及产生过程、思维方法及推理过程、语言表达等进行反思,从而真正达到学会学习的目的。

英语课程改革的收获与思考

罗　莉

在这与时俱进的时代,作为教师的我们迎来了课堂改革的春风,我们欣喜、新奇,更期盼……

新学期伊始,我迎来了新一届的七年级新生,看着一张张陌生的稚嫩的脸庞,我感到既高兴又担忧,因为肩上挑着重重的责任,一边是学生的英语学习成绩,一边是新课改的推行,真怕自己不能很好地平衡这两者。担心新的课程改革影响孩子们,最终让他们收获很少,甚至影响他们的初中乃至高中阶段的学习。然而,当看到许多课程改革成功的案例,看到老师教学轻松,学生学得愉快的情景,我坚定地告诉自己:一定要试一试。通过几学期的教学实验,我慢慢理出一点头绪,下面谈谈自己的一点体会。

一、转变观念、以推动新的英语课堂

新课程改革最重要的就是观念的转变,老师要摒弃传统"填鸭式"的教学模式,大胆运用全新的教学理念去实施教学活动。传统教育模式是以知识传授为主的、单向传输的过程。学生成了一个个只会被动接受,只会做题的机器,教学效果差,老师们常常也感到,这样的教学真是劳而无功。随着教育实践的发展,这种认识受到了挑战,教学的目标不仅仅是知识的传授,还包括学生对学习过程的理解、学习方法的掌握,以及态度、情感和价值观的培养熏陶。为师者要树立一种新的教学理念:学生理解、学会和掌握新的知识并不是像填鸭般地被填塞,而是一种重构,在他已有知识、经验和观点上的重构。所以英语课堂应该在老师的引领下,大力倡导自主学习和探究式的学习方式,更新学习的策略和方法,提高教学效率和质量。

二、开展课改实验、走进新的英语课堂

一种全新的课堂教学形式展现在我们面前,英语教学采取新的教学形式,首先带领学生理解和运用自主学习的方法,攻克生词、短语这一关,学生敢于提出自己在预习中的疑难问题。老师创设情境,学生应用已会的知识。在课堂上,提出问题,老师引导观察,分析问题,在学生已有知识的基础上总结、提高,解决问题。这样的教学始终注重学生的自主学习,合作探究,注重以学生为主体,教师为主导的思路。

为了较好地落实全新的英语教学形式,我从初一开始就重视培养学生的预习能力。在学习情态动词 can 的用法时,我设计了预习学案,学生认真完成后,对教学内容有了初步了解,并能总结出 can 的基本用法,从学生的预习中,我能找准学生的疑难问题,对 can 的用法理解还不够深入,我通过听力材料,语言交际,有针对性地巩固、讲解。这种有的放矢的教学,提高了课堂教学质量,让不同层次的学生都有收获。

在新的英语教学形式的促使下,一定要充分发挥学生主体性和积极性。我认为关键在于教师,教师如何引导、启发和点拨? 能否真正地把学生引到这一话题上? 教师在平时备课中一定研读教学大纲,要吃透教材,而且要尽量地搜集、整理与教材有关的知识,还要善于把握学生的心理,尽量选择学生能够与老师产生共鸣的材料。比如,在学习数字的英语单词时,让学生想想我们身边的数字,让学生产生学习的欲望。在学习询问价格和回答价格的单词后,我们应该给学生创设购物的情境,学生学以致用,一种成就感油然而生。在学习制作某种食物的单词时,我们应该大胆让学生尝试,让他们在学中用,在用中学。因此,在教学中教师要善于引导学生从熟悉的事物和现象出发,根据学生掌握的情况,创设情境提出问题,激励学生共同参与,发挥想象,积极思考来解决问题。

三、大胆尝试,创造新的英语课堂

苏霍姆林斯基曾说:"要把给予学习者取得成功的欢乐看成是教育工作的头一条金科玉律。"在教学中,教师要根据不同类型的学生,提出不同的学习要求,给他们展示自己,表现自己的机会,达到要求时给予肯定和赞扬,并不断鼓励他们,要让学生经常体会到成功的喜悦,增强学生的自信心。

英语是一种交流的工具,我认为培养学生的口头表达能力是十分重要的,是让学生终身受益的。在小组组长的带头下,通过生教生的形式,再利用课堂上的展

示、交流,课堂气氛变得积极、踊跃了,这样的课堂不再是几个优生展示的平台,而是给更多同学表现的机会,学生的胆量增大了,信心增强了,表达能力提高了。为了不拖小组的后腿,组内同学"你帮我赶",争做最优秀的自己,组外同学"摩拳擦掌",争当最优秀的小组,这样积极、向上的学习氛围就形成了。

在收获成绩的同时,新课程改革也给我带来了以下思考。

1.如何做到教学中有效的"探究"

课程改革的核心问题与根本目的就是为了培养学生的创新精神和实践能力,在课堂教学中如何培养学生的创新能力,有什么具体的实践指导方法吗?我认为是"探究"。毫无疑问,"探究"需要时间,在教学内容多,课堂时间有限的情况下,怎样才能做到真正意义的"探究"呢?我们的"探究"不要是形于热闹的表面,而忽略了学生思维的调动。气氛虽不热闹,但只要每位学生的思维一直处于活跃状态,学生的感情一直沉浸其中,这就是动;相反,学生疏于思考而忙于热闹的形式,动而无益。教学有一个基本的要点,那就是要以知识的教学为载体,开启学生的智慧大门,引发学生实质性的思维碰撞,从而促进学生的发展。因而在课堂上确实应该有更多的"探究",而少一点机械的记忆和简单的模仿,但"双基"的落实仍然是要抓紧抓实的。因此,纯粹的"讲授"和纯粹的"探究",都不可能产生良好的教学效果,我们需要寻求一条"中庸之道"。

2.教师的继续学习迫在眉睫

随着新课程的深入,老师也逐渐感受到自己专业知识的枯竭和全新教学理念的缺乏,为了适应新课程的要求,教师的继续学习一定要跟上。新课程改革促使教师的教学过程不再是一个技术化、程序性的训练过程,而是"实践智慧"的引导过程。新课程改革促使教师首先在知识上一定要融会贯通,才能在课堂教学中有针对性地启发、引导学生从多方面进行思考,从而表现出对知识的处理与新课程的要求协调一致。这样,新课程改革必将促使教师成为终身学习者,提升专业化水平,实现由"做一辈子老师"向"一辈子学做老师"的转变。

3.教育评价的缺位

新课程改革从实施到现在,陷入了一些举步维艰的境况,原因是什么呢?我认为最关键的问题是:教育评价的缺位。根据目前的评价体系,无论课程改革怎样深入,最终还是看学生的分数。这样,导致教师所讲内容一定要结合考点、考题,而教材结构体系和知识能力要求又不断出现新的变化,所以,在"分数至上"的评价桎梏下,新课程改革的教师就像戴着镣铐跳舞。由此可见,新课程改革需要配套的教育评价机制,这种评价机制是新课程改革前进的动力,没有足够的动力,新课程改革这驾马车,能走多远呢?

有人说,新课程改革与实践"始于心动""成于行动"。在推进新课程改革的行程中,让我们带上自己的头脑和眼睛上路,带上自己的思考,用辩证的眼光审视我们正在做的一切,然后决定我们将做的一切,勇于改变,直面"蜕变"。改革是艰难的,也是孕育着希望的。既然选择了路,就不要怕远!

初中物理教学中学生创新能力的培养

慕 华

摘要:在初中物理教学中,教师应更新教育理念,不仅注重培养学生分析、解决问题的能力,还要加强对创新能力的培养。但在如今初中物理教学中,教师会发现:学生往往存在思维局限、学习主动性较差,导致创新能力不强。本文全面介绍创新教育理念,并为如何提高创新能力提出初步建议。

关键词:初中;物理教学;创新能力

前言:初中学生在物理学习中已积累了一些知识,并可在一定程度上将知识与生活中的具体现象相联系,求知欲比较强。因此,对该阶段学生开展物理创新能力的训练会取得较佳效果。如何在教学实践中有效提高学生的创新能力是本文所关注的重点。

一、创新教育理念

在初中物理课堂中,教师应发挥创造性,让学生主动参与到教学活动中,使其能力得到最大限度的培养。教师若仅仅是填鸭式教学,不关注学生能力的培养,一定不会取得良好的教学效果。教师应当树立创新教育理念,在课堂上通过采用多种教学手段提高学生的创新思维能力。具体可从三方面着手:第一,教师可在事先充分熟悉教材关键内容后,引导学生主动学习并运用知识解决实际物理问题;第二,教师可有意营造活跃气氛,调动学生积极性,形成自觉探索及创新意识;第三,教师可组织小组合作学习活动,让学生们在互动交流中大胆表达、合作学习,更快培养能力。

二、初中物理中创新教学改革方向

1.打开思维局限

为提高学生创新能力,教师首先应当引导学生打开原有思维局限,尝试用非传统的方式来探索物理知识。学生的创新意识不足主要体现在:第一,盲目听从他人观点;第二,认为目前所学内容不需要加以完善;第三,抗拒吸收新观念、新知识。因此,物理老师应充分尊重学生的自主性,使他们不会迷信权威所教内容,可更加理性、全面地看待书本内容,并提出质疑。另外,教师应创造利于创新的课堂气氛,帮助学生勇于创新,当面对质疑时正向引导,使得他们更快形成创新能力。

2.完善教学模式

为提高学生的学习热情,教师可打破传统教育模式,采用探究合作式教学,在师生合作中完成物理教学。这样学生可在不断学习探索中收获很多体验,逐渐形成顽强的毅力。同时,教师可在教学中加强培养学生发散性思维能力,使学生学会从不同角度来分析、解决问题。

3.拓展培养途径

为加强培养学生的创新能力,应在实际教学中大力突破,采取多种方法具体落实。

(1)课堂教学

在课堂教学中,教师首先应营造积极气氛,让学生在体验中理解物理知识和物理现象,提高学习主动性;其次,教师可有意设置疑问促进学生主动思考,养成创新精神。比如,物理学家牛顿,因对"苹果落地现象"感兴趣,并对该现象持之以恒地分析、研究,终于发现了万有引力现象。所以说,创新能力的培养,可先从激发好奇心入手,使他们乐于学习。在学生有了学习兴趣之后,教师可展开有计划的引导,让学生打开局限,独立思考,培养创造力。

(2)实验教学

作为一门自然科学,物理的教学研究无法脱离实验来开展。初中物理教师可增加实验教学时间,在实践中训练创新能力,提高教学效率。比如,教师在组织学生做实验时会发现,偶尔有学生没有按照课本方法做实验,但同样成功了。因为这是创新精神的体现,教师可表扬他们,并引导全班同学加以总结,以开阔学生的思维。

（3）分组合作教学

在分组教学中，教师应根据每个学生的实际水平来确定各组组员，使各组组员整体水平大体一致。教学中，教师可巧妙设置问题，让学生们在相互沟通中发挥各自长处，积极思考、拓展，逐渐完成所设任务。同时，因实验教学应突出实践性，教师可积极鼓励与引导，使学生大胆思考及探究，不断克服困难，最终解决问题，提高动手能力和开拓精神。

三、初中物理开展创新教学的有效手段

1.创设情境教学

为提高学生的学习兴趣，教师可创设情境鼓励学生积极思考。因此，教师应当展开有效引导，使学生爱上比较抽象、枯燥的物理知识。为此，教师应精心设计教学内容，让学生喜欢上物理课。教师可设一些问题，激发学生的主动性。比如，"下雨时先打雷后闪电的原因是什么？""霜前冷而雪后寒的原因是什么？"，等等。教师若创设物理教学情境，可刺激学生感官，激发学生的求知欲，并可通过步步引导，更快提高教学效果。

2.引入多媒体

随着计算机技术的不断普及，社会各领域都随之发生了质的转变。在初中物理教学中，很多时候也因多媒体技术的应用变得更生动有趣。运用多媒体技术，可在丰富学生感官体验的同时，使教学更加直观、生动，学生就更爱学习物理了。因此，在多媒体的辅助下，学生得以顺畅交流、讨论，使思维能力、创新性得到大大提高。此外，为提高学生的思维能力，教师可设计课堂小节，让学生对所学内容回顾、整理，便于其开拓及探索思维能力的养成。在设计小结内容时，教师应注意清晰、简洁、目标明确，让学生很快掌握本节的关键内容。

3.加强实验教学

实验教学是物理教学中的关键环节，可以让学生在实践中熟悉并应用所学知识，培养动手能力和创新精神。因此，若采取措施提高实验教学质量，将有助于学生独立思维能力及发散思维能力的养成。一般来说，在物理实验课上适合采用探究式教学法。在探究式教学中，除了常规性实验的辅导，教师还应让学生掌握独立操作探究式实验的方法。在探究式实验中，教师应选用一些适合在实验中探讨的

知识作为实验题目,并为实验准备一些目的性、启发性强的问题。教师在事前准备时,应在如何提高学生创新能力上多作考虑。在实验中,学生对事先准备的问题要联系已学知识加以解决。实验关键步骤熟悉后,学生可尝试独立设计实验,并确定工具类型和具体实验流程。然后,学生应独立进行实验的记录分析、作出总结报告。

结论:为高效培养学生的创新能力,教师应转变观念、完善教学方式,并在课堂教学、实验教学及习题教学3个环节均融入创新教育理念,全面提高学生的发散思维能力、独立提出问题与解决问题的能力。在整个过程中,若采用创设情境等方式,使教学更加丰富有趣,则会大大提高教学实效性。

参考文献

[1] 王现琳.初中物理教学中学生创新能力培养探讨[J].中国校外教育,2013,34(3):57.

[2] 王建伟.初中物理教学中学生创新能力的培养[J].学周刊,2013,07(8):46.

[3] 张胜玲.初中物理力学有效教学策略研究[D].济南:山东师范大学,2013.

[4] 杨盼盼.物理教学中学生创新能力的渐进培养研究[J].赤峰学院学报:自然科学版,2014,20(3):264-265.

数学课堂改革中的"微点"

田 聪

新课改实施后,关注人的发展是新课程的核心理念,它要求我们要充分锻炼并发挥学生的自主学习能力,提高其综合素质。那么如何做到以生为本,创建新型的课堂?通过观察和实践,下面谈一点肤浅的体会。

一、要重视培养学生的数学阅读能力

数学阅读能力是数学素养不可或缺的组成部分,它对学生的数学学习起着至关重要的作用。在目前的生本课堂上,学生的自学阅读是第一环节,这一步的效果影响着后面的每个教学环节。但是反思我们的教学,有多少学生去认真完成呢?导学案,用不走,不是因为学生的其他因素,起因在于他们没有去重视数学阅读、没有去阅读。因此,本人认为,在课堂改革的今天,我们的数学课堂改革应先从学生的数学阅读开始。

1.思想影响行为,行为影响结果

首先,要让学生改变观念,重视数学阅读,认识到它的重要性和价值。其次,要让学生像阅读文学作品那样去阅读数学教材,欣赏数学美,体验数学的乐趣。再次,让学生体会到数学阅读对掌握数学知识,提高数学能力所带来的帮助,感受数学的价值和作用。最后,还要培养学生数学阅读的兴趣,有了兴趣才能获得阅读的愉悦感。

2.阅读方法交流

阅读中所采用的方法是否正确关系到阅读理解的效果,良好的方法有利于对数学理解能力的提高。

阅读方式的改进。在与学生交流和对学生的观察中,发现学生倾向于直接寻找结论的阅读方式,数学阅读时,应要求学生尝试"探究式"阅读,通过主动参与去发现结论,在适当的地方停一停,想一想,多对自己提出"为什么""如何做""是不是""可能是"等问题进行思考,然后用后续的阅读内容,对你的思考进行验证。这种探究式阅读有利于培养学生的探究精神,提升对数学语言的理解,能挖掘数学语言中所蕴含的重要信息,提高数学思维能力。

学习笔记的应用。用学习笔记来提高阅读能力,笔记是积累经验、反思的重要途径。其一,在阅读中遇到的问题,解决问题所采用的尝试方法等都可以作为笔记记录下来;其二,在阅读中遇到数学方法、知识应用的注意点、温馨提示等,当有所悟、有所感时,都应作为数学笔记记录下来;其三,会用标记号等方法对阅读内容进行分层梳理,对阅读不断提炼,构建知识体系。

从课前预习和课后的温习阅读入手,不走过场,基本内容自己弄懂,会找重难点,发现有不能确定的不牢固的知识,及时进行温习填补漏洞,做到有效温习,把回忆、解题和阅读有机结合,促进知识的理解和掌握。老师要明确提出预习和温习阅读的要求,如学会了什么知识,运用了什么方法等,让学生通过这些阅读有收获的体验。

二、自主学习中"导学"改进

自主学习能力是学生达到"会学"的必然途径,生本课堂的核心也在于此。其中课前学习是起步,本期的导学案使用上,我采用了让他们对导学案的内容整体进行课前学习,这可以对本节课的内容做一个整体了解,知道自己这节课中哪些是不会的,哪些是自己能通过自学学习到的。就是探究内容,也去尝试课前完成,这样课上的展示更有内容,有更多的思维的碰创点,同时课上能有的放矢,提高课堂效率。这样的设想是丰满的,但在实施的过程中,出现了问题:导学案中的各个环节是一环扣一环,层层深入的,学生一个问题不能解决,他就没有能力解决后面的问题,常常是导学案空着的很多,这样很长一段时间,让我和学生的状态都向着不好的方向发展,学生没有了兴趣,不愿再做。后来我就改变了方法,不全部做,布置一些去自学,只给出一两个学习小目标去让学生自学、探究,并接近他们的知识临界发展区,这样做了一段时间,效果还不错,学生的学习兴趣、完成状况、上课的表现都还挺好的,当然也有一些问题存在,可是重要的是学生的兴趣回来了,兴趣是最好的老师,我们要重视保护。

导学案的问题设置,要有一定的思考性,还要有可答辩性,如果提一个问题出来,虽然可以引起思考,但学生不知道如何作答,我认为这也是不可取的,会打击学生自主学习的兴趣。

对于数学,导学案的设计很容易走向"习题型",这是我们应该避免的,在上课时,重视对导学案的使用,如果上的课与完成的导学案中的问题关系不大,那么学生对于导学案中的问题的重视度就会降低,从而使导学案发挥不了作用,更严重的是学生的自主学习也被扼杀了,因为导学案是学生自主学习的线索。

三、点评的指向

在本学期的生本探索之路上,记得有一次校长听我的课后,给予了肯定,同时也给了我一条意见,"对学生的点评简单了,'真好、真棒',希望在点评上多一点就好了",是的,我也发现了这个问题。现在生本课堂,鼓励学生说、学生论、学生探,面对这样的课堂,对老师的点评提出了高要求,引发了我的思考……

如何点评呢,我在尝试从肯定学生的思考、想法,并沿着学生所展现的方法、暴露出来的思维进行点评。比如,当不同解法出现明显的优劣时,要给出准确的评价和指导,并对学生其他的思路或念头给以保护。另外,记得在一篇数学专著中看到这样一句话"评课最重要的是一种情怀",我想,当我们面对课堂上的精彩纷呈,当然也需要一种"情怀",这就是对学生的想法、思路、念头、表达的欣赏和扶持。再来,学生的参与性呈下降的趋势,在点评的时候重视保护、激发学生课堂参与的热情,保护他们展示自己的积极性。

四、动中有静

在新课堂中,我们越来越感受到了学生的活力、创造力,在听课学习和自己的探索课堂上,学生大方的活动、精彩的展示都给我很深的触动。这里给自己提醒:"动"很好,但一定要重视"静",学生独立地思考,独立地解答,安静地总结、反思,这些是学习中必不可少的,有助于学生的内化、理解、知识的建构,以及良好数学品质的培养,在学生的活动中,一定要恰当地思考"静"的设置和运用,这也是数学生本课堂中重要的一点。

总之,生本课堂喜忧参半,好的要继续发扬,着眼于学生数学学习的终身发展,真正把学习的自主权还给学生,发挥学生学习的主动性,使他们真正成为学习的主人,自己也要学着做一个魅力老师,会反思的老师,在改革的浪潮中不断地勇敢尝试、总结、改进,从而让自己的课堂更加有魅力!

体育课课堂改革的前身和现状

杨　勇

我作为农村初级中学的一名体育教师,至今已从教整整 20 年。在这 20 年里,我工作兢兢业业,任劳任怨,踏实肯干。培养出一批又一批优秀学生,有许多学生现在也走上了体育教学岗位。我积极参加各种教学培训、教研教改和教学研究活动,先后数次参加体育赛课和公开课活动,因此我很好地见证了我国体育课堂改革的前身和现状。下面我从 4 个方面分析体育教学中的得失,以及今后体育教学的走向。

一、传统的体育教学模式

我国传统的体育教学模式实际就是"传习式"的教学模式,也就是老师教授学生学习的教学模式。这种教学模式又分为两种:第一种是以学生体质为主的教学模式。这种教学模式一直延续了几十年,它强调体育课应以锻炼学生身体素质和体质为主。当时颁布了中小学生《国家体育锻炼标准》。以这个标准为指导,每年抽 5 项对学生身体素质和体质进行测查和考试考评。这 5 项包括学生的力量、速度、耐力、柔韧性、协调性等最基本的身体素质,并且规定这 5 项没有达标的学生不能升入高一级学校。标准的实施,可以说对学校体育的教学起到很好的推动作用,学生锻炼身体的积极性明显增强,对体育的兴趣也逐步增加。教师的教学也重点围绕着这些项目来安排,教学目标相当明确,可以说当时学生的身体素质达到新中国成立以来的最高水平。但是,这种教学模式过分强调锻炼学生身体素质,而忽视了学生知识技能、情感培养、身心全面发展等因素,因此说这种教学模式是不全面的。第二种是以竞技运动为主的教学模式。这种教学模式认为中小学体育教学只是一门基础教育,是为发现运动人才和为运动人才打好基础的关键。因此很多体

育教师一开始接触新授的班级,首先就测试学生的身体素质,然后从中选出自己认为是好的苗子进行训练,并在上课中给予特殊照顾,甚至安排单独内容。当然,这些"苗子"在上课中能起到一定的带头作用,也能在运动会上取得一些成绩。但最终是体育教师在教学中过分强调了个体,而忽略了对学生整体的培养。学生整体的身体素质没有得到很好的锻炼和提高,因此这种教学模式更不全面、更不可取。

二、现在的体育教学模式

现在的体育教学模式是以素质教育为主的教学模式,是以全面发展学生身体素质为主的教学模式。全面发展包括学生通过上好体育课,掌握必要的知识技能、运动技能、技巧,提高学生上好体育课的兴趣,增强学生体质,锻炼和培养学生良好的心理品质等。这种教学模式对我们现在的体育教学影响相当大,也对我们体育教师有了更高的要求。这种教学模式的出现,一直引发大家的争论和探讨。先是抛弃过去的《国家体育锻炼标准》,改为初中升高中体育中考。考试项目比《国家体育锻炼标准》减少,分值改为 30 分,一直延续很多年,后来分值增加到现在的 50 分。学生在不知不觉中又成了考试的机器,又回到应试教育的轨道。学校看见现在体育考试有成绩了,于是又开始对体育教师中考成绩进行考核。现在体育教师上课就围绕中考项目进行练习,抛弃了很多学生喜欢的运动项目,导致学生的身体素质明显下降,对上体育课的兴趣也完全没有了。这是目前体育课改革最大的一个争论,也是教师、家长讨论的热门话题。

三、传统体育教学模式和现在体育教学模式的比较

1.从教学方法上进行比较

传统体育教学模式在教学方法上就是以教师为主体,学生积极参与的教学模式。一般采用开始部分、准备部分、基本部分、结束部分这四部曲的教学模式。这种模式对课的结构部分要求较死板,对课的几个部分也限制过死。从几个部分的安排上来看过分强调课的基本部分的作用,即只注重对学生基本技能和身体素质的培养,而忽视对学生情感目标、能力目标的培养。教师在教学中也被这几个部分限制了手脚,只能盲目地按照这几个步骤去分配自己的教学内容,从而来达到自己的教学效果。久而久之就会束缚教师在教学中的思维方式,影响教师在教学中的探索力,最终束缚学生在学习中的创新力,使学生对体育课的兴趣逐步丧失,不能达到体育教学对学生多面教育的目的。

现在的体育教学模式在教学方法上更注重教学结构和形式的多样化。有的先提出课堂目标，教师根据目标制订切实可行的教学方法。如由过去的教学四步曲改为三步，即准备部分、基本部分（技术学习和身体素质练习）、恢复和结束部分。有的把教学目标细化，如把教学目标分为情感目标、能力目标、实践目标、社会适应目标等。教师就可以根据这几个目标来完成自己的教学。有的根据课的类型、教材内容、组织形式以及学校、学生的实际情况来安排教学，并很好地结合当地特色体育项目开展教学等。这些教学形式和方法能很好提高教师在教学中的探索力和创新力。学生上体育课的兴趣，学生的实践力、社会适应力也大大增强。

2.从考试、考查上进行比较

传统的体育教学模式注重对学生全面身体素质的锻炼和培养，学生的身体素质达到了前所未有的高度。学生对自身身体素质的要求也比现在的学生要高，也就是说锻炼身体的目的性比现在的学生要强。

现在的体育教学模式只注重学生单方面的考查，而不注重学生基本能力、素质的培养，最终导致现在学生身体素质全面下滑。当然学生身体素质下滑的原因很多，但和现在的教学改革是分不开的。现在这个问题也引起了全国各级部门的关注，各位专家、学者也在对当前这个状况进行研究，相信在不久就会拿出切实可行的办法来。

四、对今后体育教学的思考建议

从以上分析可以看出，传统的体育教学模式和现在的体育教学模式各有优、缺点。新时代的体育教师要注重提高和完善自己的教学理念和方法，积极参加各种教研、教改，认真钻研教材、教法。把传统的教学模式和现在的教学模式有机结合。既注重对学生全面身体素质的培养，又要注重学生创新力、社会适应力等的培养。要让学生树立终身锻炼的理念，培养他们吃苦耐劳、勇于进取、团结协作等精神。以打造品质课堂为指导，以抓好学生身体素质为根本，切实结合学校、学生实际，制订适合自身的教学内容和方法。只有这样，我们的体育教学工作才能走上一个新的台阶，学生的身体素质和各项能力才能达到一个新的水平。

数学教学应重视回归生活[①]

杨宗英

从数学的产生和发展来看,数学与现实生活都有着密不可分的联系。数学是对客观世界中数量关系和空间关系的一种抽象,可以说生活中处处有数学。譬如,去银行办理业务,运动场跑道直道与弯道的平滑连接,底部不能靠近的建筑物高度的计算,隧道双向作业起点的确定等都是数学中相关知识的应用。现实世界存在的许多现象和问题中隐含着一定的数学规律,需要教师引导学生从数学的角度去发现、去探索、去寻求解决策略。在教学过程中,从生活实际引入数学知识有助于学生体会数学知识的应用价值,为学生主动从数学的角度去分析现实问题、解决现实问题提供了良好的知识平台。

现实生活是学习数学的归宿,《数学课程标准》在实施建议中明确指出:"教师应该充分利用学生已有的生活经验,随时引导学生把所学的数学知识应用到现实中去,解决身边的数学问题,以体会数学在现实生活中的应用价值。"教学时应注意为学生提供更多的实践机会,引导学生用数学眼光去观察和认识周围的事物,指导学生用所学的数学知识去解决实际问题,使学生在实践活动中体会数学知识在实际生活中的作用和数学知识与实际生活的联系,从而培养学生的数学意识力。

现在正在实施的数学课改新教材的最大特点就是按照《数学课程标准》的要求,充分体现素质教育的要求,重视人的发展,提倡课程与生活的联系,以数学源于生活又用于生活为主线,着重培养学生的创新意识和动手能力,培养学生学数学、用数学的意识,使其养成良好的学习习惯。但是在当前的数学教学过程中,有部分教师或多或少地把数学教学与生活对立起来,让学生只是把数学作为考试的重要

---

① 此文荣获重庆市中学数学专业委员会三等奖。

科目进行学习,违背了数学教学的本质要求,而在当前减轻学生课业负担的大形势下,考试要求变低,难题要求减少的情况下,对于教什么突然有一点茫然的感觉,没有了难题,这个数学该怎么教? 我的看法是在当前绝好的外部条件下,应强化数学教学回归生活的本质要求。在具体实践中我认为可以从课堂教学入手,联系生活实际讲数学,尽量把生活经验数学化,把数学问题生活化。

一、联系生活实际讲数学

在教学过程中,教师应该充分利用学生的认知规律,已有的生活经验和数学的实际,转化"以教材为本"的旧观念,灵活处理教材,根据生活实际对原材料进行优化组合。

比如,在我们的日常生活中应用到的一元一次函数。现在,当我们购物、租用车辆、入住旅馆时,经营者为达到宣传、促销或其他目的,往往会为我们提供两种或多种付款方案或优惠办法。这时我们应三思而后行,深入发掘自己头脑中的数学知识,作出明智的选择。比如现在移动公司种类繁多的话费套餐,不会计算的消费者就会吃亏。我给学生举了这样一个生活实例:

某移动分公司某项移动电话的收费标准是:每月缴租金20元,通话费0.2元/分钟(包打出和接听)。该公司最近推出两个优惠服务项目,项目甲:接听电话1元包月,即一个月仅收1元的接听电话通话费,其他收费不变;项目乙:缴60元打90元,缴100元打200元,缴200元打500元,即例如缴100元,1个月内最多可使用200元(含月租费和通话费),超过200元的部分仍按0.2元/分钟实收。问题是学生应该选择哪种服务? 在学生的思考和讨论中,我自然地引出了一元一次函数的相关问题。学生通过所学的函数知识,运用解析法将此问题解决后,其对于数学与生活的密切关系感受颇深。这样的教学方式,既锻炼了学生的数学头脑和发散思维,又节省了钱财、杜绝了浪费,真是一举两得啊!

二、生活经验数学化

苏联教育家苏霍姆林斯基曾说:"教师如果不想方设法使学生产生情绪高昂和智力振奋的内心状态,而只是不动情感的脑力劳动,就会带来疲倦,而处于疲倦状态下的头脑,是很难有效地吸取知识的。"如果教师把生活的经验引入数学教学,把感性的知识变为理性的结论,那这样的数学课无疑是成功的。

在教有理数的乘方时,我引用了这样一个故事:古时候,在某个王国里有一位聪明的大臣,他发明了国际象棋并献给了国王,国王从此迷上了下棋,为了对聪明

的大臣表示感谢,国王答应满足这个大臣一个要求。大臣说:"就在这个棋盘上放一些米粒吧,第一格放 1 粒米,第二格放 2 粒米,第三格放 4 粒米,然后是 8 粒米、16 粒米、32 粒米……一直到第 64 格。""你真傻,就要这么一点米粒?"国王哈哈大笑,大臣说:"我怕您的国库里没有这么多米!"

你认为国王的国库里有没有这么多米? 我告诉大家若满足大臣的要求,国王的国库里应有 $2^{64}-1$ 粒米,以 100 粒/克计算,约为 1 844.67 亿吨。这时,学生们都"哇"的一声叫起来,纷纷翻开课本阅读。一刹那间,生活中的经验与数学中的原理有了最好的融合点,这样的教学使得学生的好奇心得到满足,使学生一节课都处于积极的探究状态中,为学习目标的完成奠定了基础。

三、数学问题生活化

数学是学生运用所学的数学知识和方法解决一些简单的实际问题,是一种必要的日常生活的工具。引导学生把所学知识联系,运用于生活实际,可以促进学生的探索意识和创新意识的形成,培养学生初步的实践能力。

生活中的很多数学问题具有形象性和启发性,它能唤醒学生已有的知识经验,增强学习动机和学习信心,不仅有助于引导学生进入数学情境,也有利于学生思维的发展。在教学中引导学生寻找生活中的数学问题,既可积累数学知识,又是培养学生学习数学兴趣的最佳途径。

每教学一个知识点,可以编一些实际应用的题目,让学生练习,培养学生运用所学知识解决实际问题的能力。数学在生活中的应用是很广泛的,如教学三角形的稳定性后可以让学生解释一下:我们住的房子的屋顶为何要架成三角形的? 木工师傅帮同学修理课桌为何要在桌脚对角处钉上一根斜条? 又如教学平行四边形的特性时请学生说明:为什么拉栅门要做成平行四边形的网格状而不做成三角形? 通过解释一些生活现象,使学生更深地感受数学与现实生活的密切联系。另外要让学生运用数学知识解决实际问题,如在统计的初步认识教学中,让学生收集自家几个月用水的情况,通过收集、描述、分析数据(人口的多少,老人和小孩等诸多因素)的过程,得出自家用水是否合理的判断,并做出今后用水情况的决策。既渗透了环保的教育,又使学生感受到数学知识的应用。

一个有经验的数学教师,在传授数学知识和训练数学能力的过程中,会自然而然地注入生活内容;学生在参与关心生活的过程中,学会运用所学知识为自己生活服务。这样的数学课堂教学设计,不仅符合学生的认知规律,贴近学生的生活水平,满足学生的心理需要,抛弃数学是枯燥的数字符号的固有观念,使他们将数学知识和实际生活联系得更紧密。让数学教学充满生活气息和时代色彩,真正调动起学生学习数学的积极性,培养他们的自主创新能力和解决问题的能力。

教学实践使我深切地体会到:数学即生活。数学教学,尤其是低年级数学教学,要紧密联系学生的生活实际,让学生在感知、认知的气氛中想学、乐学、会学,使学生感受到我们生活的世界是一个充满数学的世界,从而更加热爱生活、热爱数学。

给学生一米阳光

张 玲

把脸朝向阳光,心中便不会有阴影。

——题记

阴霾了一周,阳光终于穿破了厚重的云层洒向大地。透过窗户,我看到孩子们在操场上奋力奔跑,笑容绽放在他们稚嫩的脸上,定格成一道道美妙的风景。我的心情也为之绽放,回想着评讲上周所做试卷的情景。

上课铃声终于拉响了,孩子们从操场上快乐地奔回到教室。如往常一样,我微笑着开始评讲。学生们都很配合,快速拿出试卷,跟着我的节奏在卷子上挥洒。看着那一个个专注的模样,我心中一阵窃喜:这节课孩子们真乖,不用我多费口舌。

很快,我们就评讲到一篇名为《一百美元》的课外阅读。文章讲述一个不懂英语的奶奶,因对别人完全信任而感动了小镇人,使小镇上原有的坑蒙拐骗现象消失了,大家都来帮助她……

若照惯例,我会先让学生们快速读文章,理清大意,然后再让学生逐一回答文章后的问题。今天我却一反常态,先问"同学们喜欢这篇文章吗?",很多同学摇着头回答"不喜欢"。我的心不禁咯噔一下。在我看来,学生们应该会喜欢这样的文章的,然而他们的回答大大出乎我的意料。

我顺势就找了一位回答"不喜欢"的男同学起来说说原因。只见这同学腾地站起来答道:"老师,这篇文章太假了!"我禁不住问:"假在何处?"他的回答竟是:"文中的老奶奶把钱随意搁在窗台上,不仅没人偷,而且在生活的过程中还不断地增多。唯利是图的社会,谁不见钱眼开呀?再说了,仅凭她个人的力量,又怎么能改变整个小镇的风气呢?"他的话音一落,不少同学就嘻嘻哈哈地笑了起来。更有同学在下面戏谑地说:"银子是白的,眼睛是黑的,哪有不起歹猫心肠的哟!"

学生的话犹如晴天霹雳,使我感到震惊。我不禁深思:作为教育工作者的我们,难道仅仅是传授死板的知识给孩子们吗?不,不是的。教育要使人懂得真善美,从而塑造美好的人格。教师的职责除了要传授知识,启迪智慧外,更重要的是能润泽学生的心灵。想想这些体魄健康,思想却有些消极的孩子们,此刻多么需要我们用善与美来拂去他们心灵上的尘埃啊!

接下来,我一方面赞扬学生善于质疑,充分肯定他们勇于提出自己的看法。另一方面,我顺势引出德誉盐城,拾金不昧的环卫女工;美撼中国,勇救他人的女教师;危难之际,舍身救人的公交司机等事例来唤醒他们对美好人性的关注。

很快,一节课就在急促的铃声中结束了,孩子依然又雀跃地从教室奔向了洒满阳光的操场,但我知道这一节课远远没有结束。浮光掠影,蜻蜓点水的介绍是不能彻底扭转学生的认知的。于是在这以后的教学中,我把人文关怀注入课堂、注入班级,并做了以下尝试:

一、人文关怀,倾注情感

英国教育家斯宾基曾说:"如果能给学生带来精神上的满足和快乐,即使无人督促也自学不辍。"这就强调了教学活动应该成为学生的一种愉悦的情绪生活和积极的情感体验。另外,学生的内心体验与感悟往往比外在的接受与学习更为深刻。而作为语文信息载体的课文,如散文、诗歌、小说、童话等不同文体情文并茂,本身就有丰富的人文内涵,对学生的情感、态度、价值观的影响必然是广泛而又深刻的。上课时,我整合课文精选一些彰显"爱"的文章,以亲情、友情、爱情为界,分门别类地让孩子们对比阅读。通过这种形式,让优秀的文学作品去滋养学生的心灵,使他们在人文关怀中受到情感的洗礼。

二、链接反思,关注生活

语文教材中的课文大多是名家名篇,文化大师们带着人文的眼光,去写生活中的所见所闻所历。这些作品虽历经岁月的洗礼,却依旧散发着夺目的光彩,直至今日,我们读来依然能引起共鸣。我们如能在生活中,找到同作品类似的因子来作为切入点,体察生活,那么对学生的触动无疑是巨大的。如我在讲授杨绛的《老王》时,将老王与拾荒者陈贤妹相比,叫学生找出他们之间相似的地方。很多学生便归纳出他们都属于弱势群体,但难能可贵之处在于他们都拥有善良、质朴的心,老王临死报恩,陈贤妹更是感动了无数人。他们在物质上是贫乏的,但在精神上却是富

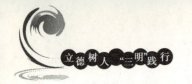

有的。那么,我们又该如何对待这些处于社会底层的人呢?这样设计,既让学生反思自己的日常行为,又让他们提出自己的看法,同时更使他们心生悲悯,认识到社会中仍然有令人感动的人、事、物。从而启发学生:要拥有一颗感恩的心和一双善于发现的眼睛,人间自有真情在,人间自有真善美,我们不能以偏概全。

三、怀揣爱心,捕捉闪光点

著名的教育家陶行知先生曾说过,"爱是一种伟大的力量,没有爱就没有教育"。在中考的指挥棒下,很多老师评价学生的标准难免单一,只看重学生的学习成绩,似乎成绩就能说明一切。成绩好的就是好学生,将拥有光明的前途;成绩差的就是坏学生,将会一无是处。因而在对待"好学生"和"差学生"时的态度就有所不同。其实成绩差的学生身上也有许多闪光点,这就需要老师们怀揣一颗爱心,用爱去捕捉学生的闪光点。他们或许画得一幅好画,或许唱得一首好歌,或许写得一手好字……因此,他们应该受到老师的激励,而不是冷落与白眼。我们不妨试试给予他们真诚与爱,根据他们的实际情况分配学习任务,让每一个学生都愉快地参与其中,相信定能收获喜悦。我也深信唯有从心生发出的教育才能到达心灵的深处,激起学生的热情,他们的内心才会充盈。

总之,老师若给学生一米阳光,便能呵护学生尚未成熟的心灵,开启他们对真善美的感知,塑造他们健康的人格,让他们懂得阴影与阳光并存。但只要我们内心充满阳光,心中便不会有阴影。

浅谈如何提高课堂教学质量

邹娜娜

每当接任初一新生不久后,在办公室就会听到一些老师会这样说:这一届的新生感觉没上一届好了,有些简单类型的题讲过多遍,竟然还有很多学生没掌握,不知道学生上课在干什么,一点都不认真听讲,真是一届不如一届啊……

为什么会这样?其实仔细观察这些教师的课,确实做了充分的准备,所有知识点无一遗漏,各种题型也讲了不少,但教学质量就是不高,究其原因,关键是教学的观念以及教学模式没有改变,教师课堂上讲得太多,占用学生大量的时间,束缚了学生的思维,使课堂教学走进死胡同。学生学起来很乏味,然后越来越没兴趣,越学越不想学,最后课堂上干脆就不听了,成绩一落千丈。这样我们的教学只有以失败而告终,那如何才能提高课堂质量或教学成绩呢?我认为可以从以下几方面着手。

一、做一个学生喜欢的教师

教师的音容笑貌、言谈举止都会在学生们的心目中留下深刻的印象,更为重要的是自己的思想、品行、修养都会成为一种模式而被学生们模仿、学习。教师走进学生心灵的第一印象就是教师的着装,古人云"佛要金装,人要衣装",当我们登上讲台的时候,我们扮演着一个"授业、传道、解惑"的尊长角色。我们需要作孩子们的榜样。而我们的服装要表达的信息是尊严而不是刻板,是美丽而不是妖艳,是自信而不是寒碜,是高雅而不是富贵,是大方而不是怪异。所以教师的着装要得体,但也要让孩子们体味到年轻女教师的青春美丽和女性的风采。

其次,注重拉近师生间的距离,古语说"亲其师,信其道",要教育好学生,师生之间起码得相处好,因为教育教学活动是一个双向交流的过程,只有加强与学生的

沟通,师生情感和谐融洽,学生才能"亲其师,信其道",教师不仅应是学生的良师,也应是学生的益友,要和学生经常进行情感的交流和心灵的沟通。

二、培养学生浓厚的学习兴趣

英国心理教育家斯宾塞主张:教育使人愉快,要让一切教育带乐趣,富有情趣色彩。因此,在物理教学中,我们应尽可能地让学生在快乐中学习,在课堂上挖掘出各种愉快因素,从而最大限度地激发学生学习物理的兴趣。

(1)物理学是一门以实验为基础的学科,观察和实验可以为学生提供生动、具体、形象的感性材料。许多物理知识,光靠老师讲解,将会使学生半信半疑,听起也会很枯燥,更不能给他们留下深刻的印象。如果老师在课堂上做演示实验,虽然学生也很乐意并积极参与,但不如大胆放手让学生来做,在实验中遇到困难时教师只需当好参谋的角色就行,这样更能调动学生学习的兴趣和学习物理知识的愿望,使学生处于积极主动状态,激发学生探索知识奥秘的欲望,由"要我学"变成"我要学"。例如在第一堂新课中,上《科学之旅》时,我让同学们观察课本第4页右上角的配图,那是一个用漏斗吹乒乓球的图,我立刻提出一个问题:用漏斗吹乒乓球,最多能吹多远呢?学生中就立即有同学回答:"比赛肺活量,某某同学的肺活量很大!"我立刻请这位同学上来吹,结果无论用多大的力气也无法吹走乒乓球。同学们发现了这种奇怪现象,个个跃跃欲试,都想亲自上来试试,有的同学甚至琢磨为什么有这种现象发生,学习积极性立刻被调动起来了。又如在讲《科学之旅》中冰棍"冒"出的"白气"是向上飘还是向下落?同学们就会积极地举手应答,有答向上飘的也有答向下落的,还有的答不知道没注意观察过,答案多种多样,有同学提出,要不我们马上做实验,对,验证物理知识最好的方法就是做实验,所以我立马拿出早已准备好的放在保温盒里的冰棍展示给大家看,很快同学们就得到了答案,其实在这一环节中同学们受到的启发是很大的,原来物理不仅限于课堂上,而且还和我们的生活息息相关,我们的学习需要从物理课堂走进我们的生活,又得从生活回归到物理,要善于观察,乐于动手,敢于用实验来验证自己的猜想就能更好地学习物理。

(2)学会运用先进的教学手段,激发学生的学习兴趣。多媒体教学能够形象地展示教学内容的重点和难点,有些不便用实验直接解释的物理知识使用多媒体课件很容易就解决了这一难题,因为多媒体课件情景真实,生动活泼,直观易懂。对学生来说是全方位的感官刺激,具有很强的感染力,能够集中学生的注意力,极大地提高了学生的学习兴趣,增强了他们学习、思考的主动性。当然,传统但较好的教学手段还是要使用、要重视。

三、生动、有趣、高效的课堂教学方法

平常我们教育学生要养成好的学习方法,成绩才会提高,同样老师也应该注重教育方法,并且要以好的教育方法教学才能让学生学到更多的知识。传统的教学方式老师在授新课时往往急于求成,所以满堂灌输。在新授课的教学中,这部分教师为了把新的知识讲深讲透,从头到尾滔滔不绝,什么都是亲自动手,学生只是被动地听,一节课下来老师讲得扬扬得意,而学生却听得筋疲力尽,一下课,学生除了记的笔记,脑子里什么也没留下。其实一个中学生课堂上专注听讲的时间大约只有 15 分钟,所以满堂灌的这种教学模式早已不适用了。那教师该用什么教学方法来提高课堂效率呢? 其实很简单,转变我们的教学观念,把时间和空间还给学生,让学生成为课堂的主人。我认为可以从以下几个方面着手。

(1)新授课上创设好的情境,知识点到为止、当好向导。引人入胜的教学情境能使学生产生好奇心,有效激发学生的学习兴趣,调动学生主动参与学习的积极性,同时利用教学情境有利于学生提出问题或让学生发现问题,因此在每节课的开始创设一个合理有效的物理情境引入课题,这就等于有了一个良好的开端。

(2)借助教材以及学案,自主学习,合作学习。在实际教学过程中老师要做到精讲精练,讲知识点时点到为止,留充足的时间给学生自主学习,自主学习主要有两种形式:一是借助学案以及教材阅读自学,二是动手做实验探究。对学生的阅读学习,教师要做到以下几点:①问题是引领学生进行自主学习的一条主线,因此在学案中,教师要给学生提供必需的导学问题和必要的材料;设计具有一定隐蔽性的思考题,引导学生去积极主动地探索,使他们成为知识的"发现者"和"组建者"。②要指导学生阅读的方法。如告诉学生学案中哪些内容只要略读教材就能掌握,哪些内容应精读并注意知识前后联系才能解决等。

(3)教师要不断巡视,督促学生看书思考,帮助学生控制时间和进度,对自学有困难的学生给予个别指导。物理学是一门以实验为基础的学科,探究学习是物理教学中一种主要的学习方式,因此,物理新授课的教学大都要围绕实验展开。在这一学习环节,教师要做好学生学习的参与者、指导者和帮助者。敢于放手大胆让学生自己操作实验,当然实验前教师要给学生准备好充足的实验器材,这一点相当重要。实验中,学生动手能力难免会有高低,我们不要一味地追求教学进度而草草收场,而是要让每一位学生从物理实验中感悟物理研究的思想和方法,有道是"磨刀不误砍柴工"。

完成"学案自学"步骤后,教师要组织学生对某些问题进行讨论交流。这个环节教师要做好"兵教兵"的组织协调工作。通过"兵教兵"这种方式,达到互相学习,取长补短,兵兵受益,共同进步的目的。对交流中暴露出的问题,先让学生在小组内讨论解决,对小组内解决不了的,再组织学生开展小组间的交流,全班学生都解决不了的问题教师就要及时搜集起来,为下一步教师的精讲点拨作好准备。当然教师要善于控制合作交流学习的进程,不能让学生放任自流成为"无头苍蝇",自己做旁观者,也不能流于形式,否则师生间、生生间彼此在知识和情感等层面都不能产生碰撞与共鸣。要及时纠正偏见,消除误解,预防冷场和过度依赖个别同学或老师。老师在精讲时做到:首先,精讲的语言、内容要精。其次,精讲应具有针对性,切忌面面俱到。最后,精讲应具有启发性。教师在讲解时,注意形象要亲切,讲课要生动,语言要幽默、风趣,富有启发感。

(4)做好分层练习,共同提高。由于知识基础及智力能力的差异,学案中教师要精心设置由浅入深、由易到难的有层次的练习题,让不同层次的学生都能"各取所需"地选择练习。在这一练习环节,教师不能轻闲,而要巡视,从学生做题的情况反馈学生对这堂课知识接受的程度,针对重难点题型,学生做题效果不好时,还要即时补充练习题,及时调整教学进度和教学方法,做到有的放矢。

四、给学生多鼓励,少批评

教师要学会在当天的课堂上或当天的作业中以及每次的考试中,对表现好的、积极思考并回答问题,以及成绩进步大的同学要及时给予表扬和鼓励,而对于成绩差一点的学生就尽量不要当着全班同学去批评他,否则会伤及学生的自尊,让孩子产生厌学情绪。

综上所述,教师只有本着为学生的终身发展负责的态度,让学生成为课堂的主人,正确处理好导和学的矛盾,才能符合教育发展的客观规律,才能真正做好学生升堂入室引路人的角色,实现教和学的双赢。

校本课程，激发学生兴趣的火花

——我的教育故事

李 秋

"三明立人，健全人格"，这是西彭一中的办学理念，也是我们教育教学的总体目标，其目的就是要培养思想道德好，实际操作能力强，有创新精神和探究欲望，自信、自强且综合能力强的学生。

自科技教育实验项目启动后，我校就开始召集人马，着手于科技类校本课程的研发与编制。历经艰辛之后，我校科技类校本教材——《家乡的映月湖》已正式投入试用。既是开发人员又是任课教师的我，开始教授自己编写的教材，感到无比自豪！

《家乡的映月湖》，是根据学校所在地西彭周边的一开放性生态公园——马鞍山映月湖为题材，以其特色经济作物巨峰葡萄为主要线索开发而来的科技类校本教材，它集合了地理、生物、化学、物理、计算机等学科知识。教材教学旨在让学生多了解家乡、热爱家乡，以此更好地激发学生掌握相关的学科知识。研发此校本教材首先确定的目标就是让学生"在做中学，在学中乐"。这也明确地向我们研发人员提出，内容必须通过一系列实例和活动来引导学生参与实践，在实践中获得新知，活动贯穿其中，以此培养学生对科学知识的兴趣。

我所教授的内容以介绍映月湖的土壤特征为主，通过让学生分析土壤性质的实践，选择适合巨峰葡萄生长的土地。教学内容和实践内容包含大量的化学基础知识和化学实验基础操作，而我上的是八年级，学生还没有上过化学课，这让我有些担忧。不过，通过几节课的教学，我发现自己的担心是多余的，教材本身设计的各种探究活动让学生们兴趣盎然。

土壤对于植物的影响决定于它的物理特性、化学特性和生物学特性，其中物理

43

特性主要从氧气和二氧化碳的相互流通来研究,换句话说就是松土的意义。土壤的化学特性则要考虑土壤的酸碱度(用 pH 值来表示),我们通过观察法和实验法来研究土壤的酸碱度。在第二节中,我主要介绍了用 pH 试纸来测定土壤的酸碱度,简单分析土壤基本特征。学生们兴趣很高,认真地看书了解,积极主动地行动起来。他们分好小组,各司其职:有的去收集各种土壤样品;有的在实验室里认真预习实验步骤和实验内容,反复练习实验基本操作;有的则认真观察实验现象,做好实验记录,分析实验结论,反思实验中的问题,为了得出较准确的结果,他们费尽心思。

测量映月湖土壤样本的酸碱度

在整个实验过程中,学生们集中注意力,遇到问题积极地查阅资料、上网搜索、请教老师,俨然一个个"科学家"。实验井然有序地进行着,他们态度严谨、操作规范、兴趣浓厚,一改往日的漫不经心、敷衍了事。在课后与学生交流时,学生们说出自己的感受:好玩、好奇!谈到学习收获时,他们更是滔滔不绝:认识了试管烧杯、pH 试纸,知道了它们的用途,在做试验中应该如何正确使用;学会了研究土壤基本特征的方法,了解了不同植物生长所需的土壤性质。之后,我同孩子们一起探讨家乡映月湖的土壤特征,怎样选择土壤才能种出最优质的巨峰葡萄。出乎意料的是,孩子们开始谈论起自己对映月湖生态农业的设想,还设想自己长大后在家乡创业……一场别开生面的交流,师生间碰撞出思维的火花。我收获了满满的惊喜,因为孩子们在实验过程中严谨的学习态度、追求真理的实干精神,是我平时的课堂上学生所欠缺的,就连所谓的"差生",在学习校本教材时也显得格外认真,思维很活跃,提出的意见和建议很有远瞻性和可行性,他们的深谋远虑和他们的小小年纪形成了巨大的反差,这让我很震惊。

校本教材开启了学生兴趣的大门,《家乡的映月湖》中我教学的虽然只有几节课,内容不多,但孩子们在一次次活动中发现问题,解决问题,团结协作,感受成功,体验探究的乐趣；同学之间的相互帮助，师生之间的默契配合，也使同学友谊、师生感情得到升华。

托尔斯泰说过，"成功的教学所需要的不是强制，而是激发学生的兴趣"。能使学生在愉悦的气氛中学习，唤起学生强烈的求知欲望是教学成功的关键。校本课程的实施，我发现自己找到了解决问题的办法：校本课程以其独特的本土性、趣味性和综合性，绝对是培养学生学习兴趣的利器！回过头来审视自己的日常教学，那就是寻找一些来源于生活，贴近生活的素材，从学生的生活经验和已有知识出发，创设生动有趣的情境，引导学生发现问题、探究问题、解决问题，使学生通过探究，掌握基本的知识、技能，初步学会从某一角度去观察事物，思考问题，激发对学习的兴趣。

学生们喜欢科技、愿意探究科技，让我们将科技教育的种子播种在学生心中，精心呵护，让他们茁壮成长，开出美丽的花朵，结出丰硕的果实。

健全人格　点亮人生

——浅谈如何在英语课堂教学中培养学生的健全人格

程　红

教师的天职是教书育人,在提倡素质教育的今天,育人常常比教书显得更为重要。现代社会需要人格健全的高素质人才。众所周知,一个人的一生是否过得精彩,是否有所成就,与他是否具有健全的人格有着非常紧密的关系。学生是祖国的未来,培养学生的健全人格有着十分重要的意义。那么,作为一名英语教师,应该怎样在平时的教学中渗透情感、态度、价值观,使学生具有健全独立的人格,从而点亮学生的一生呢? 培养学生的健全人格,笔者认为应从以下几方面入手。

利用中西方文化差异,取其精华,去其糟粕。英语教学中,西方人在表达"我和某某人"时,往往把自己放在后面,显得十分谦虚。例如,在表达"我和朋友们上星期天去了动物园"时,说成"My friends and I went to the zoo last Sunday"。但在承认错误时,却把自己放在前面,又显得十分大度,勇于承担错误和责任。例如,在表达"我和你都错了"时,说成"I and you are wrong"。这一点,恰好在如今的学生中表现不一样。他们在犯错误时,总是先说别人怎样,把错误的责任推给对方。而在叙述我和某某人时,常把自己放在第一位,显得有些自以为是,以自我为中心。在学"Lady first!"时,教男生学会尊重女生,对女生应当谦让。在学生日表达时,让学生记住自己父母的生日,以表达对父母养育之情的感谢;利用西方的感恩节对学生进行感恩教育,让学生懂得知恩必报,应该时常感谢身边曾经帮助过他们的每一个人。

发扬中华民族传统美德,培养学生的爱国主义精神,形成健康的人生观。在英语教学中除学习西方国家的文化背景外,还要渗透爱国主义教育,发扬中华民族美德,教育学生并非外国的一切东西都是美好的,不要崇洋媚外。八年级上册 Unit9,在学习一般过去式时,在介绍我国著名运动员邓亚萍、姚明、刘璇和青年钢琴家李云迪等人的简历时,让学生知道这些名人在取得成就的同时,倡导学生从小立志,为国争光。在学生介绍"我所崇拜的人"时,尽可能介绍中国人所取得的成绩。在学习被动语态时,让学生记住中国的四大发明是中华民族的骄傲。教学中通过培养学生的民族情怀、增强学生的民族自豪感,培养学生的爱国主义精神,从而使他们形成健康的人生观。

利用英语学科学习特点,锻炼学生意志力。现在许多学生是独生子女,在家娇生惯养,没有经历磨炼,依赖性强,缺乏克服困难的信心和顽强的意志力。由于缺乏一定的语言学习环境,加上学习英语本身就是十分艰苦的事情,所以需要一定的意志力。在单词记忆上,除掌握老师教给的拼读方法外,还应每天坚持记忆,进行单词积累,不能"三天打鱼两天晒网",这就需要学生有坚强的意志力。在初中阶段,学生的听说读写能力的培养也是一个长期的过程。学生应该按照老师的要求,循序渐进。具有较强的意志力,学生的各种能力才能提高,才能逐步提高解决问题的能力,从而克服英语学习的各种困难。

创设情境,让学生参与体验。这就需要在英语教学中把情感目标渗透到语言教学环节和教学内容之中。在教授"I'm going to be a basketball player"时,教会学生各种职业的同时,设计寻找梦想、实现梦想、放飞梦想的各种语言情境。让学生在各种语言活动中积极参与,体验梦想的实现不是轻而易举的事,需要持之以恒的付出,教育他们从现在开始努力学习,才能使美梦成真,否则就会是"竹篮子打水一场空"。这样,在语言教学中让学生从现在做起,脚踏实地,让他们懂得"好的计划是成功的开始",相信"有志者事竟成"。这样的教学把单纯的说教变成了形象、生动的情景,学生易于接受,教育效果好。

充分利用当前新课改的机会,培养学生合作精神。当前提倡以学生为中心的生本教育,学生学习多是通过小组合作学习的方式来呈现。在建立学习小组时应当做到科学、合理,同一小组成员应是好、中、差生搭配。在小组合作学习时要求同一小组的成员在学习中互相帮助,互相学习。在课堂教学活动中,尽量让每个小组成员都参与,这就要求优生帮助后进生,小组共同学习,共同进步。在教新课进行小组活动时,好生可以让差生选择较容易的内容,自己承担较难的内容,使小组成员共同参与、协作,共同完成小组活动任务;在作业辅导环节,差生应积极主动向本组的好生请教,好生也应当乐于帮助差生。这样的小组合作学习,能有效地改变学生处于被动学习的状况,使学生积极主动地融入小组合作学习中来,有利于培养学生的合作精神。

建立积极的评价机制,让不同层次的学生体会到成功的喜悦。在英语教学中

除了建立合作的学习小组外,还根据学生的学习情况把学生分成 A、B、C 三个层次的目标小组。对于不同层次的学生,采用不同的鼓励评价方法。A 层:采用竞争评价,坚持高标准,严要求,同时促使他们更加乐于助人;B 层:采用激励评价,既揭示不足,指明努力方向,又使他们不甘落后,积极向上;C 层:采用表扬评价,寻找并肯定他们的点滴进步,使他们看到希望,消除自卑。在课堂上学习七年级上"Unit 10 Can you play the guitar?"时,要求学生用 4 句以上的话介绍自己。A 层:I'm… (Name). I am… years old. I can read a book. I can jump high. I can…;B 层:I'm… (Name). I am… years old. I can read. I can…;C 层:I'm… (Name). I am… years old. I can….评价应该是多方面的,既可以评价小组成员参与的情况,也可以评价有进步的成员;学生、教师多向评价,促使学生进步。在课堂教学中,每节课在黑板的一角标上各个小组参与课堂的记录,这样显得形象、生动,便于小组之间展开竞争,从而调动学生的学习积极性。每节课结束时,表扬先进组,并象征性地对落后组进行鞭策。这样的评价机制可以让不同层次的学生体会到成功的喜悦,对于树立学生学习自信心有着极大的帮助。

总之,在英语课堂教学中挖掘教材中的情感教育因素,从多方面来培养学生的思想品质,以促进学生健全人格的发展,使他们成为爱国、阳光、自信、意志力强、善于合作、乐于助人的新一代高素质人才,为他们的终生发展打下坚实的基础,从而点亮他们亮丽的人生。

参考文献

[1] 郎艳红.实施英语班内分层教学,优化教学过程[J].科教文汇,2008(4):69.

[2] 中华人民共和国教育部.英语课程标准[S].北京:北京师范大学出版集团,2011.

在物理教学中培养学生的人文素养

李先渝

在某次培训会上,重庆市某物理教研员说过这样的一句话:文科生要有理性情怀,理科生要有人文素养。在培训结束后,终于争取到和这位前辈单独交流的机会,首先表明了我对他说的这句话有浓厚的兴趣和深刻的认同。这位来自重庆物理界的泰斗儒雅干练,精神饱满,在人文艺术方面的造诣令人侧目,看不出他的专业是物理研究。他再次以简明扼要、深刻诙谐的话语告诫我:理科教师一定要博览群书;理科教师也要有浪漫情怀;理科课堂一定要贯穿传统文化。这席话,使我受益匪浅,他给我指出了一条物理教学的新路径。

一、物理教师如何提升自己的人文素养

1.物理教师一定要博览群书

古人说"读书使人明智",高尔基说过"书籍是人类进步的阶梯"。我觉得,只有读书才能填充大脑的空洞,只有丰富的知识才能展现人文的光芒。一个物理教师,一定要阅读中外历史,一定要研究传统文化,一定要泛读大家杂文,不断地丰富阅读的视野。我喜欢传统经典,也喜欢现代名篇,深刻领会到中国文化的博大精深。通过阅读,既陶冶了情操,增强了文学艺术修养,又丰富了自己的人文审美情趣,更完善了自己的知识结构。还记得有次物理课上,讲到参照物的时候,随口就来了毛主席的名句:坐地日行八万里,巡天遥看一千河。在讲到物态变化的时候,我也能轻松背诵朱自清的《春》,给物理课堂润色不少。

2.物理教师也要有浪漫情怀

热爱生活的人一定是浪漫的人。乐观、积极、大度是任何一个老师都必须修炼的基本功,这些不是光靠我们的努力就能达到,这其实是一种心态,一种热爱生活的态度。如果一个老师走进教室,就仿佛是个情绪低落的抑郁症患者,或者是怨天尤人的泼妇,学生一定不会喜欢这样的老师,这样的坏情绪一定不能传递正能量。只有积极乐观、热爱生活的老师才会发现生活中的美,在教学中才能让人文素养大放光彩。我们也发现,古往今来,文人大家都具有浪漫情怀,有一颗热爱生活的心灵。浪漫的性格一定能激活学生热爱生活、热爱物理的本能。

3.物理教师一定要有人格魅力

具备了人文素养的物理老师又如何去影响学生呢?老学究、老古板已经不适应社会对老师的要求了。如何把自己所具有的人文特质渗透到课堂中去,一句话就够了:用人格塑造人格。一个优秀的老师,必须具备高尚的人格,让学生认可、欣赏、崇拜,然后才能把自己的优点复制、渗透给学生。"随风潜入夜,润物细无声"就是这个道理。

二、物理课堂如何渗透人文内涵

1.贯穿物理发展史的学习

物理教学必须贯穿物理发展史的学习,让学生知道某一知识的完整体系。如在学习牛顿第一定律的时候,直接演示伽利略的斜面小车实验就显得非常生硬,也难以激发学生的学习兴趣。最好要从公元前说起:在公元前300多年,古希腊科学家亚里士多德根据"运动的物体只要不再施加外力的作用最终会停下来"的生活经验,得出一个观点:运动需要力来维持。一千多年后,另一位科学家笛卡尔对亚里士多德的观点提出质疑,认为亚里士多德没有考虑到摩擦阻力,笛卡尔认为如果没有摩擦力,运动的物体不会停止下来。与笛卡尔同一时代的伽利略不仅认同了笛卡尔的观点,还设计了斜面小车实验,通过推理的方式得出了不受阻力的运动物体将做匀速直线运动。

"如果说我能看得更远一些,那是因为我站在巨人的肩膀上。"在伽利略的观点提出后一百年左右,牛顿作了补充,把静止的问题也考虑进去了。经过几百年的思索,人类终于得出了牛顿第一定律,第一次完整地阐述了力与运动的关系:力是改变物体运动状态的原因。

上课时，我把上面的历史经典一一讲给学生听，让他们完整体会物理知识的发生发展，感受真理的来之不易，要得出一个正确的结论往往需要若干年的积累。让他们体会物理学的精深和严谨，培养他们在生活学习中要求质疑和求真的态度，我想，这也是人文素养的基本要求。

2.渗透大自然的平衡法则

中国传统文化最核心的两个字是"自然"，而"自然"最重要的法则就是"平衡"。我国的传统文化，其实讲的就是人与自然的关系：平衡的才是和谐的。

物理学与自然有着紧密的联系。大自然充满奥秘，无垠的天空中群星闪烁，广袤的大地上万物繁荣。在天地之间，各种形态的物质展示着惊人的多样性和复杂性。而在这如此多样和复杂的大自然背后，却隐藏着统一与和谐的平衡规律。初中物理中的能量守恒是这样说的：能量既不能凭空产生，也不能凭空消灭，它只能从一种形式转化成另一种形式，或者从一个物体转移到另一物体，在转化和转移的过程中，能量保持不变。高中物理的动量守恒是这样表达的：如果一个系统不受外力或所受外力的矢量和为零，那么这个系统的总动量保持不变，这个结论叫做动量守恒定律。

不难看出，事物总是从一种平衡表现为另一种平衡的循环中得以发展的。原有的平衡被打破就会出现新的平衡，从一种系统结构到另一种系统结构，从一个物质层次到另一个物质层次。

物理教学也要坚守传统文化里的平衡法则，渗透大自然的平衡统一观念，学生的思维才能发散，视野才会开阔，才能让物理学科与人文知识紧密联系。

3.关注科学、技术、社会

科学技术的不断进步改变了社会的形态。在固守传统文化的同时，我们也要向前看。如果物理教学还按照二十年前的形式，就一定不能适应新的教育形式。

《物理课程标准》首要的一条就明确提出："初中物理旨在进一步提高学生的科学素养，从知识与技能、过程与方法、情感态度与价值观三个方面培养学生，为学生终身发展应对现代社会和未来发展的挑战奠定基础。"不难看出，我们的教学是要为社会的发展服务的，而只有站在科技的前沿，培养学生的创新意识和创新精神，构建完整的适应当代社会发展的知识体系与行为技能。

历史的证明和时代的发展都充分表明，公众的科学素养已成为社会进步的基

本因素,是国家兴旺的根本。提高公众的科学素养也是理科教学的使命和理科教育的职责。因此,关注社会科学知识不仅是学生内在的要求,而且是社会和时代要求。

物理教育是科学教育的重要组成部分,传统的物理教学往往只注重知识的传承,而忽视了其内含的人文价值,物理教师在今后的物理教学中应该注重学生人文素养的开发、人文意识的挖掘和人文内涵的培育。教师用自己的人格魅力,感染、熏陶、培育学生的人文价值观,让物理教学不但成为增长知识的手段,而且成为完善学生健全人格的途径。

做好"生本"管理的"牧者"
确保"生本"管理的有效性

李小军

　　牧者的职责是什么？牧者的职责显然不是去代替或包办羊群的吃食,而是要把羊群带到水草丰盈之处,让它们自由快活地吃草。牧者既要给羊群自由吃草的权力,又要对羊群的活动范围有一个大致的约束,更重要的是要给羊群指明方向,让羊群能够找到丰盈的水草。

　　在倡导张扬个性、高度重视学生、全面依靠学生进行教育工作的今天,让学生自主管理班级既是大势所趋,又是着眼于学生发展、培养学生各方面的能力、切切实实地为学生的终身发展奠定基础的有效手段。但是在实际的工作中,特别是在低年级的班级管理工作中,"生本"管理会遇到一些不可避免的麻烦。如学生的自主管理能力不强,做事的条理性差,部分行为习惯较差、思想素质较低的后进学生不听从学生干部的管理和教育,不执行班委的合理要求等。这就需要班主任有效地发挥"牧者"作用,给学生适当的引导,让学生找到自己行动的正确方向,指引他们去找到属于自己的"丰盈的水草"。

　　做合格的"牧者",协调好"羊与羊"之间的关系,确保"羊群"整体的凝聚力,形成团结和睦、其乐融融的大家庭。学生的自制力、自控力的养成,学生行为习惯的改进、思想素质的提高不是一蹴而就的,有一个循序渐进的过程。这个过程也不是一帆风顺的,其中肯定会有摩擦、误会、不满等,而这些问题处理不及时或者不恰当极易造成拉小团体的现象发生,那时整个班集体将如一盘散沙,没有一点凝聚力。做"牧者"教师就要不断地向学生灌输一些必要的同学之间和睦相处、团结协作的基本原则。只有让学生们学会了理解他人难处,支持他人工作,包容他人的过错,学生在实施"生本"自主管理时,才会真正有效合作,互相支持,互相学习,取长

53

补短,形成合力,学生的集体主义精神,集体荣誉感才会形成,良好的班风才会逐渐建立起来。

做"牧者"教师既要管理好班干部这群"领头羊",让"领头羊"当好全班的领路人,严格要求班干部以身作则,在各方面起到模范带头的作用,让同学们发自内心地佩服他们,心甘情愿地听从他们的安排,又要结合实际教给学生干部处理实际的问题的方法和技巧,提高学生干部处理实际问题的能力。不能把一切事务的组织安排、管理和处理权简单地交给学生,老师不做合理有效的引导,否则不仅不能提高学生各方面的能力,不能解决实际的问题,还会使有些问题更严重、更复杂,时间久了更易引起学生之间的矛盾,甚至影响整个班级的班风。教师还要做学生干部坚强有力的后盾,在整个班级还没有形成稳定的、良好的班风以前,教师必须为班干部"撑腰"。无论如何,要让同学们服从班干部的管理,避免出现"令不行,禁不止"的现象。否则,当班主任真正不在学校的时候,班级里极有可能出现一些原本不该出现的状况,"生本"管理将只是一个形式,根本无法落到实处。当然,在要求同学们服从班干部管理的同时,也要给班干部提一些工作基本要求,比如,班干部在工作时要公正,不但主观上要公正,客观上也要尽量公正。我个人认为,班干部的人选不必过于看重学习成绩,但他必须是品行极佳、行为举止谦和、做事严谨的文明学生。有了好的"领头羊",我们才能够放心地把整个"羊群"交给他们,让他们带着整个群体前行,那时候"生本"理念才真正得到落实,我们的很多工作才能真正放手让学生去做。

做优秀的"牧者",掌握"牧羊"的技能技巧,在潜移默化中感染"羊儿们",造就他们优秀的品质。做"牧者"教师一方面要敢于放手让学生自理自治;另一方面要巧妙而又不失时机地对学生的个人素养进行有意识的引导培养。如果学生们具备了自信而又谦虚、激情而又守纪、严格而又包容、正义而又和善的优秀品质,班级管理中所有的问题将不再是问题,一切都会迎刃而解。我曾经在学生晨读的时候遇到过一次状况。在一个星期一的早晨,英语课代表让学生们齐读音标,由于课代表没说读几遍,也没有说用什么调,于是学生读不整齐,自动停了下来。读书声音还没有完全静下来,就已经有学生开始七嘴八舌地说开了,有说废话的,有说不会读而要求课代表教读的,课代表按照同学们的要求开始教读音标。当课代表读错其中一个音标的时候,就有学生趁机怪笑,不少学生跟着起哄。这时,我刚好走到教室门口,看到了这一幕,我当时非常生气,很明显又是那几个课堂发言声音很小而在课余甚至自习课讲话声音特别大的学生在故意"装怪"。我大吼一声,学生立即安静了,然后我又把学生狠狠训斥了一顿。但是,事后我自己反省发现这件事处理得很不妥当,不妥当之一是那几个故意"装怪"的学生未必知道自己错在哪里了,或者知道了也不一定会改正。不妥之二是让学生们误以为我连累了无辜,其实他们谁都不是无辜者。为了弥补这次教育工作的过失,我在上课的时候,借着课本内容对他们早晨的错误行为进行了分析。第一,课代表也是学生,他也有出错的时候,嘲笑他人的错误本身就是对别人的不尊重,谁能保证自己就不出错,如果自己出错了,是不是也希望被别人取笑?第二,课代表带领大家读书、教大家读书,是在为大家无偿服务,每一个人都应该心存感激,感谢她为大家的付出,包容她的无心过失,在轮到自己读书时自动纠正她的错误。第三,处理问题要灵活,集体活动要相互照应。课代表虽然没有把要求交代清楚,如果大家互相照应一点,读快了的等一等,读慢了的赶一赶,很快就可以读整齐的,关键是大家都没有努力去协调,而是选择了放弃,进而造成了混乱。如果大多数同学都努力调整,最终是可以做到整齐地读书的,想要"装怪"的学生也就没机可乘了。一句话,正气不够,不足以压倒歪风邪气,所以这件事全班都有责任。第四,我给故意搞破坏的两个学生分别安排了接下来两次晨读的组织任务,让他们自己体会一下其中的难处。从那以后,我们班的早自习再也没有出现过类似的情况,也就说明以上几方面学生都努力去实践了。在遇到适当而又典型的个案时,结合事例教育学生会比简单而又空洞的说教有效得多,而简单的说教和训斥往往会适得其反。一个优秀的"牧者",既要会放牧,又要懂得放牧的技巧。

在"生本"管理模式下,教师不是什么都不用做,真正有效的生本管理,教师的引导作用会表现得更无形、更得体、更高级。只有把学生的"生本"管理和老师的适当引导有机地结合在一起,才能让学生在实际的学习生活中去体会、感悟、提升,才能真正有效地提高学生各方面的能力。

浅谈在"生本"模式下课堂教学中教师地位和作用的思考

廖 敏

在生本教学模式的学习与实践过程中,有的教师一谈到"生本",就认为教师在课堂上应该像一个旁观者一样,尽量不说话,生怕一说一讲,就不是生本课堂了。其实我个人认为,这是一个误区。无论是传统的教学模式,还是现在风靡全国的"生本"教学模式,都只是一种模式。无论是哪一种教学模式,都包含着教师"教"和学生"学"这两个相辅相成的方面,当然,"教"在两种教学模式中具有不同的含义,传统教学模式下的"教",就是教师的讲,而生本模式下的"教",实际上是教师的一种引导和点拨。难道一节课完全放手让学生去完成,教师在课堂上一言不发看热闹就是"生本"课堂吗?从辩证唯物主义的角度来看,这也是不科学、不符合实际的。因此,生本课堂并非是削弱教师的作用,反而需要教师发挥更大的作用。

生本课堂中教师主要具有以下几方面的作用。

一、教师是生本课堂的组织者、调控者

我国经历了基础教育、素质教育,如今,郭思乐教授提出了生本教育。教师在教学中逐步认识到了学生在教学过程中的主体地位和作用。从表面上看,教师在生本课堂中的作用有所削弱,但实践证明,教师在课堂中仍然起着至关重要的作用。生本课堂提倡"自主、合作、探究"的学习形式,课堂教学的各个环节大部分由学生完成。教师已不再像过去一样包办代替、机械控制教学的全过程,教师从过去课堂上不停地讲题,学生课堂上被动接受知识的局面,变为教师在课堂上讲得少、说得少,学生表演多,讲得多的局面。感觉一节课都是学生在表演、在组织,老师似乎无事可做了。事实上,生本课堂上要求不能出现教学无序、无目标,放任自流的

现象,要做到"有放有收,有的放矢"。教师需要按照自己学科的规律特点介绍知识,引入方法,提出要求,组织学生学习,而不只是让学生三五个一组自己讨论,无秩序地学习。如果教师在课堂上不引导、不组织、不调控,让学生在课堂上随意操作,这样的课堂显然达不到我们改革的目标。"生本"虽然要求将课堂还给学生,但教师在课堂上应该发挥教师的作用,对学生的发言要适时作出总结和评价,而不是觉得是生本教育,以学生为主,自己就没有发言权了,对学生犯的知识性错误不指出来,也不作任何评价,把课堂完全交给学生自己处理。生本课堂上教师必须认清自己的位置,教师是课堂的组织者和调控者。

生本课堂对学生的课前预习要求相当高。学生在预习各学科时,因受生活、知识和文化程度等的制约,他们在思考、分析、判断时往往会受到限制,所表现出来的实力、活力、张力往往不够充分,学习质量也因此受到影响。这就要求学生在课前预习时多查阅工具书,还可利用网络及电视,对未知知识点进行查阅了解。在探究活动中,各小组应首先进行讨论,解决小组成员中存在的问题。小组讨论后每次发言的也许都是一部分基础较好、表达能力较强的同学,而大部分同学则可能在探究活动中是旁观者,处于消极状态,甚至被边缘化,沦为其他同学的忠实听众。此时,就需要教师及时予以组织引导,尽可能让每一个学生都加入到学习过程中,让每一个学生都有展示自我的平等机会。教师可让小组选出大、小组长,由小组长对各组组员进行帮扶。学习中遇到困难,先由小组长解决,小组长解决不了的由大组长解决,大组长也解决不了的,可请求其他组或老师帮助。否则,如果教师调节不好,生本课堂可能变成基础较好的学生的课堂,从而可能造成优生越来越优秀,差生越来越差的局面。因此,这就对老师的要求较高,老师必须做好对学生的指导作用,让优生帮扶基础较差的学生,这样既能活跃课堂气氛,又能提高学生的学习质量。此外,在学生自主性学习过程中,若出现了与学习活动无关的行为,甚至是干扰同学学习的行为,也需要教师及时予以调控和引导,保障每个小组的自主学习活动能够顺利进行。

二、教师是生本课堂中学生的"点拨者"

在生本课堂中,教师虽然把课堂的话语权和学习的主动权交给了学生,但并未完全剥夺教师的话语权。教师在生本课堂中的角色由知识的传授者,转变成为知识的"点拨者"。教师被削弱的只是在课堂上过多过滥的讲解,教师在学生自主学习后,在认真倾听学生讨论、发言的基础上进行"点拨",让学生的思维进行碰撞、让智慧之火熊熊燃烧、让学生的潜能得到发挥与拓展。教师用画龙点睛般的点拨,

引导学生的学习得以升华。正如重庆巫山中学校长所说,"教师给学生的点拨,就好比教师将纸糊的窗户,轻轻点一个小洞,学生通过这个小洞,一窥而知天下,而不需要教师将这扇窗户纸全撕掉"。

在生本课堂上,教师从"满堂灌"的角色转向将主要精力放在目标指引和方向纠正上:确定科学明确的教学目标,并确保每个学生都能清楚这个目标并掌握它;做好学生学习前的引导工作,巧妙设置问题,让学生充满求知的欲望;组织课堂活动,掌握好课堂节奏和进度;用提示、暗示、点拨、质疑等方法引导学生的讨论、评价,让学生精力时刻集中在问题的重点上;形成一个科学规范的课堂程序和常规,养成良好的"自学、自测、自评"的自主习惯等。

三、教师是生本课堂的参与者

学生是生本课堂的直接参与者。当然,课堂中不能忽视教师的作用,教师也是其中的参与者。虽然教师不直接参与到学生活动中来,但教师对学生的一言一行必须随时关注,解决学生遇到的困难、难题及困扰。教师在生本课堂上不是旁观者,更不是一个可有可无的人。在生本教育中,教师撰写的教案也好,导学案也好,都是教师课前根据自己对学生和教材内容的了解而设计的,不见得每一个学习环节的设计都具有针对性。这就要求教师在学生学习过程中,随时了解、掌握学生的学习状况,及时予以调控和引导,或及时引导学生增加探讨学习的时间和深度,或及时引导缩短探讨学习的时间。总之,教师在课堂上不是一个旁观者,而是学生遇到难题时的引路人。

四、教师是生本课堂的评价者

不管是家长,还是教师,对学生的行为表现都应该适时作出评价,而学生对教师给予她的评价相当看重。有的学生对家长的话往往不听,但对老师的话却很在乎。倘若教师能在课堂上对学生的行为表现作出准确、适当的评价,更能提高学生学习的主动性和积极性。因此,课堂教学中的评价是教师对学生的一种集体评价,教师对一个学生的表扬或批评会对全班学生起到激励或诫勉的作用。

综上所述,教师在生本课堂上只是失去了本不应该有的作用,真正的作用并未丧失。为了更好地完成以上任务,教师不得不完成两个转化。一是自身建设上要从单纯的教书型向教研型、学者型转变。脱离以往在小知识点上的重复建设而向文本的更深处挖掘,把精力从字词识记、篇章分析转向为学生提供其思想体验、意志情感所必需的情境。这也从另一角度促进了教师专业素质的提高。二是师生之间向平等、互敬的新型师生关系转化。教师要"参与"学生的学习,就必须了解更多的学情,知道学生的兴趣爱好、情感取向。"走进去"和学生相融,真正成为孩子中的一员,从而在相互平等、彼此信任的前提下建立更有效的协作机制。

　　总之,"生本"和"师本"是一体两面,一味强调学生在教学活动中的主体地位,强调一切依靠学生而忽视教师的引导与协调,或一味强调教师主体而忽视学生的需求,都是不可取的。只有不偏不颇地强调其中之一,才能充分发挥另一个的功能,才能两方面协调发展、相互促进。值得庆幸的是,我们已经看到在学生主体地位回归的同时,教师主导地位也正在逐渐凸显和发挥。

倾力打造班级小组文化的形象工程①

刘文芬

学习小组的建设关系到课堂的效率,因此加强学习小组建设十分重要。胡锦涛同志曾明确提出:全面推进素质教育,必须把德育工作放在首位,把立德树人作为教育的根本任务。而班级小组建设中应把文化建设作为建组之本,以"小组互助学习、合作交流"为原则,以"形成好习惯,养成好品质,提高综合素质"为宗旨,以高品质的小组文化建设为统领,以全员参与"自我陶铸"等系列工程为特色,以丰富多彩的小组活动为新课改探索出新路子。笔者准备分三期工程、三个细节、三大特色来打造小组文化的形象工程。

一、第一期工程:小组长的培育——精挑形象大使,包孕英雄智慧

根据学生的喜好,首先孕育出一些形象大使作为每个小组的组长。再根据广告中的形象代言人这一做法,利用代言人影响力大,可以设计形象大使的形象,集体美化,要求是学习成绩好、责任心强、组织能力强,在同学中有威信的为候选人,然后建立大使档案:名字、性别、血型、生日、生肖、外貌、兴趣爱好、优点、缺点等,其次由学生起一个响亮的名字,如美美、帅帅、快快、乐乐等。最后将这些形象走向各组和全班甚至全校,在同学中用好用足他们的形象大使。如开设形象大使热线:大使心语,大使开心果,大使烦心事等,还可以开展人人争做大使的活动,把大使作为学生心目中的偶像,用大使的言行来影响其他同学,树立大使的权威。

组长是小组的灵魂,是教师的帮手,应具备三种能力:提问能力、激励能力和分辨能力,我们不仅要发现具有这些能力的学生,而且要培养学生这些能力,在培训

---

① 此文获重庆市教育学会德育专委会举办的第七届学术论文二等奖。

时除了了解反馈信息,还要倾听他们的意见和想法,让他们畅所欲言,相互交流、相互启发,使他们的管理既有共性,又有个性。

(1)培训方式:班主任定期培训,科任老师定期培训和科任老师课前简短培训。

(2)培训内容:组织管理的方式方法及提问能力、激励能力和分辨能力的培训。

(3)定期召开组长座谈会——每周至少组织一次小组长会议。

(4)每周评选优秀形象大使。

每周班主任应结合任课老师的意见,结合同学们的评价,结合平时的各项工作选出优秀的大使进行表彰,可以从物质、精神两方面进行奖励,让大使因自己的努力而有所收获、得到认可,从而对自己分担的管理工作保持高度的热情。作为班主任,要想培养好大使,不但要有方式、方法上的指导,而且要采取各种措施不断地进行激励,让同学们都能很快地得到提升。

二、第二期工程:小组的组建——策划分组细节,演绎完美组合

细节一:分组条件要科学

按照"组内异质、组外同质"的原则,首先按照学生知识基础和能力水平把学生分为 A、B、C 三类,6 人形成 AA、BB、CC 的组内成员结构。A 类学生称为特优生,B 类学生称为优秀生,C 类学生称为待优生,A、B、C 类学生既有个性发展的类似性,又有学习程度上的不同。在学习过程中,这样分组,有利于 A 帮 B、B 帮 C,充分利用了学生间的差异资源,进一步优化了班内、组内学生学习的最优学习环境,达到了共同进步的目的。

再由班主任与科任教师统一协调,根据每组成员的男女比例、性格互补、学科强弱等特点进行组间平行微调,尽量让组间实力相当,组际之间的综合水平基本平衡。特别注意我们要为班上的特差生、调皮学生找到一个合适的位置,小组公示时,在双方同意的条件下同类学生可以互换。

细节二:座位安排要合理

建议采用"T 形"排列,一般来说,座位的排布是优秀生居中,特优生和待优生在两边,这样特优生与优秀生可以随时交流,特优等生与待优生也可以随时进行交流。

这种模式具有以下明显的优点:其一,每组成员明显地感受到团队的存在,增强了组内的凝聚力,同时有利于教师对各组的自主学习进行宏观调控;其二,每组成员可以亲密接触,有利于团队成员的资源共享与合作交流;其三,有利于组员之间互帮互助、互相监督、共同提高;其四,有利于各小组展示活动成果;其五,有利于

教师参与小组讨论、指导小组活动。

示意图如下(略)。

细节三:机构职责要明确

每组设行政组长一名、副组长一名、卫生组长一名、纪律组长一名、举手组长一名、记录组长一名,尽量自愿选择,组内协调,让每个学生在小组中找到自己的位置,保证人人有责任,人人要参与。有利于在小组内建立竞争机制,调动他们的积极性,贡献自己的力量,使小组的整体能力得以提升。

行政组长管理职责:

(1)选出榜样,及时在小组评价栏内进行表扬。

(2)发现不足,及时将建议写在小组的评价栏内。

(3)进行评价,可以围绕组员的课堂参与积极性,可以结合学生课堂点评的价值性,可以是业余时间的投入度,也可以是课堂学习效果的抽查排名。

(4)带领团队打造团队名片。

(5)每周一次组内工作总结。

副组长管理职责:

(1)组织组员一对一讨论及具体的任务安排,根据三个层次来布置。

(2)落实每天的学习内容,尽量做到日日清。

(3)合理安排组员展示,让每个组员都有机会。

(4)指导组员自主学习,完成学案,及时收齐上交。

(5)协助任课老师做好学习效果的抽查。

卫生组长职责:全面负责卫生的打扫及保洁工作,保证该组教室与公地的得分在9.8分以上(满分10分)。

纪律组长职责:全面负责纪律的维持工作,保证该组组员课堂上不讲废话,讨论有序,展示有序。

举手组长职责:全面负责课堂上组员积极举手发言,保证每个组员都参与。

记录组长职责:全面负责本组的加减分记录,保证公平、公正。

三、第三期工程:小组文化的建设——经营小组文化,塑造高尚品格

特色一:全员文化共建制——"团队名片共打造"互动工程

制订组名、组训、组徽、组目标等,在制订时,应围绕学校的主流文化或者理念来引领组员起一个积极向上富有新意的响亮的名字,有利于凝聚人心,形成小组目标和团队精神。

(1)创设组名——各学习小组根据自己的特点,创设富有个性、积极向上、朝气蓬勃的组名,使本学习小组相互鼓励、奋发向上、团结协作。如飞天、火箭、扬帆、雄鹰、阳光、智慧、先锋、疾风、劲草、光荣、必胜、无敌、勤奋、日进、翱翔、合力、至善、求知、学无止境、永不言败等。

(2)形成组训——学习小组成员通过讨论选择名言、警句或者格言,形成自己的组训,以便激发学习小组的进取心、凝聚力。如,试试就能行,争争就能赢;挑战自我,团结第一;快乐大本营,天天好心情;行动,才有收获;坚持,才有奇迹等。

(3)确定目标——小组讨论后,制订本学习小组周目标和月奋斗目标。在遵规守纪、行为习惯、预习效果、课堂展示、学业成绩等方面要达到什么目标,在班级的所有团队中要达到什么样的水平,目标清晰,人人明确。

(4)制订团队公约。由各组组员根据本组特点,结合实际制订本组组员必须遵守的"游戏规则"——公约。从常规的到校、卫生、午休、纪律到课堂的参与、学习状态、作业等都要根据班规制订本组的公约。

(5)制作团队名片——将以上各项加上本组的集体照制成一张 A4 纸大小的"团队名片",让每组都成为一个"利益共同体",目标是以小组为单位,促使团队成员都去努力,以团队的进步为荣。

格式如下(略)。

特色二:全员学困帮包制——"五个一"转化工程

全班上至班主任、科任教师,下至形象大使,实行帮包同学责任制,瞄准待优生,全员实施"五个一"转化工程:即每位科任教师和大使找一个待优生作为自己的帮包对象,每人手中要有一本有待优生档案的转化记录,每周找待优生谈一次心,让待优生改掉一项不良习惯,引导待优生每周做一件好事。在这样的互帮互助中,让所有同学都在高尚品格中受到感染与熏陶,全面提高学生的思想道德素质。每周或每月评选"黄金搭档""白银搭档""青铜搭档",及时给予鼓励。

特色三:体验小组优先制——学生"自我陶铸"展示工程

"自我陶铸"是小组体验成功的核心,该工程是以发展学生为着眼点,旨在培养学生的优秀意识,让优秀成为一种习惯。班级"自我陶铸"系列工程包括小组乒乓球比赛、朗诵比赛、卡拉 OK 比赛、手抄报比赛、小制作比赛、拔河比赛、接力赛等,这些活动全部由学生自己来设计与组织,以小组为单位,优秀小组拥有优先选择与组织筹划的权利。

"自我陶铸"还包括由学生自己创建特色小组,如礼仪小组、自信小组、环保小组、自理小组、学优小组、自律小组、互助小组、最守纪团队、最卫生团队、最活跃团

队等,要求在创建过程中,形成自己鲜明的文化特色,在全班起到引路导航的作用,并对表现突出的小组给予表彰奖励。

"自我陶铸"还包括由小组组织一些带有竞争性的评选活动,如十大感动人物、十佳礼仪标兵、十佳书写能手、十佳阅读才子佳人、十佳助人标兵、十佳劳动能手、十佳体育名将、十佳歌手等,在这样的评比活动中,树立学生的自信、培养他们的创新精神与实践能力,从而为他们的健康成长奠定坚实的基础。

班级小组文化形象工程的打造,笔者相信:这是一场"静悄悄的革命",静待花开,我们期待班级形象在这场"革命"中得到提升。

学生在语文课堂与闲暇活动中穿行

——新课改下农村初中语文的教学实践探究①

刘文芬

庖丁说:"臣之所好道者也,进乎技矣。"这也是语文之道。特级教师黄厚江说过:"语文教学研究,应该探寻的是语文课程的规律,语文学习的规律,语文教学的规律。"笔者以为:语文教学过程是让学生在其"感悟—积累—运用"的美妙过程中,带着愉快上路,带着豪放驰骋,带着希望远航,带着求知的心在语文课堂教学与闲暇活动中穿行,让学生从中体验到语文的魅力,生命的快乐,成长的幸福。

《语文课程标准》强调"充分激发学生的主动意识和进取精神,倡导自主、合作、探究的学习方式",倡导学生主动参与、乐于探究、勤于动手,培养学生收集信息的能力、获取新知识的能力、分析和解决问题的能力,以及交流与合作的能力。于是就要求有与其相适应的课堂教学和课外的综合性学习。本文就在新课改下,如何让农村初中学生在课堂教学与闲暇活动中快乐学习语文作初步的探究。

一、艺术的课堂教学,创造高效的学习空间

(一)让精彩于学生

从教育学上说,教师课堂的一切行为都是为了促进学生的发展。教师的发展体现在学生的发展之上,教师的精彩呈现于学生的精彩之中。

让精彩于学生,须把学生当主角。语文学习重在体验感悟,必须有听、说、读、写、思、做的亲身经历,别人替代不了。学生的主角地位不凸显,主体活动不活跃,

---

① 此文获重庆市第三届基础教育课程改革论文大赛一等奖。

他们的自主经历无从建立。在课堂教学中,可以设计让学生听、说、读、写、思、做的环节,引导学生进入角色。在学《石壕吏》一文时,可这样设计教学过程:一听故事,二读课文,三讲故事,四演故事,五谈故事。这样就避免了满堂讲,满堂问,满堂灌。所以,培育课堂的精彩,教师须从重视教的追求到重视学的探究,从重视自我展示到重视学生发展,从重视量化结果到重视质化过程,创造高效的学习空间。

笔者以为:语文课堂,你遗失精彩了吗? 让精彩于学生,才能留精彩于自己。

(二)给感动于学生

特级教师史绍典这样理解语文:"语文,是情韵悠长的、广博优雅的、诗意盎然的……语文,是很本色、清醇、很生活、很自然、很人性的……语文,是生活的、生命的、生态的……语文,永远是语文……"因此,初中教材中的那些文质兼美的名篇会感动学生,课堂上老师声情并茂的讲解会感动学生,同学发自肺腑的回答会感动学生。

曹文轩先生说:"能感动人的无非还是那些东西——生离死别、游驻离散、悲悯情怀、厄运中的相扶、困境中的相助、孤独中的理解、冷漠中的默默温馨和殷殷情爱……还是那些道义的力量、情感的力量、智慧的力量和美的力量,而这一切是永在的。"而当今物欲横流、急功近利已成时尚,情感弱化,更是不争的事实,感动,已是呼之不出的情致。那么,我们怎样才能让学生感动起来?

在《背影》的教学中,我成功地调动了学生"感动"的胃口。我是这样设计教学开头的:"同学们,朱自清被春天的到来所感动,冰心被印度舞蹈家卡拉玛姐妹的舞蹈所感动,无数感动的故事同样发生在我们的生活中。如果你有一颗善感的心,妈妈的唠叨可以给你感动,爸爸的严厉可以给你感动,平凡的付出可以给你感动……正是感动使生命的意义升华。今天你遗失感动了吗? 如果没有,请将父母给你的感动讲出来与大家分享。"甲:我一回家,父母就以微笑迎接我,我很感动! 乙:晚上,我数学题不会做,爸爸睡了还起来给我讲解,我好感动! 丙:我困惑时,妈妈总是耐心地引导我,我好感动……就在营造的这种气氛中,让学生走出世俗,走出淡漠,走向情感,走向感动!

语言文字,有这种打动人的力量,而在教学过程中还设计了一个朗读的过程。课堂上,朗读也是一种口头语言的艺术。学生运用普通话把无声的书面语言用有声的口头语言抑扬顿挫地、富有感情地表达出来,把视觉现象转化为听觉形象,就是艺术的再现。《背影》是一篇歌颂亲情的纪实散文,语言朴实,但充满着溢于言表的深挚感情。可以在老师范读中,营造氛围,把学生带进文本,让学生在感动中与亲情对话;可以在学生的默读中,营造气氛,让学生直面文本、理解文本,让学生在感动中与父爱对话;可以在学生的背读中,营造气氛,让学生沉浸文本,让学生在感动中与朴素的语言对话。

笔者以为:语文课堂,你遗失感动了吗? 给学生于感动,才能留感动于自己。

二、多彩的闲暇活动,建构实效的学习平台

有专家说:"教室的四壁不应该成为水泥的隔离层,应是多孔的海绵,透过多种孔道使教学与学生的生活息息相通。"于是笔者以为应引领学生走出教室,走出课堂,走进网络,走进电视,走向实践。

而在素质教育的今天,实行五天工作制后,学生每天的闲暇时间已达到 5 小时。利用好学生的闲暇时间,对提高学生的语文素养有重要的作用。

(一)留个性于学生

课外语文学习,主要不应是学校规定的学习,而应是在教师指导之下的学生自由选择学习内容和学习方式的行为。在闲暇活动下,学生在精神上处于完全放松的状态,主要根据自己的兴趣爱好选择自己读写听说的内容,并用自己的心灵去观察、思考、体验。鼓励他们做生活的有心人,从生活中积累鲜活的素材,为写作埋下创新的种子。

笔者以为可组织学生对正在热销的青少年读物进行评论,对正在热播的电视剧展开讨论,对即将播映的精彩影视剧进行介绍,对即将举行或正在举行的体育比赛进行预测或发表观感等。

笔者以为:闲暇活动,你遗失个性了吗? 留个性于学生,才能留个性于自己。

(二)给热情于学生

教师应注意对学生进行课外阅读、网络利用、电视收看等指导,激发学生阅读课外读物、网络查找资料、关心国家大事等方面的热情。阅读课外读物、网络利用、电视收看,其意义不仅仅在于提高阅读和写作能力,更在于提高人的修养、品位,丰富、充实人的闲暇生活,促进人的全面发展。

笔者以为:闲暇生活,你遗失热情了吗? 给热情于学生,才能给热情于自己。

可以说语文课堂教学主要是让学生"得法",仅有课堂语文学习是远远不够的,必须有课外语文学习的补充。语文水平的高低很大程度上取决于课外的语文学习。总之,学生语文素质的提高需要有大量的闲暇时间来保证,没有充足的闲暇

时间,学生便不能做游戏,不能参加各种社会活动,不能自由地阅读自己喜爱的书籍、观看自己喜爱的影视剧。这样一来,学生的知识面必然狭窄,对事物的认识必然肤浅,词汇量必然贫乏,想象力必然孱弱,思维必然缺乏创造性,语言的体悟能力、表达能力当然也就不高。

一位特级教师说过:"语文教学是枝叶繁茂的参天大树。它根植于民族语言文化的丰田沃野,以学生的综合语文素养提高为粗壮枝干,以学生语文知识、能力、习惯的长足发展为巨大树冠。语文教师要让每个学生拥抱这棵参天大树。"在新课程体系下,教师要面向全体学生,注重个性化教学。在教学过程中,教师要培养学生掌握和利用知识的态度和能力,激发学生的创造潜能,帮助学生学会在实践中学,在合作中学,为其终身学习奠定基础。

总之,语文课堂教学是核心,闲暇活动是外延,只有实现二者的统一,才能真正让学生快乐地拥抱语文这棵参天大树。

赋予文章思想的内核——立意

刘亚东

同学们在写作过程中常常遇到的问题就是如何立意。

文章是由字组成的，可是，作文里的字和键盘上的字有着质的区别，因为文章字的排列组合是以作者之"意"来统帅。这"意"便是作者的思想感情，也就是文章的主题。如果一篇文章没有表现一个主题，就无异于一堆毫无意义的字，就等于没有灵魂。清代学者王夫之有一段非常精彩的话："无论诗歌与长行文字，俱以意为主。意犹帅也。无帅之兵，谓之乌合。""乌合"是乌鸦集聚之意，村树乌鸦，多有聚集，一有惊吓，四处飞散。这里是指乌合之众，即没有统帅来组织的军队。

因此，同学们在写作的第一时间，应该思考自己这篇文章想写什么。一篇文章立意的好坏直接影响读者对文章的印象。那什么样的立意才算是好呢？

一、立意的基本原则

立意要掌握以下几个基本原则。

1.内容要健康

立意要符合客观事物的本质和规律，表达出来的思想观点和感情要健康、积极向上。思想境界不高，会表现出一些不适合的观点：或看法偏激，或情绪偏激，体现在作文中，便是观点错误或态度消极或思想悲观。这些问题反映了考生的思想水平和道德修养。有了这些问题，作文自然不会得高分。

有次我给同学们布置了一个半命题作文"我喜欢_____"。很多男同学写"我喜欢电脑"，然后就开始大谈自己怎样用电脑玩游戏。这样的作文如果到了考场上，其结果是可以预见的。有兴趣的同学可以去看一下高考零分作文，几乎都犯

了这个错误。

2.观点要明确

观点要明确是指在文章中的情感指向要明确,该批判的批判,该歌颂的歌颂,并且在你的语言中要饱含感情。最好不要出现那些让读者想不透的模棱两可的情感倾向,否则不仅会减弱对主题的表现,而且会伤害语言的表现力和感染力,还会影响读者的阅读兴趣。

3.思考要深刻

深刻的思考就是要求我们能透过事物的现象去挖掘其本质,思考出对人生、对社会有意义和价值的东西。

二、常用的立意方法

接下来,同学就该考虑如何使自己的文章立意有亮点了,一篇文章的内容再好,如果有许多人写过也就不再吸引人了。特别是考场作文千篇一律的立意会使阅卷老师感觉到审美疲劳。如2008年重庆中考作文《那一幕,我难以忘怀》,当年5月12日刚好发生了汶川大地震的悲剧,于是,考场上"悲剧"也发生了,关于地震的立意的最高纪录是一叠卷子30份有18份都是写的这个。这些考生们,特别是文学功底一般的考生们在为同胞祈祷的时候也该为自己的中考祈祷一下了。

因此立意的亮点就体现在一个"新"字上,这就是要做到多角度立意,而在这里我简单地结合"风"这个话题谈一下中学生应该掌握的3种立意方法。

1.从实和从虚立意

有些东西是具体的,有些东西则是抽象的。从具体事物上的立意就是从实立意,而从虚立意是从现实的事物中与某种哲理或某种感情建立联系,又叫象征立意。

许多题目既可以从实立意,又可以从虚立意,诸如:《路》——脚下的道路、成长的历程,《窗》——房屋的窗户、对外的开放,《桥》——山涧的桥梁、感情的沟通;《脚印》——地上的脚印、人生的足迹;《春风》——吹面不寒的和风,轻言细语的教诲……

2.正反立意

在人类发展的过程中,对很多事物总是容易形成一些比较一致的情感倾向。

比如,提到春风就是温暖,提到狐狸就是狡猾,昙花容易感叹生命短暂,仙人掌意味着顽强……从与通常的情感倾向或与传统的观点、看法一致的角度来确立文章的中心,就是正面立意;反之,则是反向立意。

人们往往认为美丽的风景在远方而忽视身边的景致,由此可以反向立意;人们往往对灾难没有好感,甚至深恶痛绝,由此也可反向立意……反向立意,反弹琵琶,容易写出新意,让人耳目一新。但"反弹"也要成曲调,切忌"乱弹"一气。

3.肯定与否定立意

所谓肯定立意,就是从歌颂和赞美人、事、景、物的真、善、美的角度立意,从肯定和赞成某种思想、观点、行为、潮流的正确性、正义性、积极性的角度立意。如助人为乐、拾金不昧,这些健康的风气是值得肯定的。

所谓否定立意,就是着重从贬抑和鞭挞人、事、景、物的假、丑、恶的角度立意,从否定和批判某种思想、观点、行为、风气的错误性、消极性、反动性的角度立意。不好的风气就应该否定,如见风使舵、贪污腐败……

古人云:"凡作文发意,第一番来者,陈言也,扫去不用;第二番来者,正语也,停止不可用;第三番来者,精意也,方可用之。"(元·陈绎曾《文说》)第一次、第二次想到的立意都不用,要花一番功夫,力避老生常谈、人云亦云,这样刻意求新、求高、求深,才能引人入胜。

选定立意时,应综合考虑以下因素:能体现材料、话题的本质意义,新颖、高远、深刻,自己有话可说。

英语阅读策略的运用

任秀娟

一、主题与背景

(一)主题

本课例主要解决学生在阅读中,如何使用有效的阅读策略来达到品质课堂的"践习性"和"化成性"。

(二)背景

本课时是关于人教版初二年级"Unit 9 Can you come to my party? Section B"阅读课第一课时的内容。新课程标准把阅读技能目标描述为:朗读各种文体、英文诗词、报刊杂志、原著及各种商品说明书等非专业技术性资料并理解大意,找出或获取中心思想、作者意图、观点和态度的相关信息。阅读的目的就是通过阅读获取信息,学习文化,发展阅读技能和策略,为继续学习和终身发展打下基础,因此阅读课的教学就显得尤为重要。但是从平时课堂教学来看,学生还根本不明白什么是阅读策略。一般情况下,学生拿到一篇文章,就从头开始逐字阅读,没有使用有效的阅读方法。所以针对学生这样的情况,本堂课的主要目标是教授和运用两种阅读策略。

二、情境与描述

(一)读前(pre-reading)

(1)趣味呈现,激发阅读兴趣。教师首先播放一段幽默的 party 视频,引起学生的兴趣。随后创设一个真实的场景:展示一组照片,老师的朋友即将离开,准备开一个离别晚会。让学生自然、愉快地走入文章之中,激发学生的阅读兴趣。

(2)巧设活动,排除阅读障碍。在这个离别晚会的场景中,教授本课时的重要短语:make an invitation, accept an invitation, turn down an invitation. 扫除学生在阅读时会遇到的主要语言障碍,同时使学生在整体上感知本篇文章的3个方面。

(二)读中(While-reading)

(1)授之以渔,训练"略读"策略。首先介绍 skimming 的含义:快速阅读以获取大意(the main idea),方法是不需要逐字读,注意力集中在关键词(key words).

本篇文章分为三段,采取逐段处理的方式。要求学生快速阅读课文,从整体上把握课文脉络,理解课文大意,找出关键词和中心句,使学生对文章内容、结构和作者写作意图有一个整体印象。当时在课堂上共给出了两分钟的时间来判断出第一段的大意,但完成的效果不是特别好,大概有 1/3 的学生没有做出来,或者没有按照我给的方法勾出关键词。在巡堂发现此问题后,我马上做出调整。

T:OK, everyone, let's look at it together. If you don't finish, it doesn't matter. Do you read the words in the first paragraph one by one? Do you find any key words?

通过提出这两个问题,来引导学生反思刚完成任务时是否用了略读的方法。但学生在回答时,还是有少部分同学没有使用略读的方法,而是逐字读(花费了大量的时间,且没有完成给定的任务。)

T: Who'd like to share your new words with us? 引导学生找出此文段的关键词:leaving, miss, have a party, come. 通过示范,学生在读后两段时,就快速地找出了关键词,并能判断出每段的大意。

(2)授之以渔,训练"寻读"策略。引导学生细读短文、理解短文,并设计一些练习让学生完成,以检测学生的理解程度。于是介绍第二种阅读策略——寻读(Scanning),含义是寻找细节信息(details)。方法是带着问题去读文章,获取信息。针对每个自然段设计不同的学习任务。

T: Now everyone, look at the three questions. Please read them together. Ss: 1. David like Ms. Steen best.2. Ms. Steen is leaving soon to go back to China.3. David will have a surprise party next Friday.

T: OK. All of you have a good pronunciation. Now read the first paragraph again with the three true or false questions. OK?

Ss: Yes.

在核对答案的时候,为了增加活动的有趣性,用比划动作的形式来代替 True or False,同时让学生纠正错误的答案。接下来,是让学生跟着磁带,模仿其语音、语调,阅读该自然段。

对第二段的处理是把该文段的句子打乱顺序,让学生通过小组活动来排序。活动流程:①每位小组的同学静下心来慢慢读第二自然段,在大致知道其主要信息的基础上,了解文段结构,故事发展的脉络。②组长确定每位成员都读完后,关上书再每人发写有句子的小纸条,然后全组同心协力,排好顺序。接下来由于时间的关系,对该段朗读的处理是一边放着磁带,一边让学生小声地跟着朗读。

最后对第三段的处理是把文章重要的关键词,或者重点短语以挖空的形式来填空。按照 Scanning 的方法,让学生先阅读该短文填空,了解其大意后,再完成该任务。对该段朗读的处理同样是一边放着磁带,一边让学生小声地跟着朗读。

(三)读后(post-reading)

在学生练习了两种阅读策略后,为了摆脱阅读课沉闷的风格,最后的读后活动,让学生做了 PK time 游戏。在游戏里巩固,拓展学生在本节课学到的知识。PK time 共设置了6个环节。

Round One:模仿秀。(提取每段的关键句,跟着磁带朗读,主要是加强学生对语音、语调模仿的意识。)

Round Two:你猜,我猜。(从对话中,巩固重要短语,让学生活学活用。)

Round Three:我导,我演。(从课文中提取本单元的目标语言并练习。)

Round Four:问问,答答。(该环节的设置,主要是对两个对话的补充完善,来提取本篇阅读最重要的目的:如何发出邀请的两个重要因素,时间和原因。)

Round Five:帮帮忙。(此环节的设置是回到开课前真实场景的设置上,对老师朋友的离开,帮老师发出邀请,制作邀请卡。)

Round Six:聚会时间。(通过前面环节的层层铺垫,在学生通过阅读获取信息和处理信息后,即掌握了如何发出邀请,接下来让每组共同合作来完成一张邀请卡,可以选择3种 party 类型:birthday party, fans party, New Year's party。然后学生自愿投票来参加哪家的 party,通过角色扮演来重新阐释课文内容。这个环节的设置主要是做到阅读与写作的结合,让前面的阅读来辅助后面的写作。)

三、讨论与反思

在本堂课上完后,总的来说,大部分学生能够积极配合,小组竞争激烈,达到了预期的教学效果。但也有需要改进的地方,现反思如下:

(1)在读前播放了视频,并且创造了一个阅读的真实场景,让学生在情境中学习。随后在短语讲解时让学生利用已有的知识结构、生活经历对3个重要短语进行预先的猜测,然后再讲解,在一定程度上排除了学生的阅读障碍,符合学生学习的认知规律。

（2）在读中活动时，学生初次使用略读策略，没有很好地掌握其方法，基础好的同学很快找出了关键词，但还有部分同学没有找出。通过巡堂发现这个现象后立即作了调整，首先通过教师的示范，来教会学生如何使用阅读策略完成学习任务，以此来关注不同层次学生的学习特点，达到品质课堂的全然性。其次，在让学生贴小纸条排序的这个活动时，为了养成学生静下心来阅读的习惯，体现学习时的思辨性。于是没有提前发小纸条，而是让学生读了之后再发。如果先发的话，学生就只顾着找自己的答案了。再次，为了让小组里的每位成员都有事可做，所以每位组员手里都有小纸条，不会只让组长一个人完成，同时锻炼了学生共同合作的能力。最后为了使活动有趣，在呈现时，是让学生把小纸条贴在一张白纸上，然后看哪个小组以最快的速度把白纸贴在黑板上之后，再评价其对错。另外在做正误判断题时，改变了传统里学生直接说答案的习惯，而是运用动作比画来呈现答案，孩子们的踊跃尝试，让我知道了他们喜欢这一新颖的学习方式。

（3）在读后活动时，把已学习的知识通过 PK time 的游戏形式来巩固和拓展，同时也激发了学生的竞争意识，极大地调动了学生的学习热情。在把阅读和写作相结合时，选取了 3 个学生生活中常见的聚会类型，让学生选择其任一场景来写邀请卡，用角色扮演来重新阐释课文内容，运用循序渐进的语言实践活动，提升学生"用英语做事情"的能力，也体现了课堂的践习性和化成性。

（4）在最后的评价部分，采取多元化的评价方式：第一，计算学生在"PK time"环节获得的分数，然后鼓励表扬。同时告诉学生只要奋斗就会有收获，让他们体会"Where there is a will, there is a way"。第二，让学生写下这节课学到的和还没学懂的内容，放在"question box"里面。课后我都会从盒子里找到学生哪些是学懂了的，哪些是没学懂的。对没学懂的，我都会一一解答。然后贴在教室里的"疑难区域"，学生自己去寻找答案。

总之，学生英语阅读能力的培养是我们一线教师教学的重点之一，只要我们持之以恒，注意培养学生英语阅读的兴趣和习惯，采用恰当的阅读教学策略，将听说读写活动恰当融入阅读教学中，学生的英语阅读潜能将会得到充分的挖掘，综合语言运用能力也将大大提高，英语教学才能达到素质教育的目的，为学生的终身发展奠定基础。

浅谈在小学校园推广足球运动的可行性

唐 亮

一直以来,球类运动因为其游戏性、对抗性以及内容丰富多彩,受到广大学生的喜爱,但在小学的小段和中段,一些球类主要是进行基础训练,内容相对比较枯燥,而且因为学生身高不足,四肢发育不够,力量较差而导致一些球类项目的开展受到标准场地和标准器材的限制,而此时开展足球运动就可避免这些情况。

一、研究对象与研究方法

(1)研究对象:小学足球

(2)研究方法

①文献资料法。通过访问互联网,查阅大量与本研究相关的资料,为本文的写作打下坚实的基础。

②专家访谈法。通过走访重庆市足协的专家、专业教练以及常年在学校教授足球的体育教师,对重庆市小学目前足球教学的现状进行了详细了解,并得到了大量的宝贵建议与意见,为本文的完成提供了丰富的素材。

③实地考察法。对重庆市各个校园足球布局小学的足球场地设施进行了实地考察。

二、足球对小学生身体发育的价值

足球对小学生身体锻炼的价值有很多,我重点谈两点:①踢足球属于有氧运动,可以使心(血液循环系统)、肺(呼吸系统)得到充分的有效刺激,提高心、肺功能。从而让全身各组织、器官得到良好的氧气和营养供应,维持最佳的功能状况。②在足球比赛中情况瞬息万变,错综复杂,对孩子的思维、观察、判断、反应等能力的要求较高。经过长时间的足球训练,也许孩子没能成为一名优秀的运动员,但他们的思维会更敏捷,判断会更准确,视野会更开阔。

小学足球强调身体的灵敏和协调性,以及在运动中以移动为基础的急停、急起、变向以及对运动物体落点的良好判断。这些都是其他一些球类项目最基础的要求,具有一定共性,可以为以后参加其他球类项目的学习打下良好的基础。

三、足球对小学生心理和性格的塑造

(1)培养团队合作精神。现在的小学生一般都是独生子女,是一个家庭的重心。这造成了许多小孩自我意识强,甚至是自私,处处与自我为中心,缺乏团结合作精神。而足球运动是非常讲究团结合作精神的,每个位置都有它的职责,大家各司其职,为一个共同的目标而拼搏。经常参加足球运动能够感受到其他同学的重要性,感受到大家只能通过团结协作才能取得胜利的道理。

(2)培养能承受压力、挫折的心理素质和永不放弃、不畏强手的坚强性格。现在许多孩子生活在家长们为其精心构筑的温室里,一心只想读好书,知识增长很多,智商也挺高,但缺少必要的心理历练。在一个孩子需要培养的各种素质中,坚强的性格可以说是他以后在人生道路上能否取得成功最不可缺少的一环。足球运动在这方面有着重要的作用,首先,在踢比赛时,学生要承受压力,越是重要的比赛压力越大,领先时怕对手追上;落后时容易心浮气躁,急于追赶。其次,学生在足球比赛中会受到很好的挫折教育,实力弱的队,难免经常输球,这就要学会调整心态,屡败屡战;实力强的队,可能经常获得胜利,但强中自有强中手,输球也是不可避免的。要是前面一帆风顺,都赢了,最后一场决赛输了,那种挫折感更是一般人难以感受到的。再次,踢足球还要坚持不懈,拼到最后。在一场势均力敌比赛中,踢到最后时刻,可能比赛双方都很疲惫了,无论是身体上还是心理上,这时难免产生懈怠的心理,但恰恰这时候是最考验人的,谁坚持到最后,谁就可能取得最后的胜利。最后,踢足球能培养一种不畏强手的心态。足球场上从来没有人敢说自己绝对会是胜利者,足球场上变幻莫测,是最容易发生以弱胜强的地方。因此,即使对方的实力要强一些,但只要我们准备充分,战术得当,照样有取得胜利的机会,说不定又可以取得一次以弱胜强的漂亮胜利。

四、在小学校园推广足球运动的可行性

(1)一种运动要推广,其本身要有足够的吸引力,才能够引起大家的兴趣。足球运动作为世界第一运动有其独特的魅力,尽情的奔跑、巧妙的盘带过人、精妙的

战术配合以及大力准确的射门无不吸引着广大青少年朋友的目光。另外,很重要的是相对其他球类项目,在小学的学前班小段、中段主要还是以基础训练为主,其内容相对枯燥。足球项目的训练已经涉及各个最有吸引力的环节,如盘带过人、射门得分、简单的2过1配合,并且在市级范围内有正规的比赛体系,同学们可以在比赛中去展现自己,为学校争取荣誉。这些都是吸引同学参与足球运动的积极因素。其实,小孩都是好动的,只要他们真的觉得好玩,他们还是愿意离开电视、抛开电脑游戏来到运动场的,也只有这样,他们才能远离近视与肥胖。

(2)相比其他球类运动,在小学开展的5人制足球赛对场地和器材的要求并不高,只需要一定数量的小号足球和一块篮球场大小的平地。球门都可以用书包和矿泉水瓶摆成,还可以根据学生年龄大小和人数多少适当改变场地大小。一般的小学完全能够满足条件。大一点的场地还可以分为几个比赛场。就算是在一些场地比较小的学校,怎样开展训练,许多走在前面的小学也积累了丰富的经验,大家完全可以互相学习和借鉴。

(3)足球运动的推广离不开家长的支持。学生家长对待学生课余体育训练的态度随着孩子年级的增长会发生变化。据调查,小学生在学前班和一、二年级时家长非常支持,都希望小孩多运动,多吃点、长高点、培养一些运动能力,三、四年级次之,到了五、六年级因为学习负担加重并且有升学的压力,有些家长就开始反对了。所以说,小学生在四年级之前家长们还是比较愿意让自己的孩子参加课余体育训练的。

(4)开展小学的足球运动可以先从课余兴趣小组抓起。课余训练主要是在放学后和周末,这些时间学校的场地一般都不拥挤,便于安排训练和比赛,而且兴趣小组参与的人数相对较少,学生参与积极性较高,因而开展难度较小。而在整个一所学校推广的难度肯定较大,一方面需要学校的积极支持,另一方面其组织工作,人员安排,场地、器材的要求都比较高,要很多学校短期内达到难度很大。但如果我们大部分小学能把课余足球训练开展好,也能对增进学生体质,发展学生全面素质,促进足球运动的普及和提高做出一份贡献。

(5)注意事项。强调在什么时间什么地点练习什么内容,不能在学校随便开大脚。防止把旁边没有参与的同学踢伤,或把学校的设施破坏。在足球场周围易碎的地方做好保护措施,如给玻璃窗安上铁栏杆。

五、结语

在小学阶段,特别是小学学前班、小段和中段,开展足球运动,相比其他球类项目,无论是对场地、器材的要求,还是训练的趣味性,以及比赛体系的设立,都有一定的优势。目前,对于各个小学来讲,首先应大力加强对小学开展足球运动价值的宣传,让更多的家长了解在这一阶段开展足球运动的优势,不要因为中国职业足球在发展过程中存在这样那样的问题,中国国家队的成绩不好就忽视或否定足球运动的锻炼价值。毕竟家长在这一阶段对孩子兴趣的引导起着非常重要的作用。当然对学生本人宣传和引导更不可缺少。其次,应根据学校实际情况,合理安排训练时间和内容,充分利用好场地。最后,除了正规的市级、区级比赛外,还可以就近与周边的学校多进行比赛,既方便,又可调动学生参与的积极性,更好地推广足球运动。

对于学生人格培养的探索

姚　虹

　　戴尔·卡耐基是美国蜚声海内外的教育家,他写了大量的鸡汤文章,激励各界人士奋发进取。他经过长年的广泛和深入的调查,得出这样一个结论:一个人若要获得成功,卓越的学识和专业技术占 15%,而 85% 靠的是非凡的人格和心理素质。因此有人说:"人格决定命运。"作为一名教师,要着力培养学生的健全人格和良好的心理素质。

　　首先,要培养学生的健全人格,必须让学生学会一定的知识和技能,从而完善学生的思维活动和心理素质,形成客观的自我认识和积极的自我态度。学校和课堂是学生学习知识的主要阵地,作为一名教师,除了让学生掌握知识外,还应该给予他们更多的思维的"自由",让他们不断地大胆设想,尝试探究,总结交流,反思回顾,从而得到意志、能力和方法上的锻炼,从而学会学习,形成健全而清晰的思维模式。现在很多教师的课堂上仍然充斥着大量的讲解,认为讲解可以提高课堂效率,可以减少学生无谓的浪费时间。不错,讲解作为一种教学手段是教学中必需的,精辟、透彻的讲解往往能使学生恍然大悟,但同时我们也应该知道:这种高效率是以牺牲学生的独立思考为代价的,学生在这种学习环境中独立的思维和人格完全没有得到很好培养,不会学习,不会思考,不会作出准确的自我评价,有悖于学生健全人格的培养。我们要努力挖掘和利用教材中所蕴含的培养学生自学能力的有利因素,遵循先学后教的原则,最大限度地为学生健全人格的培养提供机会。

　　其次,有健全人格的人,具有意识和行为的自觉性,能明晓行为、体验缘何而起,具有积极的自我态度与自我认识。这就要求教师在教育教学过程中培养学生动手动脑的习惯。新课程的数学教材给学生提供了大量的动手机会。例如,我们正在学习的《几何图形初步》这一内容,我们可以在课前先让学生制作长方体、正方体、圆柱、圆锥的等立体图形,在课堂上进行拆分,并对优秀作品进行奖励。这样一来就极大地激发了他们学习的兴趣,同时大量立体图形的拆分,使学生对这些图形的空间结构一清二楚,为学生空间想象能力的培养起到了良好的作用,在对图形和空间的体验和认知的过程中,强化学生的自我评价和冷静客观的自我认识。

再次,一个人的生存能力和环境适应能力对于良好心理素质的形成和健全人格的培养具有极其重要的意义。学生要学会生存和生活,应该把所学的知识和技能应用于实际生活,这是任何一门学科的最终目的,也是培养学生健全人格的必然要求。我们不要求每一个人都成为科学家,但应该要求每一个人都成为对社会有用的人。有这样一个故事:父亲带着成绩很差的儿子回老家,指着屋前一棵结满果实的树问他,这棵树有用吗? 儿子说当然有用,因为它能给我们提供果实。父亲接着说,对于一棵树来说,所谓的有用就是它对别人有用。一棵树长大后可以做家具,做房屋的栋梁,即使做不成家具和栋梁,它还可以做柴火,为我们提供燃料和温暖,它的叶子落到地上,还可以肥沃大地,所以它的用途是多方面的。同样的道理,"十根手指有长短,荷花出水有高低",对于一个人来说,它的有用之处也是多方面的。虽然你现在成绩不理想,但你可以在别的方面展现自己的人生价值和作用,这样不也是一个有用的人吗? 是呀! 我们的学生总有这样那样的不足,但他只要能不断改进自己的缺点,那他就一定会成为对社会有用的人。

最后,让学生学会做人做事,做踏踏实实的人,行实实在在的事。做人做事是一辈子的学问,要在成长中不断学习。第一,做个有志向的人,人不可无志。无论尊卑贵贱,每个人,都曾有过自己的志向和理想,"修身、齐家、治国、平天下"是古代知识分子的最大志向。"志当存高远""非淡泊无以明志,非宁静无以致远"是一代谋臣诸葛亮的谆谆教诲;"老骥伏枥,志在千里;烈士暮年,壮心不已"是一代枭雄曹操的晚年疾呼! "生当作人杰,死亦为鬼雄"是一代女中英杰李清照的明志! 志向,对于一个人来说,是平身的抱负。人的志向,决定了一个人的人生走向。"有志者,事竟成。"成功的道路得靠自己闯,做人有困惑,做事有困境,世上没有一帆风顺的事,只有坚强不倒的信心与毅力。不怕失败,不言放弃。成功时,不要得意扬扬;失败时,不要灰心丧气,不要怨天尤人,跌倒了,爬起来,再跌倒,再爬起来! 不屈不挠,持之以恒,勇往直前,相信自己,一定会成功!

第二,做个善良的人。善良是人性光辉中最温暖、最美丽、最让人感动的。所谓善良,无非就是拥有一颗大爱心、同情心,不害人、不坑人、不骗人。有了善良的品性,就有真心爱父母、爱他人、爱自然的基础和可能。一个善良的人,就像一盏明灯,既照亮了周围的人,又温暖了自己,善良无须灌输和强迫,只会相互感染和

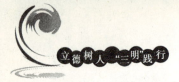

传播。

　　第三,做个有教养的人。中国是一个非常讲究修身养性、崇尚道德的民族。五千年来,无论世事如何变化,勤俭、忠义、谦让、孝顺都是亘古不变的美德,多少古圣先贤更是视为传家宝。小事业的成功靠机遇,中事业的成功靠能力,大事业的成功就完全靠品格、看操守。大凡成功的人,往往都是德行高尚的人。所谓教养,就是应该知深浅、明尊卑、懂高低、识轻重,应该讲规矩、守道义。有教养的人,往往不以术而以德,往往不以谋而以道,往往不以权而以礼。有教养的人在自己独处时,超脱自然,会管好自己的心;在与人相处的时候则为他人着想,与人为善,淡然从容,管好自己的口。方圆做人,圆通做事,宁静致远,自我反思,则事事放心、顺心。因此,做人得要问问自己有没有教养。

　　第四,做个乐观的人。存好心,做好人,欢喜充心,愉悦映脸,乐观向上,这样就能走出一道亮丽的风景。人生苦短,与其事事张弓拔弩,不如随时幽默开朗。因此,做人得要问问自己乐观了没有。

　　第五,做个宽容的人。海纳百川,靠的是宽容的心。做人做事,心胸不可太狭隘。尺有所短,寸有所长,金无足赤,人无完人,赏识别人的优点,包容别人的不足,靠的是有爱人之心,有容人之量。学会感恩,感谢生活给你磨砺自己的机会,心灵充满阳光,生活自然充满灿烂。

　　这些只是我的一点粗浅的看法,在以后的教育、教学中,要将培养学生健全人格作为工作的重心,努力的方向。

明理篇

——引领学生终身发展，适应『知书识礼，君子所素』的教育要求

明理说

理是自然规律，理是文明与文化知识，明理，就是探索自然规律，就是对于人类文明与文化知识的学习与掌握。古人云："世事洞明皆学问。"追求学问的过程，就是明白事理的过程。

中国古代有专门的理学，也称道学，亦称义理之学。理学以宋儒论学多言天地万物之理而得名。从现今的科技文化发展上讲，学习也就是知书达理，继承与创新事物之理，能够分析其内在规律，按客观规律办事。西彭一中的特色教育，强调学生的明理，其中有四层意思：一是在现代教育中提倡能力为重，能力建立在对于客观规律的认识与掌握基础之上，也是在运用知识过程中形成与完善的，因此，学生的努力学习才是明理之首要。二是作为一种教育的方式，学生明理是很重要的方式，新课程改革需要转变学生的学习方式，如何转变，最佳的途径也就在于明理。三是对于教师的素质提高而言，现在重视核心素养的培育，教师的教育核心素养应当首先是明理的素养。四是明理在学校教育的特色上，主要还在于如何让明理成为一种思维方式，成为一种行为习惯，也就是明智地学习与明确地学习。

明理教育的实施，在西彭一中的教师论文中，可以分析出有三个方面的具体落实：一是从学生的学习兴趣入手，古人言"知之者不如好知者"，科学家爱因斯坦主张兴趣的培育比知识学习更重要。二是学科教学强调学生的主动性实践，实践出真知，实践是检验知识与能力的唯一标准，大多数学科的教学方式是实践性学习为主导。三学引导学生学会思考，古人言"学而不思则罔，思而不学则殆"，学会学习的第一要务就是学会思考，明理需要思考。

明理可以说是学校特色发展的核心。西彭一中的改革与发展，重心在于明理之探索与实践。

生态课堂让修辞教学更灵动
——从《魅力修辞》课例说起

曾　敬

农村孩子对语文的学习比较吃力,课堂上缺乏热情,参与意识不强,课堂效果不好。在应试教育的背景下,语文教学已经蜕化为简单的知识传授和技能训练。对升学率的狂热追求,窒息了师生"对高贵东西的热爱",课堂教学只能让师生生活在世界的表层、实用性和外观中。在教学修辞时,更是片面追求语法、修辞"纯知识"的传授。怎样让原本枯燥无味的语言修辞变得如跳动的音符般灵动活泼,课堂教学愉快、轻松而高效,深得学生的喜爱,这是我们亟待解决的问题。

在这样的背景下,应该建构一种幸福完整的教育生活的语文课堂,让课堂成为学生一种愉悦的情绪生活和积极的情感体验,而让学生有这样的情感体验最好的课堂莫过于生态课堂。生态课堂是在新课程的背景之下,让学生健康发展,幸福成长,把课堂变成学生学习的场所,让学生主体在各种生态的元素下,通过师生间、同学间互相激发,共同参与,合作交流,质疑探究。在浓郁的、生成的、互动的、幸福的、体验的学习氛围中,得到共同的持续发展和和谐发展。

基于以上的思考,笔者从一堂修辞教学课堂的几个片段来看,教学过程体现了学生的学习过程、思考过程、合作过程、交流过程和展示过程,这些连缀为师生生命的发展过程,为学生的未来发展奠基。

一、让教师做首席,创设轻松愉悦的情境

众所周知,在乐队中,首席一般指"第一提琴手",他起着独特的而且是他人无法替代的作用,与指挥一样,是乐队的核心与灵魂。同样,我们语文教师也是"第一提琴手",是整个语文课堂教学的"首席"。如果语文教师不会品析修辞,不能很好地运用修辞来创作,课堂上"以其昏昏",如何使学生对修辞"昭昭"?

在教学《魅力修辞》时，有教师在导入时是这样创设轻松情境的：

师：昨天我们已相遇相识，今天我们将在课堂上演绎我们相遇的精彩，写下我们相知的传奇，为此我用心为你们写下了一段文字。在此送给你们，希望你们喜欢。

师（深情地朗诵）：温柔的，像穿过季节的弄堂里那一缕清风，我走近你们；婉约的，像镶在语文的天幕上那一弯新月，我走近你们；灿烂的，像挂在深秋的树枝间那一片红叶，我走近你们。我们的相遇，注定是一次难忘的旅程。我愿意变成美丽的雪花融入你们的世界，我愿意变成皎洁的月光守候在你们的窗外，我愿意变成神奇的钥匙开启你们的心门！

师：这些文字美吗？美在哪里？

师：知我者莫过于你们也。对，文字中用点修辞比如比喻、排比等会更生动，更有气势，情感更浓烈。亲爱的同学们，我们是一场美丽的相遇，如同比喻与排比的美丽相遇。比喻如动人的女子，让语言具有独特的美感；排比如伟岸的男子，让语言具有独特的气势。如果让两者相遇，它们就会在言语上演绎着它们的精彩。今天让我们一起走近魅力修辞，让我们徜徉在优美而有气势的言语中去感受那种美好。（大屏幕展示课题：魅力修辞——比喻与排比的美好相遇）

从这段实录中我们可以具体感知这位教师用美的文字，美的朗读，美的谈话，创设绿色生态的情境，渲染轻松愉快的气氛，拉近师生的距离，激发学生学习兴趣，迅速切入课题。心理学研究表明，人在心理安全和心理放松的状态下，思维最敏锐、最活跃。为了使学生处于心理放松的状态，一开始教师就提出和大家做朋友，自己动笔，与学生建立了平等的伙伴关系，创造了师生心理相融、相互交往的良好的课堂氛围，从而引发了学生积极参与表达、交流的激情，从话题的选定到情境的创设，都给学生提供了交流的可能和条件。因此，顺着教师设置的交流路径，学生才会产生倾吐的冲动和交流的欲望，才会无拘无束，妙语连珠。

笔者以为：语文教师在课堂教学中，担当起"首席"的重任，用言语的无穷魅力，用语文老师的博学多才，才可能引导学生成为学习的主人，才可能让学生真正体味到修辞的魅力所在。

二、让学生自主参与，创设自信饱满的情境

陈望道先生在《修辞学发凡》中明确指出："修辞以适应题旨情境为第一义，不仅仅是言辞的修辞，更不应是离开情境的修饰。"一针见血地指出了修辞的本质，学习修辞的目的和作用，也切中了过去修辞教学的弊端：为讲修辞而讲修辞格。陈

老先生的这段话告诉我们,在进行修辞知识的教学时,我们要借助于"品味语言"这个抓手,通过语言这个凭借,引领学生去了解修辞知识,感受修辞魅力,欣赏其表达效果,从而形成审美与写作能力。

在教学《魅力修辞》时,该教师是这样创设自信饱满的情境的:

活动一:发现美

师:越是好的文字,越能经得住我们反复的咀嚼和诵读,我们再次触摸《安塞腰鼓》中的一段文字,不妨让我们从朗读开始。你们先自己放声朗读一遍,要求读出气势。

(大屏幕展示:骤雨一样,是急促的鼓点;旋风一样,是飞扬的流苏;乱蛙一样,是蹦跳的脚步;火花一样,是闪射的瞳仁;斗虎一样,是强健的风姿。黄土高原上,爆出一场多么壮阔、多么豪放、多么火烈的舞蹈哇——安塞腰鼓!)

(1)我来读美。(读出气势)

(2)我来寻美。(寻找文段的美点)

(3)我来分享美。(比喻、排比的特点)

这个环节赋予学生自由表达与展示的权利。设置了一个开放而温暖的话语环境,实现了师生之间、生生之间、师生与文本之间的沟通交流,让思维激烈地碰撞,让个性得以完全释放,课堂生态因子充分活跃起来,达到自主学习的目的。

学生发言非常踊跃,为何有如此灵动的课堂?笔者以为是因为该教师给了学生自由的朗读空间,美读文段,并读出自己的美思,这样的朗读才是自由的,有效的。建构主义理论认为,学生学习的过程是主动建构知识的过程。新课标倡导"自主、合作、探究"的学习方式,在自主、合作、探究三者中自主是后两者的基础和前提,个人的自主学习对于语文学习具有不可替代的地位和作用。

笔者以为:我们的语文课堂要倡导学生的个性化行为,在课堂的各个环节体现个性,努力促进学生的成长,学生在自主学习中充满活力,兴趣陡增。用"我来读美""我来寻美""我来分享美"来体现学生自信,就这样建构了一种自信而饱满的情感生态环境。

三、让学生合作探究,创设实践体验的情境

《语文课程标准》要求把修辞知识的教学放在阅读、写作的实践活动过程中,将修辞知识的教学融入阅读、写作的教学过程中,从而形成阅读能力和写作能力。从这一角度说,修辞知识教学的着力点,一是能品味修辞手法的表达效果,二是能在写作中运用修辞。在这样的背景下,笔者认为把修辞这一教学与课文美段美句

的品位结合起来,与学生的写作结合起来,不失为一个好的做法。

活动二：品味美

(合作探究)师：像这样的美段我们七年级教材上还有很多,那让我们一起去品味其中的美,感悟其中的魅力吧!

大屏幕展示：

1.理想是石,敲出星星之火;理想是火,点燃熄灭的灯;理想是灯,照亮夜行的路;理想是路,引你走到黎明。(《理想》)

2.红的像火,粉的像霞,白的像雪。(《春》)

3.看,像牛毛,像花针,像细丝,密密地斜织着,人家屋顶上全笼着一层薄烟。(《春》)

4.春天像刚落地的娃娃,从头到脚都是新的,它生长着。春天像小姑娘,花枝招展的,笑着,走着。春天像健壮的青年,有铁一般的胳膊和腰脚,他领着我们上前去。(《春》)

师：相邻的同学探究一下,试举例分析比喻与排比相遇会产生怎样的效果? 三分钟完成,由一个同学来汇报。

生1：我认为会让事物更生动具体,如"看,像牛毛,像花针,像细丝,密密地斜织着,人家屋顶上全笼着一层薄烟"。写春雨,用"牛毛""花针""细丝"三个喻体,具体展现了春雨多、亮、细的不同特点。这样用比喻,不仅语势强,意思也丰厚得多了。

生2：我认为会让内容更丰富。如"红的像火,粉的像霞,白的像雪"用了三个比喻句把春花的色彩写得如此的丰富多彩,让我们看到了一个色彩斑斓的春花图。

生3：我认为能让事物的内涵更丰富。如"理想是石,敲出星星之火;理想是火,点燃熄灭的灯;理想是灯,照亮夜行的路;理想是路,引你走到黎明"。这段诗人运用了一连串比喻来展示它的丰富内涵,既通俗形象,又有丰富的文化内涵。

师：同学们能品味出其中的美,感悟到其中的魅力,我们一起来总结一下两者相遇的美好表现：语言更形象生动,文章更有气势,情感更浓烈、更动人等。因此两者同时运用,会像整洁朴素的衣衫上佩戴一枚别致的胸针,会像山水盆景中添加了一座小桥或小亭那样给人以整体的美感。

学生积极主动参与,为何有如此宽松的课堂? 笔者以为是因为教师给了学生人人参与的机会和平台,那就是小组合作学习。两种思想相碰撞,就会闪现智慧的火花,建构主义理论认为,学习是个性化的,每个学习者都有自己的个性感受和体验,不同的学习者对问题有不同的想法,通过合作解决问题、小组讨论、意见交流等

形式,可以促进学习者之间的沟通互助。当课堂进入小组合作环节时,让学生在探究与对话中表现并强化语文能力。探究式阅读让合作学习的思想得到最好的实践,就这样营造愉快、轻松、自由的情感生态环境。

叶圣陶说:"作者胸有境,入境始与亲。"在修辞教学中,教师应根据不同的教学内容与学情建构生态课堂,入情入境,让学生的知识"丰"起来,内心"动"起来,思维"活"起来,语言"靓"起来。

新课程背景下语文知识教学初探

曾 敬

语文知识是为学生语文能力的形成和语文素养的提高服务的,是形成学生语文能力的前提与基础。2002 年版《语文课程标准(实验稿)》中指出:"语文是实践性很强的课程,应着重培养学生语文实践能力,而培养这种能力的主要途径也是语文实践,不宜刻意追求语文知识的系统与完整。"2011 年版《语文课程标准》没有了"不宜刻意追求语文知识的系统与完整"这句话,但仍然强调在实践中学习把握语文规律,没有提到语文知识。甚至在应试教育特殊的背景下演变成"不能进行"或"放弃语文知识",导致语文知识走向了边缘化,甚至消解为无,导致学生语文能力与语文素养每况愈下。2014 年课标修订版对语文知识教学给出了较为详细的说明:在阅读教学中,为了帮助理解课文,可以引导学生随文学习必要的语法和修辞知识(如词类、短语结构、句子成分、常见修辞格),但不必进行系统的语法修辞知识教学,更不应要求学生死记硬背这些知识。由此可见,此次改革为忽视语文知识向重视语文知识转变起到了重要作用。因此,进一步推进语文课程改革,探讨初中语文知识教学有其独特的价值。

一、突出语文知识的位置

语文教育界先贤叶圣陶曾说:"语言文字的学习,就理解方面说,是得到一种知识;就运用方面说,是养成一种习惯。这两方面必须连成一贯……知识是必要的……语言文字的学习,出发点在'知',而终极点在'行'。"因此,知识是语文学习的基础。语文学习的最终目标指向学生能力的提升,语文学科知识也是语文学习的总指导。

语文知识内容多,包括汉语知识、文体知识和文学常识 3 个部分。语文知识作

用大——听说读写都以语文知识为基础,都以语文知识作支撑;纵深长——小学、中学、大学,直至工作、社会交往都在学习运用。因此,我们教师应正视语文知识素养在整个语文素养的独特功能,正视语文知识在学生语文学习中的积极作用。

(一)语文知识是形成学生语文能力的前提

学生有了语文知识,就插上了语文能力提升的翅膀。例如:要提升学生的汉字识字能力,学生懂得形声字的相关知识,那么音形义就很容易记住,能大大提高学生识字教学的效率。

(二)语文知识是培养学生语感的基石

语感的培养方法很多,与语文知识没有直接的关系,但语文知识对于语感的形成却有很大的帮助。比如,在朗读朱自清的《春》时,如果有一定的修辞知识,那对文中的比喻、排比、引用、反复等语言的领悟力就会大大地增强,形成语言的形象感。

(三)语文知识还是学生语言文化素养不可缺失的组成部分

一个连中国四大名著、唐诗、宋词、元曲都一无所知的人,能说他的语言文化素养高吗? 而这些文学文化常识就是语文知识的一部分。因此,学生必须具备一定的语文知识,才能达到课标对语文素养的基本要求。

二、建构语文知识教学体系

语文知识体系应该是十分凝练且内容十分丰富的。"语文课程是一门学习语言文字运用的综合性、实践性课程。"《语文课程标准》中所指的"综合性"并不是要初中生必须掌握全部语文知识,而是其中的一部分,有些只需作常识性的了解,因此凝练性与丰富性显得很重要。

根据《语文课程标准》可知,初中阶段的语文知识是指"识字""写字""综合性学习""阅读""写作"五个方面的知识。这五方面的知识涉及的学科广泛,作为语文教师应当根据课程标准过滤掉一大部分,剩下部分还要根据不同学龄阶段要求掌握的知识进行严格的筛选,在筛选时要体现语文课程知识的工具性与人文性。因此,建构一套语文知识体系是语文课程知识的工具性最需要考虑的,在让学生获得言语能力的同时获得生命的成长,是语文课程知识人文性的首要任务。如在教《湖心亭看雪》时,让学生欣赏白描式雪景的同时深度解读张岱的"痴",其间既让学生获得了言语能力还提升了学生的人文内涵,工具性与人文性得以体现。

确定了语文知识后,需要把这些知识组织起来建构成有序的知识体系。根据课程内容及教材特点,对初中语文知识进行整合,如识字与阅读知识整合,口语交际与综合性学习整合,修辞与写作整合,阅读与写作整合,等等。在建构知识体系时,要顺应学生学习心理,符合学生认知结构,务必让学生理解语文学科的基本结构,然后用学到的知识去解决课堂外或以后课堂训练上所遇到的问题。

三、语文知识教学策略

语文教师在语文知识教学上存在很多片面的认识与偏颇的教学方式。新课标要求语文知识的教学由知识的关注转变到对学生能力发展的关注,不能脱离学生语言运用的实际要求,尽可能与课文结合,与语言交流挂钩,要密切联系学生的听说读写的实际,让学生内化,学以致用,提高言语运用的能力。为了让语文知识教学发挥其应有的作用,教师可运用以下途径:

(一)借助教材学"活"知识

《语文课程标准(最新修订版)》要求:引导学生随文学习必要的语法和修辞知识,但不必进行系统的语法修辞知识教学,更不应要求学生死记硬背这些知识。由此可见,随文学习语文知识,在具体语言实例中进行指导与点拨,更能帮助学生识字、写字、阅读、写作,形成一定的语言运用能力和良好的语感,而不在于对知识系统的记忆。

教材文章中的精彩语言是典范,我们应找准切入点和突破口,启发学生思考,引导学生揣摩,调动学生去体会,从而发现语文知识的妙用,激发其对语文知识的兴趣,掌握语言运用的技巧,并在实践中运用。例如:我们在学习修辞比喻与排比的写法时,就选择朱自清的《春》及刘成章的《安塞腰鼓》,抓住文中的比喻与排比句进行朗读、赏析、讨论、发现、实践。我想这些精彩的语言就是学习修辞知识的最佳嫁接点,学生要是能模仿与运用了,知识也就活起来了。

(二)立足生活学"活"知识

语文知识的教学重点在于是否有利于学生的学习,最为理想的状态就是不需要教,学生能启动智力自学,那么找准呈现知识的方式尤为重要。根据学生的特点采用贴近生活、创设情境的呈现方式,在活泼形象的环境中学习语文知识,学生更容易理解、掌握与运用。比如,在标点符号用法的知识教学中,从问号入手,再从疑

问句与反问句切入,可设计用问号设计谜面、采访对话、设计台词,利用生活中的真实情境用问号写段话等方式,让学生在生活情境中学习与运用,以提高运用语言的能力。这种有生活语境的学习不仅不会让学生厌烦,反而能让学生更好地掌握知识,从而使语文知识的学习变得有趣而灵活。

(三)探究规律学"活"知识

我们在教学语文知识时,经过了科学的筛选与建构后,应该创设机会让学生在知识的有机联系中学习,在特定的言语环境中存在。建构新旧语文知识链,并不是简单地对知识分类整理,师生一定要在教材文本与课外文本中,探究知识之间的内在规律。比如,我们学习词类活用知识时,引导学生赏析熟知的经典的歌词名句的活用现象,诸如汪峰的歌词"再见,青春;再见,美丽的疼痛"中的"疼痛"是形容词作名词;何其芳的"流光容易把人抛,红了樱桃,绿了芭蕉"中"红"与"绿"是形容词作动词;周敦颐的"不蔓不枝"中"蔓"与"枝"是名词作动词……通过这一探究,学生很容易从这些新旧知识的联系中,去发现,去思考,去比较,从而在学生的脑子里建构知识链,探究其规律。以后在品味语言与美化语言中学生就能活学活用,将名词、动词、形容词三者进行轻松转化,学生学的过程有趣,学的知识也就活起来了。

总之,语文知识的教学应该立足于言语实践,立足于生活,让学生从感性到理性再到感性,从他们已有的言语经验中提取规律,即语文知识,形成理性认识,由此养成更加敏锐的语感,这是我们语文知识教学的终极愿景。

参考文献

[1] 中华人民共和国教育部.语文课程标准[S].北京:北京师范大学出版集团,2011.

[2] 沈媛元,刘静.为学生构建语文学习的课程通道——立足语文知识角度的思考[J].语文教学通讯,2015(4):15-16.

[3] 张悦群."语文知识"的确定与重构[J].语文教学通讯,2015(26):39-41.

[4] 张春华.让学生用"活"方法学习"活"知识[J].语文教学通讯,2015(26):42-43.

中学全信息化教学的设计与展望

陈李俊

在人类第三次浪潮中涌现出来的信息技术已经彻底改变了我们的工作和生活方式。信息技术装备已经深入我们的生活,在我们的生活中扮演着不可或缺的角色。我和学生的身边几乎每一个角落都有信息技术装备的身影,这些装备给我们的学习与生活带来了很大的方便,它们不仅提高了我们的生活质量,而且还提高了我们的教学效率。

办公自动化对于现在的人们已经是一个过时的词汇,现在流行的是 SOHO。无纸化设计对于现在的工业也是十分现实的,小到一支笔,大到一艘航空母舰都可以在计算机里完成。甚至从设计到生产也不需要纸了,计算机里直接完成设计图,然后分拆出生产图,最后直接上数控,一切就这么简单。据我所知,重庆的长安汽车就是无纸化设计出来的,奔奔 LOVE、奔奔 MINI、悦翔等车型无一不是在计算机里完成的设计,我国第一架完全自主设计的先进主力战斗机歼-10 也是在计算机里完成的设计,它们所用的软件都是 CATIA。更有甚者,现在飞机的试飞和核爆炸实验都可以在计算机里完成,比如波音 767、波音 777、波音 787 和空客 A380 等机型就是先期在计算机里试飞的,至于核爆炸实验就只能在计算机里做,因为现在已经全面禁止核试验了。而我们现在的教学模式仍然是教师用黑板、粉笔讲课,用纸张书写教案,学生仍然是在书桌上堆一大堆纸质的教材及教辅资料,用作业本完成作业,到图书室借阅课外书籍,师生间的交流除了学校里的面对面,就只能是打电话了。而与之形成对比的是几乎每一位教师都有自己的电脑,有的还不止一台,班上大部分学生也有电脑,并且这些电脑都是联了网的,而且有完善的软件。事实上,我们还会在学生的书包里看到各种各样的学习机及电子词典。

既然有先进的信息技术装备,并且基本普及了,那为什么我们不利用现有的装

备跟着工业发展的潮流也搞无纸化、全信息化呢？我们完全可以这么做。

一、全信息化教学流程及模式

（1）所有教材、教师用书、教辅资料及书籍全部用电子书的形式存储与传播。这一步很容易实现，因为现在所有印刷品在印刷之前都是以电子文档的形式出现，只要转化为电子书的格式即可，比如 PDF、doc、PDB 等。

（2）教师备课全部在电脑上进行，并形成电子文档。教案可以是 TXT、doc、WPS，课件可以做成 PPT、Flash 或者 EXE 的形式。

（3）教师上课用电脑、投影仪（或屏幕广播）加音响系统进行。课后教师可以用电子邮箱或 QQ、MSN 将讲义和作业传给学生。

（4）学生上课时可以看投影，可以在自己的电脑或电子书上看教材，课后可以通过电子邮箱、QQ、MSN 接收教师发来的讲义和作业。有不懂的地方可以通过电子邮箱、QQ、MSN 与教师进行交流，作业完成后也可以通过电子邮箱、QQ、MSN 传给老师批改。做作业的工具可以是 Word、PowerPoint、WPS、Photoshop 等软件。作业批改后同样可以用电子邮箱、QQ、MSN 将结果发回。这一步的可行性很高，因为上面提到的大部分软件学生和教师基本上都会，至少基础性的操作没有问题。

（5）学生的所有考试、考查可以利用考试软件进行，实际上信息技术考试在几年以前就已经实现无纸化了。

（6）学生大量的课外书可以从网上书城购买，也可以从校园网站上下载。这样做可以以很小的代价，给学生提供最大、最快捷的阅读。

（7）教师间信息化交流，这一点已经实现，现在九龙坡区已经有联网的教研平台。

展望：我们可以利用目前的软件针对中学教育的特点进行二次开发，比如学生作业、考试的防作弊功能。针对一些学科的教学开发一些专用软件，比如数学的二元一次方程及曲线、各种空间几何体面积及体积的计算、物理的三大定律等。我们甚至可以以更高阶的形式开发出一个适用于中学教育的高度整合的专用平台。

二、硬件解决方案

网络部分可以利用学校已有的校园网，只需要增加交换机，并将网线牵入班级，在每一个班级架一个无线路由器。现在有些学校已经把投影仪装备到了班上，即使没有装备的学校也在积极争取中，随着国家对教育投入的加大，这个问题已经不难解决了。

很多学校已经在办公室为教师提供了公用电脑,有的教师甚至装备了笔记本电脑,这个问题解决起来并不困难。现在电脑硬件的价格下降很快,3 000多元就可以买到合适的笔记本电脑,2 000多元就可以买到上网本,所以给每一个教师和学生配备笔记本电脑,在投入上并不是太高。当然,如果投入比较充分,还可以装备电子书,这样学生就有一个更好的阅读环境。至于电力的供应,办公室可以增加电源插孔,学生可以增加一块电池,在节能模式下,支持一天的学习是没有问题的。

展望:信息技术的发展方向是便携设备越来越轻,能耗越来越小,功能越来越强大,电池状态下使用时间越来越长,信息在各种设备之间的流动越来越顺畅。按照这种发展方向,全信息化教学的模式将会给我们提供更高效的支持。

三、成本核算

信息技术装备方面,根据某网上商城的报价,我们将所需设备采购价格列举如下:

按每班48个学生,师生比为1∶16计算,在不计算网线及主控交换机,所需软件随机附送的情况下,需投入149 785元(无电子书)或240 565元(有电子书)。

按每班48个学生,每生每学期所需教材及教辅200元,每生每年读五本200页以上课外读物,每生每年读3种课外杂志,3年下来一个班学生所需总费用大约为79 200元,6年为158 400元。当然,如果加大学生的阅读量,其费用将大幅增加。这里得出的数字并没有计算各种教辅类电子产品。

如果上述信息技术装备能用上6年,那么在不装备电子书,不计算书籍版权和电费及维护的情况下将会比传统方式省钱。不计算电费是因为不可能精确地计算,不计算版权是因为无法查找,当然由于全信息化后所带来的教学效果提高,以及效率的提升也是无法计算的。根据成本核算的结果,我们综合分析,在中学实行全信息化教学并不会增加多少成本,但所得到的回报将比传统方式大得多。

最后,根据这次研究活动的成果,经我们综合分析,认为在中学阶段实行全信息化教学是可行和必要的,不仅从技术层面是可行的,从投入层面也是可行的,并且随着教育的大发展,我认为这是必需的。唯一的阻碍因素,我们认为是人们的习惯问题。

卓越课堂,幸福人生

——浅谈如何在美术课堂中渗透生本教育幸福课堂理念

陈　燕

"这堂课你觉得幸福吗?"没有老师这样问过学生,取而代之的是"这堂课你学了多少知识?"

"这堂课你觉得幸福吗?"没有老师这样问上课的教师,取而代之的是"这堂课你上得成功吗?"

幸福,美好而温馨的字眼,简单而清新的笔画,难道只能存在于我们的祝福声中与成功的路上吗? 不难发现我们的课堂似乎不存在"幸福"的空间,我们的课堂似乎远离幸福的滋润。

那什么又是幸福? 何谓幸福课堂? 进而幸福教育呢?

带着这些问题,我有幸到杜郎口中学观摩学习,通过学习让我一点一点地触摸着生本,了解到幸福课堂如何生成。学生的幸福是让自己在轻松快乐中学习知识,而不是呆呆地坐在那里听着四十分钟的喂食似的传授。教师的幸福则是用最精的备课达到最好的上课效果。而生本教育提供了一个让学生实现课堂自由化、教师专业化的好机会。生本,发展学生,解放教师;生本,美丽新颖,让人向往! 那么作为一名艺术教师,我该如何践行我的生本教育呢? 我在探索中思考,在思考中探索,逐渐认识到生本即师生双方感受幸福、体验幸福、享受幸福的过程。让课堂洋溢着幸福,应该是我们课堂教学的核心意义,是我们一生的追求。

一、幸福第一步:开展"课前一分钟分享",点燃学习热情

幸福来源:分享即幸福。课堂点击:我每节美术课的"课前一分钟分享"是增加学生学习自信心的一道亮丽的风景线。一分钟分享是通过把自己喜欢的绘画作品、画家的小故事、新买的材料,以及新的发明创造等展示给大家共享,来提高每位

学生的表达能力和自信心。当他们站在自己的舞台上尽情展示时,常迎来的是最热烈的掌声。掌声响起来,成功的勇气和力量随之升起来,自信心也就树立了。从而在课堂上让师生双方感受到自信的幸福。

二、幸福第二步:教师要"静悄悄",学生才会"闹咋咋",学生得到了释放

幸福来源:释放即幸福。课堂点击:印象很深刻的就是一节标志设计课上,以前往往是我在费尽心思地想如何导课才够新颖,才能激发学生学习的兴趣。即便是在课堂上设计了"视频欣赏"和"动画吸引"环节,但也只是"蜻蜓点水"罢了,几分钟而已,而他们本身并没有真正参与到探索中来,学生学习的积极性可想而知。在这种教学模式下,学生的主体性并没有真正体现出来。"生本教育"要求教师放弃讲解,而是抛出有价值的问题,让学生你一句、我一句地讨论,体现出学生是学习的主人。

因此,我并不用走上讲台,只抛出课题,比如"这节课我们学习标志设计,它要求我们掌握哪些方法呢?"然后就静悄悄地坐在其中一个小组旁边,静待学生的表演。学生们就会把提前学习成果展示出来,提前学习是一堂课的开端,是学生自己摸索、理解的自学过程,也是上好一堂课的重要环节。看到他们大胆站起来展示自己的收集,谈自己的想法时,我特别高兴,特别激动,甚至都不敢相信。这不就是我平时最头痛的导课环节吗? 这样的课堂让学生的激情得到了释放,而我的心情也得到了释放。

三、幸福第三步:教师要"无我",学生才会"忘我",学生学会了合作

幸福来源:合作即幸福。课堂点击:生本教育实施的初期,我也曾经困惑过,迷惘过,生怕学生们抓不住主题,跑题到九霄云外。但现在,我认为教师的位置不必在讲台上,教师也成为小组中的一员,与学生共同讨论、共同举手、共同提问、共同创作,放低教师的身份拉近与学生间的距离。每节课,我不要求每一位同学都完成一幅作品,让学生们在自由自在的状态下去尽情地合作完成,甚至可以离开座位借鉴其他小组的作品,还可以走上讲台在黑板上直接展示出来。这样的课堂里我感觉自己像一个舵手,修正一下航向,更多的时候,我是一个"隐士",在一旁感受和欣赏着课堂的精彩纷呈。

四、幸福第四步:教师要"胆小",学生才会"胆大",学生学会了展评

幸福来源:展评即幸福。课堂点击:美术课的一大特色就是展示与评价,这也

是考查一节课成败的关键。以前的课上我总是请一些有美术功底或者表达能力强的同学上来展示,这样其他的同学就得不到锻炼,只能干巴巴地坐在位置上听而且还听得心不在焉。而今我发现,在艺术课上要让每一粒种子都尽最大可能地长成参天大树,他们都有自己的一片森林,都有得天独厚的优势,只是静待花开。

五、幸福第五步:教师要"小结",学生才会"总结"

幸福来源:总结即幸福。课堂点击:每一节课结束时,我常常会问学生:"这节课,你快乐吗?"学生通过对自己本堂课的表现,对课程内容有了更深刻的认识,思维更加清晰了,总结也就更加有力度了,从而使自己目光也更加远大了。这不正是我们一堂艺术课的目的吗?这不正是我们追求的幸福课堂、幸福教育吗?

幸福的课堂是不断生成、不断创新的,是不可克隆的。在生本教育理念的新时代,教师应当给学生"天高任鸟飞"的发展空间,让学生在这样的空间里,智慧与人生经验在体验中迅速增长。这样的课堂才能使双方都感觉幸福。为此我为幸福课堂设计了一段幸福五部曲,让我们在弹跳与试唱声中不断地创新与改进。

幸福五部曲

♪	1分钟	幸福分享	
♪	4分钟	幸福释放	
♫	20分钟	幸福合作	"以学生为本,以生命为本,以生活为本"
♫	10分钟	幸福展评	
𝄞	5分钟	幸福总结	

　　我想,在生本教育新形势下当老师是件幸福的事儿! 我们的幸福在学生展示的一幅幅图片里;我们的幸福在孩子们激烈的讨论中;我们的幸福在师生合作的笑容里;我们的幸福在同学们展评的自信里;我们的幸福在学生总结的知识里。是的,这些就是我一节课下来采集的满满的幸福。

　　佛曰:一沙一世界,一花一天堂。每个学生都有自己的世界,每堂课都应该有个性的张扬。我们走在探索生本教育的路上,就一定要记住"生本本不是一蹴而就的,等待花开的声音总是需要漫长的努力和等待"。

从"等比数列的前 n 项和"的教学谈反思的教学策略

陈 艺

一、什么是教学反思

美国著名的教育哲学家杜威指出:"反思性教学可以界定为一种根据支持的理由及其所导致的结果,对任何信念和实践进行积极的、持续的和仔细的考虑行为。教会学生学习是教学的终极性目的,而学会教学是直接的目的。"

教学反思的基本含义是教师以自己的教学活动过程为思考对象来对自己所做出的行为、决策,以及由此所产生的结果进行审视和分析的过程,是一种通过提高参与者的自我觉察水平来促进能力发展的途径。反思不只是教学经验的总结,它是伴随整个教学过程的监视、分析和解决问题的活动。教学反思就是教师对贯穿于教学活动中课前、课中、课后的所有行为,通过自我分析、观察、回顾、诊断、反馈等方式,或给予肯定,或给予否定与修正,从而努力提升教学活动的合理性,进而提高教学效果和效能。

教学反思有助于培养教师的反思能力以适应当前教育改革的需求。教学反思已经成为我国乃至世界教育的一个主题,教学反思是一个发展的概念,也是一个不断深化的过程。教学反思必将从整体上推动教师队伍的进步和发展,创造出优秀的教学资源,从而大幅度提高我国的教育水平。

以下一则课例是笔者作为实习教师听代老师讲授"等比数列前 n 项和公式"的教学课堂"实录"。本文通过对执教者进行访谈,从理论的角度进行分析,以期在案例反思中研究教学反思策略。

案例

师:上节课我们学习了等比数列的概念与通项公式(引导学生复习)。

下面我们来看一则故事(即重提本章一开始提出的"国王能否满足国际象棋发明者的要求"的问题),谁知道 $1+2+2^2+\cdots+2^{63}$ 粒麦子有多少呢?

生:(学生议论纷纷,但总想不会太多吧)

师:这个问题就归结为今天要学习的等比数列求和问题。

一般地,设等比数列 $\{a_n\}$ 的首项为 a_1,公比为 $q(q\neq 1)$,则就是要求 $S_n=a_1+a_2+\cdots+a_n$,也就是要求 $S_n=a_1+a_1q+a_1q^2+\cdots+a_1q^{n-1}$(＊),如何来求解呢?

生:(有的默不作声,有的由于预习了教材内容而脱口说出了求解思路)

$$S_n=\frac{a_1(1-q^n)}{1-q}$$

师:对,在等式(＊)的两边同乘以 q,得 $qS_n=a_1q+a_1q^2+\cdots+a_1q^n$,然后两式相减就巧妙地求出:

①$S_n=\dfrac{a_1-a_nq}{1-q}$

②这种方法称为"错项相减法"。

(教师在黑板上写出推导过程和答案)

生:(吃惊地望着黑板,有的看懂了,有的依然眉头紧锁)

师:我们运用错位相减法成功地推导出等比数列前 n 项和公式,究其原因是什么? 是等比数列的结构特点,即数列中的每一项乘以 q,就得到其后一项。

生:老师,公式有问题,这里的 $q\neq 1$。

师:很对,这位同学很仔细,这公式成立必须 $q\neq 1$。那么,$q=1$ 的情况 $S_n=na_1$,这才完整。

生:(有的眉头紧锁,又看了看推导过程,有学生举手)

师:这位同学有什么不清楚的吗?

生:能不能提取 q,也就是 $S_n=a_1+q(a_1+a_1q+\cdots+a_1q^{n-2})$。

师:当然方法不唯一,你首先是如何想的?

生:(同学们聚精会神)由于每项都有,所以首先想到的可能是提取 a_1,也就是 $S_n=a_1(1+q+\cdots+q^{n-1})$。

师:下一步呢?

生:也就转化为求 $S_n/a_1=1+q+\cdots+q^{n-1}$,对这种求和我们好像没有学过具体的方法。

师：我们知道，你是否能推出 S_n 的值呢？

生：不过这种思路一般也不容易想到。

师：那我们再回头来看 S_n 的表达式，为什么你只想到提取 a_1 呢？

生：当然除第一项外，也可以提取 q，也就是 $S_n=a_1+q(a_1+a_1q+\cdots+a_1q^{n-2})$。

师：仔细想想，括号中是哪些项求和呢？

生：是数列的前 $n-1$ 项求和，也是 S_{n-1}，这样 $S_n=a_1+qS_{n-1}$。

师：那么 S_n 与 S_{n-1} 有什么关系呢？

生：$S_n=S_{n-1}+a_n$，$S_{n-1}=S_n-a_n$ 这样代入上式就可以求出。

师：非常好，同学们听懂了吗？这也是非常好的方法。数学学习，可以很好地锻炼逻辑思维。在我们解数学题时也要这样尽量用多种方法。

师：好，下面我们来看几个例题……

访谈

问：代老师，您好！对刚才这节课，您认为您课前预设的教学目标是否达到了呢？

答："等比数列前 n 项和"是高中数学中的重点内容，学生大都理解并掌握了公式的推导过程和公式的特点，在此基础上能初步应用公式解决与之有关的问题。通过对公式推导方法的探索与发现，优化学生的思维品质，渗透事物之间等价转化和理论联系实际的辩证唯物主义观点。

问：您认为通过这堂课学生的能力是否真正得到提高呢？

答：能力是个逐渐提升的过程，我相信这节课通过对公式推导方法的探索与发现，向学生渗透特殊到一般、类比与转化、分类讨论等数学思想，对培养学生观察、比较、抽象、概括等逻辑思维能力和逆向思维的能力是大有裨益的。

问：您认为在教学过程中是否出现令自己惊喜的"亮点"环节？这些"亮点"环节产生的原因是什么？

答：一节课的"亮点"通常不是自己预设的，它常常发生在课中的一些偶发事件中，这就需要教师妥善处理，处理好才能出现"亮点"。我这节课的突发事件就是有同学发现另外两种推导方法，把课堂推向另一个高潮。如果我忽视了这个同学的发言，可能就达不到这样的效果了。

问：您觉得这节课主要的优点和缺点是什么？

答：优点就是教学目标达成效果较好。课前问题预设较好，学生对 $q\neq1$ 的情况印象深刻，有力地突出重点，突破难点。课中处理问题比较及时，帮助学生解决。不足就是课前对学生的实际情况把握不够，面对这种"像是帽子里突然跑出来一只兔子式的证明",从表情上可以看出更多的学生感到的是惊讶和困惑。

问:您认为产生问题的主要原因是什么?又该怎么避免呢?

答:除了上面所说的我在课前对学生实际情况把握不够的问题,还有就是我对学生的观察还不是很足,我在处理反馈时较粗糙。还好后来进行了弥补,较好地完成了教学任务。要解决这些问题,还是重在积累经验,要充分关注学生。我认为要多关注学生的反馈,包括家庭作业、课内回答问题情况、单元测验等。

问:您认为教师课后有必要进行教学反思么?

答:当然有必要,相信这是每位有经验的教师的成长途径。教师反思对教好学生尤为重要,新教师更要进行教学反思,要养成反思习惯。

问:您是如何进行教学反思的呢?

答:我是通过写教学后记的形式在课后对每一节课进行反思,找出成功之处和失败之处,并对下一次的教学提供一些可行的教学建议,发扬优点,改正缺点,积累经验不断提高教学水平。

二、如何进行教学反思

1.教学反思的内容

斯巴克斯-兰格提出了教师反思的3种内容成分:①认知的成分,指教师在教学中是如何加工信息和做出决策的;②批判的成分,指教师做出教学决策的基础,包括情感体验、信念、价值观和道德等;③教师的陈述,指教师自己的声音,包括教师所提出的问题,教师在日常工作中的写作、交谈以及他们对课堂教学的评价。

2.教学反思的环节

有人以经验学习理论为基础,将教师反思分为以下4个环节:具体经验→观察分析→抽象的重新概括→积极的验证。通过此过程来提高教师的反思能力,从而也提高他们的教学能力。

在实施教学行为之前,要预测学生在学习中可能遇到的问题,以及解决问题的策略和方法;在课堂实践中出现了哪些意想不到的障碍,如何机智地处理这些问题;教学实践活动后要对整个课堂教学行为进行思考性回忆,包括对教师教学观念、教学行为、学生的表现,以及教学的成败进行理性的分析等。因此,一个完整的教学反思过程,应该包括课前教学准备和设计中的反思、课堂讲授反思以及课后总结反思。

3.教学反思的方法

为了作出必要的反思,养成反思习惯,培养反思能力,教师可以通过写教学后记,与同事、学生交流,分析教学录像等途经获取信息,分析信息,形成判断。在整个评价、反思过程中,教师可以问自己以下问题:教学三维目标是否达到? 在教学过程中,是否出现令自己惊喜的"亮点"环节? 这节课成功吗? 如果不成功原因是什么? 还有什么需要改进的地方? 等等。根据这些问题的解答,教师能很好地反思这节课。

三、对案例中教师的教学反思的反思

"学然后知不足,教然后知困"不仅适用于学生,也适用于教师。一线的数学教师,更多的要依靠教学反思,通过教学这个平台,研究课堂教学,进行教育、教学科研活动。下面针对案例中的教学反思谈谈教学反思策略。

1.课前

由于教学活动的复杂性和特殊性,课前备课环节就显得尤为重要。对备课的反思是教学前的反思,这种反思具有预见性、超越性,是教师在进行教学之前,针对自身、学生、教材等,并结合以往教学经验对教学内容进行修正,去粗取精的过程。

(1)反思学情。以学生为本,切合实际地确定教学的起点、深度和广度。学生是教学的客体,也是学习的主体,学生的首要任务是学习。著名认知心理学家奥苏贝尔说过,如果不得不把所有教育心理学还原为一条原理的话,那么影响学习最重要的因素是学生已知道了什么。这说明教师了解学生已有的认知水平,有的放矢地进行教学,让学生在已有的知识经验上进行学习是非常重要的。这就要求教师在教学之前,要仔细研究班级情况,关注学生,充分体现教学"以学生为本"这一基本理念。

(2)反思教材。透彻地把握教学内容在教材中的地位和重难点,确定教学目标。

以"等比数列的前 n 项和"为例,从以下三方面进行反思:①教材中的地位。本节是"等差数列的前 n 项和"与"等比数列"内容的延续,与函数等知识有着密切的联系,又为学习"数列的极限"等内容作准备,具有承上启下的作用。②重难点。由于公式推导中蕴含的数学思想方法如分类讨论方法等在各种数学问题中有着广泛的应用,教学重点、难点就是求和公式的推导方法、公式的特点和公式的运用。

③教学目标。在分析学情的基础上,确定三维目标。知识目标:理解并掌握等比数列前 n 项和公式的推导过程、公式的特点,在此基础上能初步应用公式解决与之有关的问题。能力目标:通过对公式推导方法的探索与发现,向学生渗透特殊到一般、类比与转化、分类讨论等数学思想,培养学生观察、比较、抽象、概括等逻辑思维能力和逆向思维的能力。德育目标:通过对公式推导方法的探索与发现,优化学生的思维品质,渗透事物之间等价转化和理论联系实际的辩证唯物主义观点。

(3)反思教学设计。在了解分析学生已有经验和吃透教材的基础上编写教案,选择合适的教学模式和教学方法。设计教学组织,包括问题设计、组织形式、反馈策略等。教师可以事先在课堂教学前依据这三方面设计好问题清单,然后根据实际教学情况进行回答,最后再对照分析,看自己在课堂教学前存在哪些问题和不足,进而及时调整课堂教学。

2.课中

教学中的反思,即及时、主动地在行动过程中反思,这种反思具有监控性、同步性,能使教学高质量地进行。课堂教学是一个复杂的动态系统,教学过程中常会出现新情况、新问题。课堂中的教学反思可以及时调整课堂教学进程,确保预期教学目标和理想教学效果的实现。主要根据是学生课上的反馈信息,有利于教师及时、自动地调节自己的教学过程,在这一环节,老师要努力提高自己的教学监控能力,面对课堂复杂的、动态的情况,能够敏锐地洞察,迅速地作出判断,发现问题,及时调节、修正,创造性地解决问题。可以从以下两方面进行反思:①反思反馈信息。教师在促进学生的学习活动时,要对自己的教学进程、教学方法、学生的参与和反应等方面随时保持有意识的反省,并能根据反馈信息及时调整自己的教学活动,使之达到最佳效果。②反思偶发事件。教师在课堂教学中,应密切注视学生的反应,努力调动学生的学习积极性,随时准备有效应付课堂上的偶发事件。

3.课后

俗话说:好记性不如烂笔头。课堂上以学生为主体的师生双边活动有时会产生碰撞的火花;有时会遇到尴尬的冷场;有时会掀起空前的高潮。经过课后的教学反思,教师不仅能直观、具体地发现问题、研究问题、解决问题,再次研究教材和学生,优化教学方法和手段,还能将教学经验系统化、理论化,使认识上升到一个新的理论高度。课后的反思是为了总结成功的经验和失败的教训,一步步地从感性走向理性,从实践上升到理论,从经验上升到规律,从而达到孔子所说的"随心所欲不

逾矩"的境界。具体来说,教师可以从以下几方面进行课后反思:记成功之处;记失败之处;记学生的接受状况,对教学的建议和要求,真正做到教学相长。

以上案例的课后反思有以下三点。

(1)成功之处:课前对三维目标的制订准确,达成效果较好;课前问题预设较好,学生对$q \neq 1$的情况印象深刻,有力地突出重点,突破难点;作为一名教师,教学的关键是看学生对知识的掌握情况,所以教师要善于观察和捕捉学生的反馈信息,整个教学过程中学生是学习的主体,是教材内容的实践者,通过学生自身的感受,常常会产生一些意想不到的好见解,将学生的见解及时记录下来,有助于开阔教学思路,做到教学相长。在课堂上对学生的提问沉着冷静地应对,带动学生探索公式推导,体验数学公式推导形成的过程,有利于学生数学思维的养成,锻炼了学生独立解决问题的能力。

(2)失败之处:案例中教师对公式的来源讲解不充分,学生掌握也不太好。这是学情分析得不够,使学生造成思维上的障碍。教师对公式的来源草草带过,省略公式是如何形成,又是如何解决问题的思维过程,这使学生产生认知上的困难,数学公式中凝聚着前人的智慧,有着极强的教学价值。如果只满足学生记住条件和结论,会使学生形成一种机械思维,阻碍学生数学思想的形成和思维能力的提高和发展。因此,教师在公式教学中要展示思维过程形成全貌,将问题安排意图,教师处理问题的想法复现出来,展现给学生,使学生解题有源可寻。

(3)教学建议和要求:高中数学公式的教学不但要关注教学内容,而且要关注知识发生、发展过程,要从数学本质上学习数学,抓住数学的核心概念、核心问题组织有效教学;作为教师应经常学习教育学、心理学等理论知识,多研究学生的学习情况,每节课都要有独特的预设。不同层次的学生应该有着不同的教学目标,以学生已有知识基础建构知识框架达到有效教学的目的。

反思是一种积极的思维活动。特级教师于永正说:"认真写三年教案的人,不一定能成为优秀教师;但认真写三年教学反思的人,必成为有思想的教师,说不定还能写出一个专家来。"教学反思按教学环节可分为课前、课中、课后的教学反思。教师课前要充分关注学生的已有经验,把握教材,进行恰当的教学设计,做好问题预设;课中要及时对偶发事件、学生反馈进行适当的处理;课后要做好经验总结。教师进行教学反思可以通过与同事交流,学生反馈,分析教学录像的方式全方位地收集信息,从成功之处、失败之处、教学建议和要求几方面进行反思。

参考文献

[1] 卢真金.反思性教学及其历史发展[J].全球教育展望(外国教育资料),2001,30(2):57-63.

[2] 李明智,原孝贞.浅谈教学反思的基本内容及其重要作用[J].黑龙江科技信息,2008(23):195.

[3] 濮凤颖.反思性教学:教师成长的阶梯[J].现代教育科学,2008(6):19-20.

[4] 商辉,傅华平.教师专业发展的重要途径:反思性教学[J].教书育人,2006(32):35-37.

[5] 姜广蕊.新课改下的教学反思研究[J].中国校外教育,2008(S1):562.

[6] 仇定荣.教学反思:提升教师教学智慧的基石[J].教育理论与实践,2008(23):5-6.

浅析个性化初中物理课堂的探索

陈咏梅

物理新课程标准要求物理教育要从全面培养学生的科学素养出发,以学生为本开展教育工作,而个性化教学正符合这一要求。所谓个性化教学,指的是教师打破传统的教学理念与教育模式,将新的理念与模式融入课堂,把课堂还给学生,充分突出学生的主体地位,注重培养学生的兴趣,并将知识传授与能力培养放在同等位置,大力促进学生的全面发展。但在我国目前的个性化初中物理课堂构建中尚存在着许多问题,广大初中物理教师还需对个性化教学进行进一步实践与研究。以下我就结合实际来简单谈一谈如何构建个性化初中物理课堂。

一、构建个性化初中物理课堂的意义

当今时代,随着经济与科技的飞速发展,社会对人才的要求越来越高,越来越看重人才的能力和素质。物理作为一门科学学科,它的特点就是理论与实践并行。但是,传统的初中物理教学往往只注重教给学生物理知识,而并不注重培养学生的知识应用能力,这主要是由于应试教育而造成的。众所周知,初中学生的物理学习成绩对其中考和未来发展都具有非常大的影响,所以很多初中物理教师在教学过程中一味想着如何提高学生的考试成绩和教给他们应试技巧,但是其所取得的成效却不显著。而随着新课程改革的不断推进和国外先进教学理念的引入,如今越来越多的教师意识到传统教学理念和教学模式的弊端,开始运用新的理念与模式来构建课堂,个性化课堂正是在此背景下逐渐形成的。与传统课堂相比,个性化初中物理课堂更加注重对学生思维和能力的培养,它给予了学生更加广阔的自我发展空间,充分遵循学生的个性与特长,不再对学生进行过度束缚,也不再一味实行"填鸭式"教育,这大大提高了初中学生的物理学习兴趣和积极性,同时也培养了他们的自主思考能力和创新能力,更使得部分原来一看到物理就感到头痛的学生逐渐发现了学习物理的乐趣。

二、构建个性化初中物理课堂应遵循的原则

(一)民主性原则

个性化课堂的构建首先应当要遵循民主性原则,为学生创设一个和谐、民主、平等的课堂氛围,从而促进学生的个性发挥。只有在一个具有民主氛围的课堂上,学生才能够并敢于将自己的想法及意见大胆表达出来、将自己的特长展示出来。师生之间的良好沟通交流对课堂的成功开展具有十分重要的意义,传统初中物理课堂模式并不利于师生之间的沟通交流,只有遵循民主性原则构建个性化初中物理课堂,才能够使教师和学生形成激烈的讨论氛围,这也是体现学生在课堂中主体地位的一大表现。教师必须要找准自己的角色定位,明白自己不仅仅是知识的传授者,也是课堂讨论的参与者,要深入了解学生,给予学生有效的帮助和引导。例如,在遇到"光速为什么不可超越""自然界中为什么只有正负两种电荷"等问题时,教师不要一味给学生做讲解,而是要与学生一起讨论。

(二)开放性原则

不同的学生在学习过程中会无意识地根据自己的情况和喜好而选择不同的学习方式,而不同的学习方式之间并没有完全的对错、好坏之分,有的只是合适或不合适。在初中物理教学中,教师若想构建个性化课堂,就必须要遵循开放性原则,让学生自由选择适合于自己的学习方式,而不能强制性地让学生按照教师所规定的方法进行学习。物理的学习离不开兴趣,开放性的课堂有助于培养学生的兴趣,教师应当结合学生原有的经验认知和兴趣喜好来对学生加以引导,从而令学生更加明确什么样的学习方式更适合自己。

(三)生活化原则

学习离不开生活,物理的学习更是如此。在学生的日常生活中,处处都有着物理的影子,而这些都可以成为学生学习物理的助力。"教育即生活"是一种新的教学理念,它要求教师从学生的生活中进行延伸,结合学生的实际生活经验来开展教学活动,使学生建立与知识之间的熟悉感与亲切感,并从自己的经验出发来探寻事物中所蕴含的道理。在个性化初中物理课堂的构建中,教师必须要遵循生活化原

则,将课本知识与实际生活有机结合,从而丰富课堂内容,提升学生兴趣。

三、构建个性化初中物理课堂的有效策略

(一)情感策略

在初中物理教学过程中,教师应当充分挖掘教材中的情感因素,然后精心设计课堂内容。例如,教师在给学生讲述牛顿第一定律时,可以先给学生讲几段有关牛顿的小故事,从而使学生体会到伟大的物理学家牛顿对科学的执着和热情,从而也对物理的学习产生兴趣。再如,教师还可以给学生播放几段有关我国物理科研成果的视频,使学生感受到祖国科技力量的日益壮大,从而刺激学生的学习责任感和探究欲望。再者,为了调整学生的心态,教师还应当根据学生的个人情况为其制订适合的学习目标,从而使不同层次的学生都具有完成学习目标的能力,并从中感受到莫大的信心。

(二)问题策略

物理学科具有问题性特征,也就是说,只有提出了有价值的物理问题,才能够进行物理研究和实验。问题的提出不单单指教师向学生提问这一种形式,也包括学生向教师提问及学生之间互相提问,所以教师必须要给予学生更多的提问机会,想方设法鼓励学生提出自己的质疑。而对于教师的提问来说,应当将问题设置得既有趣味性又具严谨性、既符合教材内容又适应实际生活,这样才能引起学生的兴趣。当教师提出一个问题之后,还应当引导学生进行自主讨论与解答,从而增强学生的自主学习能力。当然,提问还应当有一定的技巧性,如通过创设有趣的情境来向学生提问。例如,在讲到压强这节知识时,可先向学生提问,人不小心踩到铁钉时,会被铁钉刺穿脚底。但是在一些杂技表演中表演者居然能躺在满是铁钉的钉尖上却安然无恙,这是为什么呢?让学生了解压强并对其产生兴趣,从而教师的教学工作也会变得更加简单。

(三)方法策略

个性化的初中物理课堂非常注重对学生思维和学习方法的培养。教师在教学过程中,不但要强调知识本身,更要强调发现知识的过程。学习物理的目的不只是为了获取物理知识,更是为了培养思维和动手能力。物理的学习非常注重实验,所以初中物理教师可以通过开展实验教学来提高学生的动手能力。例如,在教给学

生电流、电压相关知识时,教师可以让学生亲自操作电压表和电流表等来进行实验,从而加深其对知识的理解。

四、结语

综上所述,个性化初中物理课堂的构建应当遵循民主性原则、开放性原则及生活化原则,同时要注重情感策略、问题策略及方法策略的并行,这样才能够达到知识与能力双重培养的目标。

参考文献:

[1] 崔志峰. 不同的起点,一样的辉煌——关于物理个性化作业的研究与实践[J]. 江苏教育研究,2014(33):46-47.

[2] 马国玲. 浅析个性化初中物理课堂的探索[J]. 黑龙江教育:理论与实践,2015(3):54-55.

[3] 钱持. 浅谈如何"个性化自学"学好物理[J]. 长三角:教育,2012(10):38-39.

[4] 杨福权. 对新课程理念下物理个性化教学的思考[J]. 南昌教育学院学报,2011,26(5):112-114.

分层教学

——农村英语新课改的制胜法宝

程　红

　　长期以来,由于缺乏足够的师资力量,农村学校大多实施传统的大班英语教学,采用的是传统的班级授课形式。绝大多数英语教师在课堂教学及作业布置中采用统一要求,教学效果并不明显。究其原因,其中主要的是:学生难以在统一的要求下完成统一的任务。这种形式忽视了学生的个体差异,妨碍了学生的发展,给整体提高英语教学质量无形中带来了巨大的障碍。尤其是根据英语学科的教学特点,这种传统的班级授课形式使学生过早地出现了两极分化,给整体提高英语教学质量带来了许多实际困难,我们英语教师常常为此感到无比的烦恼,力不从心。那么怎样才能更好地改变这一难题呢? 在多年的教学实践中,笔者认为,在农村英语新课改中实施分层教学可以从根本上解决这一问题。

一、分层教学的原则

　　《英语新课程标准(2011版)》的基本理念指出,英语教学要面向全体学生,注重素质教育;突出学生主体,尊重个体差异。特别强调要关注每个学生的情感,激发他们学习英语的兴趣,帮助他们建立学习的成就感和自信心。这就要求教师在教学中对学生进行分层教学,也就是教师应充分考虑学生的个体差异程度,按照一定的标准将其划分为不同的层次,针对每个层次的不同特点,因材施教,使每个学生都能得到最好的发展。分层教学的实施应遵循以下原则:

(一)因材施教原则

　　因材施教是指教学要从学生的实际出发,不能千篇一律,要因人而异,使每个学生都得到充分的发展。分层教学就集中体现了这一要求,注重了学生实际,具有"培优、促中、补差"的作用,使各层次的学生都能得到较好的发展。

(二)合作学习原则

合作学习是指小组合作探究学习,它能有效地改变学生处于被动学习的状况,教师在课堂教学中给学生创设多元化的有效教学情景,使学生主动积极地融入到小组合作学习中来,达到事半功倍的目的。新课改就倡导小组合作学习。

二、分层教学的具体实施

英语课堂中实施分层教学是以班级教学为主,小组教学为辅,一般而言,共性问题采用班级教学解决,反映不同层次的个性问题则采用分组教学。分层教学的具体实施如下:

(一)学生分层分组

对学生进行科学的分层分组是整个分层教学的第一步,也是十分重要的一步。

1.学生分层

教师根据学生学习成绩及学生对英语学习的兴趣等因素来划分学生层次。由于初一新生可塑性较强,学生分层不宜过早,根据一段时间的学习,在初一下期进行学生分层较为恰当。在教学实践中,一般情况下在初一下期把学生划分成A、B、C三个层次目标:A层学生的基本功扎实,学习英语的积极性高,主动性强,接受能力强,且潜力巨大,有强烈的学习欲望;B层学生对学习英语有一定的兴趣,但基本功不是很扎实,接受新事物的能力不是很强,却有一定的能力和潜力,只要学习方法得当,教师的辅导得力,是很有希望大力提高的;C层学生学习英语的兴趣不浓,积极性不高,基础差,对问题的反应慢,甚至有的学生还有一定的厌学情绪,自觉性较差,需要教师督促。各层次学生呈动态分布,一般在半期和期末进行调整,并实行奖惩制度以调动学生学习的积极性。

2.建立学习小组

在英语教学中只有层次目标的划分是不够的,在建立学习小组时把A、B、C各层次的学生分为若干个学习小组,以便开展课堂内外练习和辅导活动。一般来

说,组内包含不同层次的学生,层次高的学生可以帮助层次低的学生完成练习,以达到共同提高,共同进步的目的。在课堂教学中,经常按学习小组来进行对话表演、调查采访和讨论学习;在课余任务中,各学习小组的背诵、听写和抽查由各学习小组组长来帮助完成,教师只定期检查就行了。这样,既调动了组长的积极性,又为教师减轻许多工作压力。

（二）教学目标分层

为了取得较好的教学效果,教师应在学生分层分组的基础上制订切实可行的教学目标。

1.预习目标分层

新课改教师多采用的是导学案,强调培养学生的自主学习能力。全班学生在预习时要完成导学案上单词的拼读、重难点短语、知识点和重点句型的勾画外,A层学生还要求会朗读课文,C层学生只要会读单词,找出基本的短语就行了。

2.听说目标分层

A层的学生要求完全听懂所学内容,说得具体、完整,并注重语音语调,尽可能说得生动;B层的学生要求听懂大部分内容,把所学内容说得清楚、完整;C层的学生要求听懂重点内容,并能把重点说得清楚、完整。以最新版新目标《Go for it》英语九年级"Unit3 Could you please tell me where the restrooms are? Section A"为例,本单元谈论如何问路和指引方向。通过学习,要求A层的学生不但要能听懂别人问路,而且要能正确指引方向,除了书上的基本句型Where's the…? Is there a… near here? Go straight. Turn left/right at the first crossing.外,还要求他们会用教师补充的"Which is the way to the…? How can I get to the…? Can you tell me the way to…? Can you tell me how to get to the…? 不同方式来问路和 Go/Walk down…. Take the first turning on the left/right.来指引方向;B层的学生要求尽可能完全运用以上句型来进行听说训练;C层的学生要求会用基本句型进行听说活动。

3.读写目标分层

在读方面,A层学生能在读正确的前提下流利地朗读课文,读出感情来;B层学生能流利地朗读课文;C层学生能认读课文即可。在写方面,A层学生要求对所学单词全部会写,能用所学知识进行仿写;B层学生要求听写全部单词,掌握基本句型和简单的写作;C层学生要求听写四会单词和掌握基本句型。仍以最新版新目标《Go for it》英语九年级"Unit3 Could you please tell me where the restrooms are?"为例,A层学生不但要求口头上全部掌握本节课的全部教学内容,而且还应注重综合运用能力的提高,用Section A的知识进行交际,用Section B 2b进行写作;B层学生力求掌握本节课的教学内容,力求能综合运用新旧知识点;C层学生掌握基本句型Where's the…? Is there a… near here? Go straight. Turn left/right at the first crossing.和全部四会单词。

(三)教学内容分层

英语分层教学重在实施。一般着重从以下几方面入手:

1.备课授课分层

教师在备课时不但要备教材,而且还要备学生,应该针对学生实际设计不同层次学生能够回答和参与的课堂活动。课堂上应让大多数学生参与到教学活动中来,让每一层次的学生都学有所得。在新授课中,教师在给C层学生讲授基础知识点的同时,要兼顾到B层和A层的学生,进行适当的拓展,尤其应该着重培养A层学生学习英语的综合能力。

2.作业分层

作业是检查和衡量学生学习效果的重要手段,同时也是学生巩固课堂所学知识和查缺补漏的有效途径。因此,教师在布置作业时应根据不同层次的学生有的放矢地分层布置才能达到较好的效果。A层学生侧重于拔高性练习,可以通过写英语日记、作文,阅读理解来巩固所学知识和培养综合能力,例如,可以让A层次学生来仿写或改写课本上的阅读材料,也可让学生做一些专题型练习等;B层次的学生可以对课本进行仿写和做一些配套的阅读理解方面的题目来逐步培养综合运用英语的能力;C层学生则要注重基础,例如可以抄写书本中的主要句子,多朗读原文和熟记知识点来不断巩固基础知识和掌握一些基本句型。教师在学生完成作业的同时还要鼓励各层次学生合作学习,以优带差,让有学习心得的学生介绍自己的学习方法和体会,这样就能增进各层次学生的情感交流,有利于共同提高、共同进步。

3.辅导分层

教师针对不同层次的学生要有针对性地进行分层辅导。A层学生在掌握基础知识的基础之上,教师着重辅导他们进行一些课外的阅读,写一些优秀的作文,并进行超前学习,为以后高中学习打下坚实的基础;B层学生具有一定的英语学习基础,教师应通过一定程度的辅导使其能够对已学的知识系统分类,养成独立思考和解决问题的能力;C层学生基础较差,难以发现问题,学习不够主动,教师要通过耐心、细致的辅导使其具有扎实的英语学习基础。

4.评价分层

分层评价是分层教学中非常重要的组成部分,可以使不同层次的学生在达到自己相应的目标后获得成功的体验,从而调动学生的学习积极性。教师可采用口头问答的形式进行评价,也可设置不同类型的题目,每层次的学生的题目最后都可以增加一两道不同层次的附加题供学生选择,这样可以提高分层评价的鼓励性和差异性。对于不同层次的学生,采用不同的鼓励评价方法。A层:采用竞争评价,坚持高标准,严要求,同时促使他们更加乐于助人。B层:采用激励评价,既揭示不足,指明努力方向,又使他们不甘落后,积极向上。C层:采用表扬评价,寻找并肯定他们的点滴进步,使他们看到希望,消除自卑。在半期考试和期末考试后,对达到目标的学生给予适当的表扬和奖励,没有达到目标的学生给予一定的处罚,以促使他们进步。

三、结语

综上所述,分层教学在教学目标上致力于促进全班学生都得到最大限度的发展;在教学组织形式上综合交替运用分组和个别教学形式;在教学效果上谋求各个层次的学生都能获得成功的体验。它充分体现了面向全体、分层优化、因材施教、主体参与的教学特点,对于激发学生英语学习兴趣,让学生乐于参与英语活动,促使学生主动获取英语知识是十分重要的。由此可见,分层教学比传统教学更能体现以学生为中心的新教学理念,分层教学充分调动了农村学生学习英语的积极性,对于整体提高农村英语学习成绩是很有效的,是农村英语新课改的制胜法宝。

参考文献

［1］中华人民共和国教育部.英语课程标准［S］.北京:北京师范大学出版集团,2011.

［2］邓永能.论初中英语分层教学［J］.大观周刊,2012(27):265.

［3］刘景微.要吃得饱,还要吃得好——论分层教学在初中英语任务型教学中的运用［J］.新课程学习(中),2013(4):51.

［4］于力男.初中英语分层教学实践与探索［J］.基础教育,2014(2):173.

［5］哈玉梅.关于初中英语分层教学初探［J］.素质教育,2011(12).

让诗歌进入历史课堂
——"以诗说史"教学方法初探①
何　勤　周　进

  中国古代白话小说的格式,通常是在每一章节的前面用一首诗引入,展开;章末也用一首诗勾联,作结。在叙事的过程中,对场面和山水人物的描写,也往往用诗的形式来进行描述,这为曲折生动的故事情节平添了一番情趣。也许是小时候看多了话本小说的缘故,我们在教学《鸦片战争》,讲到林则徐"虎门销烟"时,即兴创作了一首打油诗:"毒魔汹汹自西来,害我中华究可哀。虎门销烟斩毒魔,千秋彪炳亦壮哉。"

  本来是一首即兴之作,谈不上诗的意境与韵律,却赢得学生一片掌声和喝彩,同样在另外一个班教学时,也朗读了这首诗,出现了同样的场面:学生的反应强烈,课堂气氛活跃,犹如一潭死水激起千层浪花。这课堂引起了教师的思考,何不把诗歌引入课堂,让诗歌和历史对话,从而收到良好的教学效果呢?

  其实,"以诗说史",在文学创作是很普遍的,《诗经》中的许多作品对先民先贤的吟咏,那是对苍远的历史进行追溯。杜牧"东风不与周郎便,铜雀春深锁二乔"的诗句以高度精练的语言以及对历史独到视角的审视,仿佛把我们带到火烧赤壁的悲壮场面中,向我们富有哲理地评析了曹操赤壁之战失败的原因,表达人生命运的感慨,从杜牧到现在,已逾千年,评说赤壁之战的作品和文字千千万万,但还没有一种评说能像杜牧的诗句那样震撼人心。而"南朝四百八十寺,多少楼台烟雨中",把历史的思考和现实的意义结合起来,向统治者进行善意而有益的劝诫,含蓄而又深刻。古诗的许多内容都有鲜明的时代特征,反映了当时的历史、人文、自然风情,如被誉为"一代诗史"的杜甫,记录了唐朝由盛及衰的整个过程,宋代的许多

---

　　①　本文曾发表于《中学历史教学研究》2012 年第 4 期。

诗词,则反映了民族纷争所带来的尖锐复杂的矛盾以及不屈不挠的抗争精神……在教学时,若能信手拈来,则可以作为很好的印证材料,增强教学的生动性和说服力。

"说"有述说,评说之意,可以叙事,可以评论,可以抒情;诗也有雅俗之分,雅的诗讲究语言雅致,用典工整(对格律诗而言),还要起承转合样样俱全,俗的诗就是通常所说的打油诗、顺口溜之类,像《红楼梦》中薛蟠胡凑的诗,它是用市井俚语和当地口语白话写成,只要读来顺口就行。其实,古诗大多也是采用当时的口语,这和当时写文章不同,要用文言。口语更生动,更有生命力,因此诗歌的流传范围更广,影响更大。

我们课堂上以诗说史,一方面多引用古诗来印证和评论史实;另一方面要尝试"以诗说史"的写作。写诗,不能对诗歌的形式有过高的要求,毕竟不是文学创作课,只要顺口,有诗的节奏和适当押韵就行了,重要的是能反映历史的面貌以及自己对历史的感悟,诗是载体,而历史才是主体,不可喧宾夺主,忽略了历史自身的特点。要上好这一富有鲜明个性特色的历史课,我们经过近一学期的实践,认为应从以下几个方面努力。

一、历史教师除了本身的历史素养外,还应具备一定的文学素养

诗歌虽然只是历史的载体,但它有自己的特点,如生动形象的语言,激越的情感以及音乐的节奏等,必须遵循诗歌的一般规律来进行"以诗说史"的教学,平时要多读一些文学作品,特别是论史的诗作,同时要用自己的文学素养去感染学生,引导学生用文学的思维,用诗的语言去表述客观的历史事件和解析历史的本质。上课时,不自觉地引用一些古诗来评说历史,比如讲到慈禧太后在国难当头还为自己操办奢华的生日宴席时,就可以引用"商女不知亡国恨,隔江犹唱后庭花"来加以嘲讽,这些学生熟知的诗句会一咏百应,活跃气氛,感染学生,激起学生对腐败没落的王朝的痛恨。

二、指导学生写诗,要消除学生的畏难心理

让学生明白顺口溜也是诗,不必向学生在诗歌的形式方面提出过高的要求,同时要激励学生写自由诗(通过近一学期的尝试,学生似乎对古诗更感兴趣)。但也不能放任自流,老师也要向学生讲一讲写诗的基本要求,如句式、押韵、节奏、平仄、用典等,这些要求可以逐步提出,使学生逐步掌握。老师还要向学生进行示范。比如,在教学《戊戌变法》时,就作了一首诗:致戊戌——甲午风云起祸端,山河破碎

掀狂澜。戊戌求变多志士,欲为龙旗换新颜。

这首诗在平仄方面是不入流的,但在高度概括历史事实方面,在表达教学的基本内容方面,还是有可取之处。首句实际上点明了戊戌变法的背景,"起祸端"揭示了甲午战争中国战败给国家带来的灾难。第二句"山河破碎"承接"起祸端"一词,"掀狂澜"一语双关,一方面指《马关条约》的签订掀起了帝国主义瓜分中国的狂潮;另一方面暗示在这种民族面临空前危机的背景下,仁人志士们大声疾呼,奔走相告,掀起了改革求新的狂潮。第三句点明变法的时间,"多志士"使人联想到谭嗣同等"唯有牺牲多壮志"的豪情,赞美之情溢于言表。最后一句作总结,形象地揭示了戊戌变法的性质。全诗一气呵成,高度浓缩。通过这样的示范,自然会加深学生对戊戌变法的认识和理解,同时老师的示范以及对写作意图和思路的分析,也会让学生进一步明确"以诗说史"的基本要求。

三、要把"以诗说史"常态化、经常化

每堂课后,都要求学生学一首诗,或者述说历史事件,或者评论历史人物,或者抒发自己感慨,由学生自主决定。教师对好的作品和存在的问题要进行评析。有时可以让学生在教学过程中即兴写作,还可以叫学生模仿古代传奇的写法写一篇人物传记:开始用诗引入,结尾以诗作结。学生对诗歌的热情是很高的,教师要通过多种手段激发学生的欲望和灵感,创作出好的作品。

下面是几首学生的课堂作业:

销烟记

英夷不甘利出超,丧心病狂贩鸦片。

绅士名流皆为雅,孰知英蛮有歹心。

尚有则徐果明断,虎门销烟显正气。

滚滚毒流暂逝去,但愿英雄恒长青。

点评:这首诗由外而内,先给我们展示当时一片乌烟瘴气,中华形势危急的局面。反衬出林则徐"世皆浊唯我独清"的明智和面对侵略者嚣张气焰的果断,字里行间,包含了作者对林则徐爱国主义精神的赞美之情。

辛亥革命

决心推翻清王朝,爱国华侨救危亡。

武昌起义红旗飘,救国之路苦漫长。

三民主义同盟会,反清还政深人心。

雷霆万钧气势猛,驱除鞑虏盼复兴。

点评:这首诗选材抓住了辛亥革命的几个要素,不蔓不枝,重点突出。可惜的是时间错乱,思路不清。

真英雄

苦海无边天际浪,北洋舰队响当当。

沉着机智杀日寇,不顾烈焰烧舰上。

浴血奋战直相撞,全舰官兵斗志强。

以身殉国甚悲壮,真英雄是邓世昌。

点评:"真英雄"是现在的流行语,以此为题,显得亲切自然,有吸引力。全诗直奔主题,描写了黄海大战悲壮的场面,歌颂了邓世昌视死如归、以身殉国的精神。

左宗棠收复新疆记

英俄利用阿古柏,甚嚣尘土搞分裂。

面对西北边疆难,清朝官员分两派。

李督主张弃新疆,左督执意收失地。

清廷任命左宗棠,出关西征痛歼敌。

随后抬棺视如归,沙皇被迫还伊犁。

民族英雄左宗棠,捍卫边疆保太平。

点评:同前面几首诗相比,这首诗完整地展示左宗棠收复新疆的整个过程,能帮助读者了解这一事件的来龙去脉,同时主题突出,即左宗棠大义凛然收复新疆的英雄气概。

南昌起义

一九二七八月一,南昌枪声震天地。

力挽狂澜率军起,共产革命以为继。

二万军队显豪气,占领南昌建红军。

点评:这位同学写诗有个特点,喜欢用事件的时间起笔,表明他对时间特别敏感,这对学习历史很有好处。

从上面几首摘录的诗可以看出,同学们或写人,或叙事,或议论抒情,内容广泛,感情真挚,对历史事件的把握基本上能抓到重点,切中实质,无疑有利于同学们对历史的学习。

学生在写作时普遍存在的问题是,第一,为了追求句式的整齐,随意压缩历史名词,如把"政治舞台"压缩成"政台",把"西安事变"压缩成"西变"等,造成概念不清,同时这对于历史知识来说,也是不严肃的。第二,事件线索不清,先后不明,表明这些同学对历史知识的掌握含糊,不够准确。第三,缺乏形象性的语言,诗歌

最主要的特点是形象,富有诗意的意境。这点,要启发学生多读好的作品,提高自己的创作水平。第四,形式不够多样,几乎没有人写新诗,他们喜欢模仿古诗,孰知古诗(格律诗)的要求更高。

无论如何,通过"以诗说史"的教学,激发了学生学习历史的兴趣和积极性,加深了学生对历史知识的理解,提高了同学们对历史的概括能力和写作能力,有利于学生综合素质的全面提高。

当然,"以诗说史"的教学还处在摸索阶段,难免有这样那样的不足,这要在以后的教学中不断改进和完善,但我们相信,让诗歌走进历史课堂,会让历史课堂变得更精彩,更富有诗情画意。

先学后教　小组协作　当堂训练

——以学习小组为单位的教学模式探讨

何　渊

所谓教学模式,是在一定教学思想或教学理论指导下建立起来的较为稳定的教学活动结构框架和活动程序。它是教学活动的基本结构,每个教师在教学工作中都在自觉不自觉地按照一定的教学模式进行教学。自"以生为本"教学理念的兴起以来,越来越多的教师和学校都在逐渐改变传统的课堂教学模式,不断探索打造具有自己鲜明特色的符合"教师为主导,学生为主体"这一课堂教学理念的课堂教学模式。"先学后教,小组协作,当堂训练"则是体现这一教学理念的课堂教学模式。

一、先学后教——独立自主的学习模式,高效的教学模式

先学后教,这是江苏洋思中学所倡导的一种教学模式。先学,是指学生在教师的指导下,按照一定的要求或者目标,在规定的时间内对学习内容进行自学,尝试通过独立的学习与思考达成学习目标;后教,则是针对学生的"先学"所暴露的问题进行针对性的教学活动。

先学后教既能够充分发挥学生学习的主动性,培养学生独立思考、分析问题、解决问题的能力,同时又能够让教师开展针对性的教学活动,摒弃传统的"满堂灌"习惯,构建高效务实的课堂教学。

1.先学,是有目的的学

在先学后教的课堂教学模式中,第一步就是先学,这里的先学不是学生课前的预习,而是课堂上的自学行为,教师必须给出明确的学习目标,并且给学生适当的

自学指导,然后放手让学生通过阅读、思考等一系列自主学习活动,发挥学生主体作用,让他们尝试独立完成学习的目标。在学生自主学习活动过程中,教师的主导作用是不能够被忽略的,如果教师不采用学习目标、自学指导等一系列手段对学生自学行为加以引导,则学生的自学活动就可能变成无效劳动,其效果可能还不如以前的"满堂灌"。

2.先学,对教师备课提出了更高的要求

要在课堂教学中实现先学,教师备课时必须更加认真细致,不仅要仔细分析教材,熟练掌握知识点与知识架构,还要细致分析学情,根据学生的能力水平制定订出学习目标和自学指导,以及如何在课堂中根据学生的实际情况调整课堂教学的进度,实现以学定教。

3.先学,重在培养学生自学能力与方法积累

在先学这一课堂环节中,教师并不是无事可做,而是应该细致观察学生的自学活动,掌握学生自学情况,适当给予学生指导与点拨,让学生逐步积累学习方法与经验,培养学生自学能力的发展,为以后的学习奠定基础,这一点尤为重要。

4.后教,应该教的是什么?

通过学生自主学习后,教师往往采用如设问、学生课堂练习等一些手段来取得学生学习情况的反馈信息,取得反馈信息后,接下来要教的有些什么? 显然不可能还是老一套——满堂灌,那么,后教应该教些什么?

(1)教学生不会的地方。通过反馈信息,教师应该立即掌握学生在自学部分中的薄弱环节,并且及时进行补充、点拨和讲解,让学生能够掌握其中的知识。

(2)归纳与关键点拨,体现高效课堂。

在后教环节中,教师的教最重要的作用就是对知识的归纳总结以及对关键知识点的点拨,这是后教的关键点。这一阶段的教学不仅仅是对学生自学效果的检测,更是对教师教学水平的考验,通过学生的反馈信息,教师必须把握其要点,简明扼要,让学生知其然更知其所以然。而这一切都是建立在学生的当前实际情况的基础之上,也就是说,实际情况并不是死的,而是活的。这也说明了前面提到的为什么教师备课必须细致分析学情。

二、小组协作——彻底改变一言堂

小组协作,即小组合作学习,是以学生学习小组为组织手段,通过引导小组成

员展开合作学习活动,发挥每个成员在小组中的作用,提高学习动力和学习能力,完成学习任务。小组合作学习能够很好地体现"自主、合作、探究"这一先进教学理念,让学生自主参与学习,自主实践,自我小结学习心得;发挥学生的各种优势,积极主动交流,合作学习互动,提高解决问题的能力。

1.学习小组建立须合理

要在课堂教学中充分发挥学习小组的作用,首先就是要合理地建立学习小组。通常,建立学习小组的原则是:组员差异化,小组平均化。意思就是同一小组的学生应该是存在差异的,如学习成绩、行为习惯、为集体出谋划策的能力等。而小组平均化则是一个班若干个学习小组的大体水平应该是相当的,这样才能充分发挥出竞争机制的优势。

2.课堂教学中充分发挥小组合作学习的作用

在先学后教的课堂教学中,先学部分往往是学生独立完成的,在完成了先学的基础上,则需要小组合作学习来对自学的成果进行"放大"。通过合作、组员间的交流、共同探究,每位组员运用自己掌握的知识与技能,共同完成学习任务。在这个过程中,通过合作、交流与探究,学生一方面运用自己的知识和技能为集体做贡献;另一方面,在小组协作的过程中,对自身在学习上和能力上存在的不足加以改进和完善。当然,不仅仅是在先学后才应用小组协作,课堂教学中许多环节都是可以充分利用的,即使是教师提出的一个思考问题,也可以用小组协作来解决。

3.小组协作必须注重有效性

莫让小组协作成作秀。教师在引导学生开展小组合作学习的过程中,必须注意小组协作的有效性。在对小组合作完成的学习任务的设置上,教师应精心准备,而不是肤浅的"讨论就是生本"。同时,教师还必须有相应的一套机制来对小组协作学习加以适当的控制,以避免小组协作过程出现"小组长的独角戏"或者"聊天式讨论"情况的发生。

三、当堂训练——教学质量的快速反馈与保证

当堂训练,是在教师有效指导、学生自主学习及合作探究的前提下,共同完成当堂学习任务的各个环节之后,教师为学生提供一定质量和数量的练习题,让他们在规定的时间内,运用所学知识解决相关问题,从而加深对当堂所学知识重难点的

理解,将当堂所学内容充分运用于实践,使课本上的知识变成学生自己的能力的过程。它能直观地反映教师的教学效果以及学生的学习成果。

1.当堂训练的内容应该是分层的、精确的

教师在设计教学的过程中应充分考虑学生的分层情况与各层次学生的实际能力与学习目标。精心根据不同层次学生设置当堂训练的内容,这样才是面对所有学生的教学。同时,这也是提高小组协作学习实效性,避免部分学困生自暴自弃的一个有效手段。

同时,教师要精心设计好与本节课息息相关,最能体现这节课的重点、难点、关键的题目,让学生对教师给定的题目进行考试训练。

2.掌握学生训练的实际情况,及时制订对策

教师在学生训练的过程中,要善于深入到学生中去,了解学生的答题情况,但要注意:发现学生做得不对时不要及时去提醒制止,要做到发现问题又不去暗示学生解决问题,尽可能地让学生把问题暴露出来。针对学生暴露的问题教师要立即去构思,如何采用最有效的方法去讲评。

3.必须注重对训练内容的讲评

当堂训练结束后,教师要及时地去组织学生集体点评,并尽最大可能让有问题的学生去解决相应的问题,让出现问题的学生在老师的指引下去解决问题,使得学生在解决问题的过程中,加深对知识的理解,提高解决问题的能力。并且,在当堂训练的讲评环节,教师也可以对本堂课进行知识归纳、总结、关键点拨、揭示原理等教学活动。

"先学后教,小组协作,当堂训练"课堂教学模式从课堂教学的各个环节都较好地突出了"教师为主导,学生为主体"的现代教学理念,也很好地解决了传统课堂教学的诸多弊端,极大地提高课堂教学效率。当然,以上所述仅仅是对构建高效的生本课堂的一些不成熟的看法,也欢迎大家交流指正。

玩玩文字，让语言灵动起来

胡　涛

　　写作是作家对内心生活的一种表达，作家都是善于表达内心感受的人，因此，"我常常尝试着把中国的文字压缩、捶扁、拉长、磨利，把它拆开又拼拢，折来且叠去……试验它的速度、密度和弹性"（余光中）。一个作家对语言有强烈自觉性的话，就会与平庸的文字开战，就不会用陈腔俗语或板着面孔写。

　　"句子很密的话，可以把它拆短拆碎，这是语句的节奏。语言是有音乐感的，因为我是弹钢琴的，我知道这个东西。胡适的文章，白话文够好了吧，干干净净流水一样，但是就缺了文采，他不太注意调句子。鲁迅懂，鲁迅故意把一些句子调来调去。"（香港散文家董桥）从董桥的话中我们可以知道鲁迅也喜欢玩文字游戏，故意把一些句子调来调去，以达到最好的表达效果，自然，鲁迅是玩文字的高手。

　　著名作家汪曾祺说："写小说就是写语言。"文学语言不等于故事语言。故事语言只在意事实的叙述，不在意语言本身的力度。文学的语言更精致，更新鲜，更富有张力与灵性，更值得咀嚼。比如"小强走进办公室开始紧张起来了"，这是故事的语言，只表达事实；"脸逐渐变白，手攥紧了，他感觉办公室的地往下陷"，这是小说的语言，表达感受。小说的语言常是多重角度的叙述，对一件物，从上到下从左到右从表面到内在，而且作者本人的心理感受也常会加入其中呐喊助威；而故事的语言着眼于交代清楚小说的前因后果，如果讲多了，就是废话。作为初中生，在写作记叙文时必须注意避免使用故事语言，从而避免语言的乏味单调。

　　"微微的凉风吹拂了衣裙，淡淡的黄月洒满了一身。星样的远远的灯成行排队，灯样的小小的星无声长坠。"（沈从文《月下》）这个句子既严谨、内敛，又畅达、流丽，让人沉醉，这是文学语言。如果换成故事语言，表述成"那是一个有月亮的晚上"，两相比较，高下立判。"语不惊人死不休"应该是写作者共同的追求。但怎样

让语言摇曳多姿,顾盼生辉呢?

要让语言更富于灵性,可从以下几方面去尝试。

一、多用短句

"言多必失。"长句适合表达复杂的思想和情感,而中学生遣词造句能力不够,最好使用短句。短句干练峭拔,节奏感强。

佳作欣赏:

"哦,是一根长长白白的一丝一毫排列有序的渐长渐短有些体温还有些羞涩的月亮船似的羽毛呵!"这样一个长句,臃肿拖沓,凝涩而滞笨,一口气读来会让人气喘吁吁,畅达舒展就更谈不上了。

"哦,是一根羽毛,长长的,白白的,一丝丝,一毫毫,排列有序,渐长,渐短,有些体温,还有些羞涩,这月亮船似的羽毛呵!"(陈奕纯《我吻天使的羽毛》)原文里还有许多这样漂亮的短句,无怪乎此文成为 2010 年度中国散文年会一等奖作品。

学生例文:窗外有灰色翅膀的鸟儿轻轻地划过阴冷的天空。(2014 级 6 班刘梦婷《老照片》)将这个句子拆分调整,用短句表达为:

窗外,天空阴冷,灰色翅膀的鸟儿划过,轻轻地。

比较:春天的脖子短得一缩就没有脖子了。(15 字)

春脖子短,一缩,就没了。(9 个字)

二、调整语序

在句子与句子之间、词组与词组之间、词与词之间,竭力改变它们被经验世界规范好的秩序,不惜采取各种手段,极大地扭转它们固有的"亲缘"关系,使句子呈现出鲜味来。诗歌宣称"扭断语法的脖子",在写作中,我们也可以在符合语法规范的前提下,将重点强调的句子调来调去,玩似的,不经意间,句子的神韵就出来了。教材中也不乏这样的例子。

例:小草偷偷地从土里钻出来,嫩嫩的,绿绿的。为了强调小草的质地与颜色,将定语"嫩嫩的,绿绿的"后置,而定语"嫩嫩的,绿绿的"本来应该在主语"小草"的前面。

在这方面,香港散文家董桥是高手。他说"看句子段落,看着摆得不对,就不舒服。我教你一个窍门,形容词把它放在句子里,先讲那个东西,然后把形容词摆在后面,就好了!"

例:五彩缤纷的礼花在夜空中散开来。

"礼花在夜空里散开,五彩缤纷的。"(定语后置)

仔细品味揣摩,两个句子的韵味实在大不一样。文章写好后,将需要重点强调的句子用后置法或前置法(定语后置、主语后置、状语后置、状语前置)进行调整,句子自会别有韵味。

三、删除虚字浮词

刘勰在《文心雕龙·情采》篇里说"句有可削,足见其疏;字不得减,乃知其密。"写作中尽量用最少的文字去包容最宏富的内容,斩去冗言缀词,剪落稠枝密叶,于是句子变得疏疏落落,简明透亮,朴素而简约,很好地传了情,达了意。"虚字"指副词、介词、助词等词。"浮词"就是不说读者也明白的词语。

佳作欣赏:遇晴明天气,白日西落,天上薄云由银红转成灰紫。停泊崖下的小渔船,烧湿柴煮饭,炊烟受湿,平贴水面,如平摊一块白幕。绿头水凫三只五只,排阵掠水飞去,消失在微茫烟波里。一切光景静美而略带忧郁。(沈从文《箱子岩》)

这篇文章沈从文舍去了一切虚字浮词,连写景中使用频率最高的"的"字也很少用,只保留肌肉和筋骨,一个个句子短小精练,简练柔韧。

散文家朱自清非常注重冗言虚词的削减,尽量不使用表静态的"是、在、有"等词。他在《欧游杂记·序》里说:"……记述时可也费了些心在文字上:觉得'是'字句,'有'字句,'在'字句安排最难。显示景物间的关系,短不了这三样句法;可是老用这一套,谁耐烦!……于是想方法省略那三个讨厌的字……"举《欧游杂记》中《荷兰》一篇的例子,朱自清先生故意跟自己作对似的,来跟这根本不可能全然省略的三个字较量。他在《序》里说:"……例如'楼上正中一间大会议厅',可以说'楼上正中是——','楼上有——','——在楼的正中',但我用第一句。"

学生习作:陈旧的方钟在墙壁上嘀嗒嘀嗒地走着。(16字)钟自然是挂在墙上,就像雨自然是从天空里落下,无须再说;"嘀嗒嘀嗒"自然表明钟在走,也无须重复了。因此删掉"在……上"和"走着"。"墙上,旧方钟嘀嗒嘀嗒。(9字)"这个句子瘦身后并未改变原意,但削掉了虚泡囊肿的地方,剩下的就全是筋骨,语言自然峭拔警迈,灵动鲜活。

写作中,必须注意捋去堆砌,掸掉浮华,老老实实表情达意,方显文字的鲜活。

四、意象叠加

进行场面描写或景物描写时,可以选取相关意象,用名词或偏正式名词短语,叠加在一起,可以让文字简练传神,极富画面感。

佳作欣赏:抗日战争时期,昆明小西门外。米市,菜市,肉市。柴驮子,炭驮子。马粪。粗细瓷碗,沙锅铁锅。焖鸡米线,烧饵块。金钱片腿,牛干巴。炒菜的油烟,炸辣子的呛人的气味。红黄蓝白黑,酸甜苦辣咸。(汪曾祺《钓人的孩子》)

作者选取十四个意象,叠加在一起,极富音乐的节奏感,/222/33/44/43/43/5/,视觉、听觉、嗅觉的集中叠加,明快简洁,以白描手法写出了抗日战争时期昆明小西门外集市的热闹与嘈杂。

学生习作:纸团,小吃,漫画。粉笔头,小泥球。作业纸盒,铅笔钢笔。百事薯片,棒棒糖。诱人的零食,香甜的气味。赤橙黄绿青蓝紫,酸甜苦辣麻。零食嚼得咔嚓咔嚓,作业抄得稀里哗啦,漫画看得嘻嘻哈哈,牛奶吮吸得吧嗒吧嗒。天哪!(张孝华《自习课写真》)

五、综合运用

有时,一个语段中,往往多种方式综合运用。

佳作欣赏:①一过米苏里河,内布拉斯卡便摊开他全部的浩瀚,向你。②坦坦荡荡的大平原,至阔,至远,永不收卷的一幅地图。咦呵西部!③咦呵咦呵咦——呵——我们在车里吆喝起来。④是啊,这就是西部了!⑤超越落矶山之前,整幅内布拉斯卡是我们的跑道。咦呵西部!⑥昨天丈量爱奥华的广漠,今天再量内布拉斯卡的空旷。(余光中《咦呵西部》)

第①句采用拟人修辞,"向你"状语后置。第②句"至阔,至远"定语后置加文言句式。"永不收卷的一幅地图"比喻修辞。第③句"咦呵咦呵咦"拟声词前置。第⑥句"广漠、空旷"形容词错格(同一意思用不同的形容词表述)。"丈量"动词创新使用。

写作中,有意识地采用以上方法,把文字拆开又拼拢,折来且叠去,语言的密度、速度、弹性在不知不觉的玩中得到训练,语言自会鲜活灵动起来。

参考文献

[1] 董桥谈写书、读书、藏书[N].东方早报,2012-03-25.

[2] 陈非.沈从文散文的语言形态与结构艺术——以《湘行散记》《湘西》为例[J].名作欣赏·文学鉴赏,2007(21):71-76.

[3] 余光中.望乡的牧神[M].北京:国际文化出版公司,2014.

与议论文的相恋

——教学过程实录

李华英

初三语文有一个专题可以把人学郁闷,没有兴趣的话就觉得节节课都难熬,它就是"议论文"专题。以前有学生这样形容:我待议论文如初恋,议论文虐我千百遍。怎样让难缠的议论文学起来轻松惬意,我们初三备课组的语文老师3人,想了一个招(话说"三个臭皮匠,顶个诸葛亮"),让学生和议论文谈场轰轰烈烈的恋爱。

初恋,第一印象很重要。

读书就像谈恋爱,不喜欢,不好奇,不用心,怎么能学好,所以勾起兴趣很重要。

相对于记叙文,议论文少了文学味和精彩的情节,不够吸引人;相对于说明文,议论文少了生动有趣的科普现象,不够实用性。议论文怎么吸引人?干脆就用张扬的个性去征服人。

我们从书上、网络上搜集了二三十个比较典型的小短文,记叙文、说明文、议论文各占三分之一。打乱顺序后编印成资料发给学生。由于小短文内容简单,生动有趣,学生很快就读完了。课上先利用多媒体把关于"柳"的三篇短文,分别用记叙、说明、议论表达方式写作而成,展示给同学们欣赏朗读。初步体味文体的不同后,介绍议论文这个新的文体,让学生分小组讨论,看每个小短文用的最主要表达方式是什么。

学生们本就熟悉记叙文、说明文,觉得这样的辨析完全是小菜一碟。各小组马上就投入寻觅议论文芳踪的快速角逐中,小组讨论时大有面红耳赤之争论态势。小组展示时虽然也有信心百倍的自我肯定,但都在现实面前败下阵来。个别小短文如伊人在水一方,面目不清,无法一亲芳泽,同学们正饱受单相思煎熬。老师权当红娘穿针引线,引导同学们去思考议论文的特点,七嘴八舌地摸清了恋爱对象的

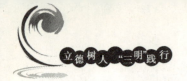

体貌脾性,同学们欢呼着冲出迷雾,自信地拥住了自己的伊人。

热恋,耳鬓厮磨、如胶似漆。

和议论文牵手成功后,为他们安排了一次甜蜜的约会,进一步了解才能相亲相爱啊。于是,马上就小短文中的一篇关于"三峡水电站"的议论展开非正式辩论。正方"三峡水电站应该建",反方"三峡水电站不应该建"。将全班分两半,讨论准备之后,开始正反方轮流发言。同学们很快乐。"赢过别人"是他们心理上的急切需要。因此,一个一个观点,一个一个依据都被他们毫无保留甚至是绞尽脑汁地端了出来。老师不动声色地分条列析记录在黑板上。一结束就扫盲,指着满黑板的记录,带他们摸清议论文的眉目身段,这是"论点"、这是"论据"、这是"论证过程",一举完成基本知识大扫盲。

一个月的朝夕相处,一个个考点的耳鬓厮磨,同学们与议论文相恋得如胶似漆。每天都有一次亲密的习题约会,每天如果不提议论文的话还有点不自在。

结果,大部分修成正果,少部分形同陌路。

这样轰轰烈烈的恋爱效果是明显的。从互不相识到相亲相爱,大部分人对恋人的每个细节,每丝脾性都了如指掌,可谓功德圆满。当然,再热烈的恋爱也有失败的,少部分人选择了继续单身,与议论文仍然形同陌路。

强化小组合作学习，构建卓越英语课堂

李 艺

"合作学习"是我国《基础教育课程改革纲要（试行）》所倡导的一种重要的教学方式，是为完成同一个目标，分工合作，相互帮助，彼此指导，并以集体的成功为评价依据，最终促进个体健康发展的学习策略。作为新一轮课程改革所倡导的教学模式和学习方式给我们的英语课堂带来了无限的活力和希望，推动了课堂教学的改革与创新，促进了学生合作探究能力的提高和发展，强化小组合作学习，构建卓越英语课堂。在近两年的初中英语课堂教学中，我进行了大胆的实践和有益的探索，并取得了一定的成效。为让小组合作学习更行之有效，特归纳为如下几个方面。

一、组建合作小组，激发学习兴趣

组建合作小组，就是在开展小组学习时，按照"组间同质、同组异质"的分组原则划分小组，我将每组基本人数确定为 6 人，根据学生成绩、性格、性别合理搭配，并根据运行情况做适当调整。优秀生、中等生、后进生搭配比例为 2∶3∶1，男女生大致按 1∶1 安排。为方便各小组成员开展合作学习，并考虑到只有一块黑板，我们将每组学生的桌椅拼成长方形，其中两名学生面朝黑板而坐，另四名学生侧身两两对坐。每组推举组长 1 名，大多都是成绩优异者担任组长，小组成员各有头衔及分工任务：小组长主持讨论，分配发言机会，协调学习进程；记录员记录合作学习中的问题和讨论结果；检查员督促组员积极参与，维持纪律，确保任务完成；汇报员负责将小组讨论的结果在班级中交流。另外，每学期调整一次小组的划分，让学生有更广阔的合作空间。在日常的教学中，我也根据需要完成的任务灵活调整小组：如当完成调查内容时，就把具有不同兴趣、爱好的学生排在一起，以有利于丰富调查结

果;当完成话题讨论的内容时,就把外向型和内向型的学生排在一起,让具有强烈表现欲的外向型学生带动性格内向型学生的参与欲;当完成看图写话的内容时,就把具有不同英语水平的学生排在一起,以有利于互相帮助。总之,小组成员的合理搭配,有效保障了小组合作学习活动的顺利开展,激发了学生的学习兴趣。

二、精选合作内容,促进活动开展

考虑到学生和我都对小组合作学习有一个逐步适应的过程,在运行之初,我在传统教学模式的基础上,教授合作学习的方式,逐步增加合作学习的内容,如相互听写单词、开展讨论、交流学习成果等,逐步淡化老师的主导作用。现在,我每堂课集中讲授的时间控制在20分钟以内。在小组合作学习过程中,我积极参与其中,与小组成员一起探究问题、解决难题,推动合作学习进程。

案例1:

新目标(Go for it!)七年级(下)Unit 3 Why do you like koalas? 在学习本单元知识后,给学生布置了一个任务:让小组合作描述一种动物,请其他同学猜测是什么动物。小组里的每一个成员都有自己的任务,语言描述能力强的就用语言描述动物特征,喜欢表演的学生就模仿该动物的特征动作,剩下的学生就可以学该动物的叫声等,当然在每位学生能够熟悉原有角色,并能熟练履行相应职责的情况下,还要定期对小组成员进行角色互换。

Eg, Guessing game(A group describe a kind of animal, the others guess what it is.)

S1:It has four legs.

S2:It has two big eyes.

S3:It can jump high and fast.

S4:Its skin is green.

S5:It's helpful for human.

S6:(Make a noise just like a frog.)

设计目的:七年级的学生单词量及表达能力比较有限,这样的合作既有明确的分工又照顾了每位学生的情绪,符合其认知能力,同时也降低了教学难度,能让学生在教学中获得快乐,体验乐趣,收获成功。

案例2:

新目标(Go for it!)九年级(上)What would you do if you had a million dollars? 第一课时最后设计了一个活动:

Chain story（故事接龙）

1）Read the chain story.

A story for Mr. Chen.

I think I'm going to have dinner with my friends tonight.

If I have dinner with my friends, we'll drink much beer（啤酒）.

If I drink much beer, my wife will be angry with me.

If my wife is angry with me, I'll do the housework for a whole week.

If I do the housework for a whole week, I'll be sad and tired.

If I am sad and tired, I can't get on well with my work.

If I can't get on well with my work, my headmaster（校长）will be angry.（How terrible）

2）Work in a group, make your own chain story. You can beginning with the following topic.

Topic 1：I think I'm going to visit the zoo.

Topic 2：I think I'm going to do some shopping this afternoon.

Topic 3：I think I'm going to have a party tonight.

Topic 4：I think I'm going to play football this afternoon.

…

（**You can also begin the chain story with your own topic.**）

设计目的:初三的学生已经储备了一定的语言基础,能够比较自信地展示自我,而且他们想象力十分丰富,如此条件下学生不但对这样的合作学习及创作特别感兴趣,也让每个学生都有开口练习的机会,并且通过优生帮助差生,效果很好。

三、注重科学评价,享受合作成果

评价是检验学生学习成果,促进学习效果的重要手段。课堂中,我尽可能不批评学生,多采取赞许和鼓励的方式。并建立优秀学习小组评选办法、优秀小组长评先办法、优秀组员评选办法等制度,由老师和学生共同对各小组和小组成员的表现情况进行评价。

为了让评价有机融入教学,应建立公平、开放、宽松的评价氛围,以测试和非测试的方式以及个人与小组结合的方式进行评价。其形式多种多样,如课堂学习活

动评比、学习效果自评、学习档案、问卷调查、访谈、家长对学生学习情况的反馈与评价等。评价过程可以给学生建立学习档案袋或形成性评价量化表格,所以我在教学中还以周为单位对小组学生的总体表现做好了记录。

课堂评价的目的不是区别优生和差生,而是激发学生学习的积极性,让学生在评价过程中反思自己的学习行为,发现自己学习中的问题,调整自己的学习策略,以便在原有基础上得到最大限度发挥。

四、坚持实践探究,学生受益匪浅

我们在英语教学中推行小组合作学习以来,已经收到了良好的效果,主要表现在以下四个方面。

(一)学习兴趣明显提高

小组合作学习过程中,每名组员都有小组分配的学习任务,英语学习成绩差的组员能得到老师和其他组员的鼓励和帮助,偷懒的组员会受到其他组员的批评和监督。中等生和后进生的学习兴趣明显提高。优等生想长期保持优势,因此更加努力。

(二)课堂气氛十分活跃

英语是一门语言学科,需要学生大胆参与。两年来,学生们在课堂上自主学习、探究问题、交流讨论,让过去的"观众"成为"演员",一些平时发言不积极、不敢开口的学生敢谈敢讲了,一些不喜欢英语或基础较差的学生积极参与了,课堂成为了学生们获取知识的大舞台。

(三)表达能力得到锻炼

哑巴英语是学习英语的大忌。在传统教学模式下,学生英语口头表达的机会不多。在小组合作学习中,每位组员都有开口读和说的机会,英语口头表达能力得到了锻炼。

(四)中等生有很大进步

在小组合作学习过程中,中等生得到了更多学习和锻炼的机会,包括主动学习、课堂发言、个人疑问解答等,更关键的是有了学习兴趣。通过课堂练习和测验,一些中等生答题准确率明显提高,进步很大。

五、及时发现不足，积极总结问题

在英语课堂中，我们大胆践行小组合作学习，同时积极总结教学得失，找出存在的典型问题，主要表现在以下方面。

（一）预习时间不够的问题

学生预习是小组合作学习的重要环节之一。各科目都在推行生本教育，都要求学生预习，导致预习时间很紧。加之学生知识积累有限，尤其英语词汇、语法、句型的积累较少，预习时会遇到一些困难，需要通过查阅大量资料才能解决，客观上就要求花费更多的时间。另外，刚刚推行小组合作学习，学生们对于这种全新的教学模式还有一定的适应过程。

（二）课堂秩序维护的问题

小组合作学习模式是一项全新的教学模式，大多学生都感到新奇。在合作学习过程中，时常会出现闲聊、跑题、争论等问题，个别差生乘机捣蛋，中断或扰乱小组的合作进度。老师在课堂上往往顾此失彼，因此出现因某一组内个别学生不自觉而影响全班学习秩序的情况。

优秀生难更优的问题。优秀生在学习中相对有优势，在小组中常常处于主导地位，为其他小组成员提供帮助。由于在交流中他得不到更多、更新的知识，因此暂无法有更大的提高，在一定程度上也影响着优秀生带动作用的发挥。在小组合作学习成效分析中，优秀生和优秀生家长也都反映出这种担忧。

（三）课程进度难把握的问题

在传统的教学模式中，我按照教材的进度安排授课，一个单元要上几节课是提前计划好的，不容易被打乱。在小组合作学习过程中，我必须要将学生存在的问题一个一个解决，也就是说大部分学生还没有弄明白或没有掌握之前，课程就不能向前推进，这使课程进度出现了不确定性，难于掌控。

六、探索思考并重，打造卓越课堂

针对存在的问题，我和学生们一起进行了一些有益的探索，得到了一些体会。

（一）教方法与教内容并重

初中阶段是学生学知识和学习习惯养成的重要阶段，如何让学生学到应该掌

握的知识内容,如何让学生养成良好的学习习惯,是这个阶段的重要教学任务。在生本教育理念基础上,一方面我们要严格按照教学大纲的要求组织小组合作学习;另一方面要教授他们一些基本的或个性化的学习方法,让他们掌握并加以运用。在实践中,首先从预习方法入手,教会学生以提问的方式预习,或者以通读文章的方式预习,或者以生词学习的方式预习,等等,让学生在实践中灵活运用。有了这些方法作支撑,学生预习起来才能有的放矢。同时,我尽量将预习全部放到课堂上进行,让大家在预习阶段相互帮助,彼此合作,互通有无,有效解决了预习时间不够的问题。其次是教授知识探究的方法,如工具书的选择、小组成员的分工、知识重点的把握等。再次是教授巩固学习的方法,这主要是知识的巩固,如选择课外学习材料、在实际中灵活运用等。

(二)老师要积极参与和指导

俗话说:师傅领进门,修行靠个人。但在小组合作学习教学过程中,老师不仅要领进门,更要积极参与和指导各小组的合作学习活动。一方面及时帮助解决各小组学生在学习中遇到的困难和问题,纠正他们的错误;收集易错点和共同关注的问题,以便在集中交流和讨论时提出来;引领小组合作学习过程,随时掌握合作学习进程。另一方面可以督促学生按学习要求开展学习,维护课堂秩序。同时教师又是合作学习的指导者:通过师生交流把知识进行整合、归纳,通过参与、观察、分析、交流,评价合作学习的态度、结果,所以教师又是合作学习的总结者、评价者。教师只有扮演好以上这些角色,合作学习才会顺利、有效地进行。但是参与和指导过程中切忌一发现大家的共性问题就通知全班,这样会打断各小组的正常合作学习秩序,影响课程进度。

(三)建立全面系统的评价体系

评价是检验小组合作学习的成效,引导小组合作学习正常开展的重要手段。只有在客观、公平、褒贬有度的评价体系下,才能真实有效地评判和引导学生的合作学习行为。通过评价可增强小组的凝聚力,强化组间的交流合作,促进组员的共同进步,并根据反馈的结果,随时调整教学手段、教学时间、教学策略。工作中我们已经建立了优秀小组评选办法、优秀小组长评选办法、优秀组员评选办法等评价体系,但还需要进一步系统化,评价方式上也需要不断创新。我们计划建立评价展示台,集中反映学生一段时间的学习情况、表现情况,帮助学生自我调整。

（四）鼓励课外阅读和自学

提高优生率的问题和让优生更优的问题一直困扰着我们。目前我们采取的办法是鼓励优生们自加压力,加强课外阅读和自学,扩大知识面,从而保持他们在小组中的优势,并带给组员更多的知识分享。课外阅读的内容大多根据学生个人的喜好来安排,教师给予适当的参考。但对于家住农村或家庭条件一般的学生而言,又存在课外阅读资料难取得的问题。因此建议学校建立图书馆,不断更新教辅材料或相关书籍,为学生课外阅读和自学创造条件。

总之,教学中没有一成不变的教学方法。小组合作学习在课堂上的运用,应因时而异,因人而异。生本教育带给我们全新的教育、教学理念,小组合作学习教学模式具有强大的生命力,但要在实践中贯彻落实绝非一朝一夕之功,需要在探索中前进,以求得面向全体学生的共同发展,实现英语教学的卓越课堂。

参考文献

[1] 中华人民共和国教育部.英语课程标准[S].北京:北京师范大学出版集团,2011.

[2] 王斌华.学生评价:夯实双基与培养能力[M].上海:上海教育出版社,2010.

[3] 刘道义.外语教育研究[M].北京:人民教育出版社,2009.

[4] 王建军.课程改革与教师专业发展[M].成都:四川教育出版社,2004.

[5] 程晓堂,郑敏.英语学习策略[M].北京:外语教学与研究出版社,2002.

[6] 赵笑梅.小组合作学习的四个基本经验[J].教育科学研究,2001(12):52-53.

[7] 关文信.当代教育新视野[M].长春:吉林大学出版社,1999.

[8] 郭华.小组合作学习的理论假设与实践操作模式[J].中国教育学刊,1998(5):48-50.

生活即语文　语文即生活

——初中学生语文的生活实践性学习初探

梁如鲜

语文学习从根本上是与生活相联系的,语文学习的外延就是生活的外延,把语文学习封闭在课堂内,切断它与广阔的社会生活、学校生活、家庭生活的联系是不可取的,那样不可能让学生真正领会语文学习的意义。《语文课程标准》把语文教育的特点概括为三个方面:一是语文课程具有丰富的人文性,学生的反应是多元的;二是语文课程具有实践性和生活性,应通过语文实践活动培养学生的语文能力;三是汉语言文字具有鲜明的民族性。因此,语文教学应适应并挖掘这些特征。

一、初中语文生活实践性学习的含义

语文教学生活实践学习,就是要将学生的生活实际与语文教学紧密结合起来,二者不可偏废。它继承优秀的语文教学传统,并适应现代语文教学需要,形成相对封闭性的教学目标,而在教学内容、教学手段、教学结构乃至教学效果上具有开放性与无限发展性。语文教学生活实践学习,就是语文课程应打破"知识中心论"的拘囿,加强语文教学与生活的联系,通过学生的语文实践活动来培养其语文能力。语文教学研究专家刘国正先生向来重视语文教学与生活相联系,他曾说过:"教室的四壁不应该成为水泥的隔离层,应是多孔的海绵,透过各种孔道使教学和学生生活息息相通。这样,会使教学充满生气,使语文训练多趣而多效。"美国教育家杜威也说过:"离开了语言的自然的目的,难怪语言教学成为一个复杂而困难的问题。"

二、初中语文生活实践性学习结构的构想

语文知识积累与能力培养过程是学生生活实践性学习的过程。这一过程以满

足学生的心理需求、个性品质发展需求及社会发展需求为主要内容。初中学生心理需求包含爱的需求、友情需求、成熟需求等;个性品质发展需求包含独立自尊需求、自我表现需求等;社会发展需求包含培养热爱生命的情感、增强民主合作的意识、科技环保的意识等。

1.语文教学选文贴近中学生生活,充满其内在需求与发展需求的构想

可分设三个阶段:第一阶段是选文与活动满足学生直接的心理需求;第二阶段是选文与活动满足学生的个性品质发展的需求;第三个阶段是选文与活动满足学生社会发展的需求。

2.语文教学贴近中学生生活,确立知识积累与能力目标的构想

可分设三个阶段(与教材及活动项目构建三阶段相对应):第一阶段是初步的生活常识、社会常识与传统文化的积累。包含整体感受选文与活动的能力;基本的口语表达能力;写日记的习惯养成。第二阶段是一定的科学知识、社会知识与传统文化的积累。包含一定的语文基础知识积累;具体深入地分析选文,较深刻地感受活动的能力;基本的书面表达能力、描述自我成长的能力。第三阶段是一定的科学知识、社会知识与传统文化的积累。包含较系统的语文基础知识积累;感受文学作品与社会现象的能力;综合表达能力,描述社会现象与发表观点的能力。

3.语文教学贴近中学生生活,确立具体课堂教学结构与方法的构想

一是整体感知,其手段有默读训练、朗读训练、背诵与默写训练、媒体手段等,其中应加强媒体手段的使用;二是具体分析,方式有导读、提纲、讨论、质疑、自读、评价、练习与测试等,其中应重点探索"讨论、质疑、评价"等方式的采用;三是归纳升华,包括知识类归纳升华、技能类归纳升华、思想类归纳升华等,其中应高度重视"思想类归纳升华";四是活动体验,包括课堂表演实践、课外活动、生活实践等,其中应重点探索"课外活动"与"生活实践";五是扩展阅读,包括知识类扩展阅读、技能类扩展阅读、情感与思想类扩展阅读等;六是表达训练,包括口语训练、书面语训练、课内材料训练、活动与话题训练,其中应以口语训练、活动与话题训练为探索重点。

三、以课程资源利用促进语文生活实践性学习

叶圣陶先生说过:"生活的充实是没有止境的。"中考作文的命题也体现了"写

作离不开生活,服务于生活"的原则。这就说明语文教学只有扎根于现实生活的沃土,才能成功。学生的世界是宽广的、丰富多彩的。教师可在教学中试着把学生的圈子分为三大块:家庭、学校与社会。家庭中有幸福与不幸;有瓶瓶罐罐,磕磕碰碰;有悲欢离合,生离死别;有希冀,有得失;孩子对父母的情感,有仰慕、敬佩、尊重,有讨厌乃至憎恨。以上这些,信手拈来,皆可成文。学校的环境、纪律、校风、校训及教师等都影响着每一个学生,碰撞每一个幼小的心灵,迸出种种火花。如学生心目中的老师,性格、工作、讲课如何,对学生怎样,衣着是否考究,何其丰富。学生呢,优秀者清高孤傲、郁郁寡欢;低劣者畏首畏尾、自卑自贱;或有的孤芳自赏,自怜自爱,性格或热情如火或冷漠似冰;或活泼好动或喜静独处,或深沉或直率;细细道来,多如牛毛。社会是一个万花筒,小到花草虫鱼,邻里琐事,大到国家大事,社会焦点。学生自身的苦乐喜忧,爱恨歌泣,娓娓诉来,一部洋洋洒洒的感情历程。

《语文课程标准》中明确指出:"语文教师应高度重视课程资源的开发与利用,创造性地开展各类活动,增强学生在各种场合学语文、用语文的意识,多方面提高学生的语文能力。"这明确了教师在课程资源开发上的地位与作用,也指出了开发利用课程资源的重要性。分析表明:语文教学课堂学习资源有:课本、教辅资料、教学挂图、卡片、工具书、电子版材料、网络材料、多媒体教学辅助软件(电影、电视、广播)等;语文教学课外学习资源有:报刊、书籍、各种标牌广告、布告栏、报廊、网络等;语文教学学习活动资源有:报告会、演讲会、辩论会、研讨会、戏剧表演、课文剧表演、展览、参观等;语文教学社区资源有:图书馆、博物馆、纪念馆、展览馆、文物古迹、自然风光、民俗风情、家庭生活、国内外重要事件、各种教育基地等。语文教学增强语文课程资源的开发与利用意识,一方面能拓宽学生学语文、用语文的领域,有利于学生改变以往被动的学习局面,转变学习方式。另一方面学生面对多姿多彩的语文课堂资源所构成的学习空间,会对语文学习产生极大的兴趣,调动他们参与语文实践活动的积极性与主动性,在不同的学习内容和不同的实践方法的相互交叉、相互渗透和相互整合中开阔视野,增强学语文、用语文的意识,提高语文学习的效率和质量。

语文教学一个重要的方面是作文教学。我们常教导学生"我手写我心""作文要写真人真事,说真话,才会感人""真实是成功的一半"。而学生呢,却在编作文:写家庭的作文,"家丑不可外扬",父母性格中的懦弱或粗暴或蛮横或恣肆,这些性格一般是见不到的。写学校题材的作文,学生心中有杆秤,"宁愿编,不可得罪老师"。老师家访好不好、惩罚学生对不对、处理某事公不公,学生不敢写,丰富的学校生活变得乏味,著名的教育家魏书生说过:事物有两面性,阳面、阴面,薄如蝉翼的纸亦是如此,正是阳光下的镜子,明亮而耀眼,可另一面,暗多了。作文要写真事,说真话,那么暗面就不是真事、就不是生活了吗？只写一面不但限制了学生的视野,而且培养了他们圆滑世故,虚伪自私的性格。所以我们的作文教学其实是一种独断、专制的模式,在让学生说真话时,恰恰鼓励他们讲假话,一个令人窒息的环境,要提高作文水平真是天方夜谭。因此,要改变这种柴米堆积却无米下锅的现状,老师应该解放思想、放开手脚、发挥主导作用,取消学生的思想顾虑,对他们以鼓励、抚慰、支持,而不是嘲笑、挖苦、打击,要敢于对学生说,家丑也可扬一扬,短也可揭一揭,暗面也可曝曝光,使学生敢讲真话,敢写实事、真事,真正地实现"我手写我口,我手写我心"。

如何在初中数学教学中培养学生的
解题反思能力

廖光琴

新的数学课程标准对学生的数学能力提出了新的要求,而数学能力的提高只有在学习和解决数学问题的过程中才能实现。因此,我们在教学过程中,要培养学生对典型问题进行反思的习惯,把解决问题的数学思想方法及对问题的再认识转化为一个学习过程,提高学生分析问题、解决问题的能力,优化学生的数学思想,达到数学知识和方法的融会贯通。

一、培养解题反思能力,激发数学学习兴趣

长期的学习经验表明,不少同学在完成作业或进行大量解题训练的过程中,普遍欠缺一个提高解题能力的重要环节:解题后的反思。一道数学题经过一番艰辛、苦思冥想解出答案后,教师还必须引导学生认真进行如下探索:命题的意图是什么? 考核哪些方面的知识和能力? 验证解题结论是否正确合理? 论证过程是否判断有据? 本题有无其他解法? 哪一种解法最简捷? 为了提高学生的解题能力,应该倡导和训练学生进行有效的解题反思。兴趣是最好的老师。浓厚的学习兴趣可以使人大脑处于最活跃的状态,最佳地接收教学信息;浓厚的学习兴趣,能有效地激发学习动机,促使学生自觉地集中注意力,全神贯注地投入学习活动。在教学中,教师可通过介绍数学领域的卓越成就,介绍数学在生活、生产和其他科学中的广泛应用,激发学生学好数学的动机。通过设计情境,提出问题,引导学生去探索、去发现,让学生从中体验成功之喜悦和发现之快乐;运用适当的教学方法和手段引起他们的求知欲和好奇心,从而培养他们浓厚的学习兴趣。

二、如何指导学生进行解题反思

解题反思有助于学生在原有基础上进一步建立更高层次的认知结构,从某种程度上说它比解题过程更为重要。因此,在解题教学中不能满足于获得正确答案,教师要引导学生反思解题的思维过程,总结解题经验教训。具体说就是应该引导学生对解题过程和结论、解题思路、知识结构进行反思。

1.对解题过程和结论的反思

解数学题,有时由于审题不准确,概念不清,忽视条件,套用相近知识,考虑不周或计算出错,难免产生这样或那样的错误,即学生解数学题不能保证一次性正确和完善。所以解题后,必须对解题过程进行回顾和评价,对结论的正确性和合理性进行验证,可是一些同学把完成作业当成任务,解完题目万事大吉,头也不回,扬长而去,由此产生大量谬误,应该引以为戒。因此,学生应积极反思,查缺补漏,教师要引导学生反思解题的过程,论证过程是否判断有据,解题的结论是否正确合理。

2.对解题思路的反思

数学知识环环相扣,解题思路灵活多变,解题方法途径繁多,但最终却能殊途同归,即使第一次的解答合理正确,也未必能保证解法是最优最简捷的。教师还应该引导学生进一步反思,探索一题多解,多题一解,从沟通知识、掌握规律、权衡解法优劣等方面进行总结,使学生的解题能力更胜一筹。引导学生反思从不同的角度或途径去分析,从而寻求多种解法。通过引导学生进行一题多解,既可看到知识的内在联系,巧妙转化和灵活运用,又可梳理出推证恒等式的一般方法和思路:从左到右、从右到左、中间会师、转化条件等。不仅培养学生思维的灵活性,同时也揭示了同类型题目常用的解题技巧,有利于提高学生的解题能力。引导学生反思题目的类型和解法,思考是否存在与此题解法相同,但类型不同的题目,培养举一反三、触类旁通的能力。如:8 个不同元素排成 3 排,前排 4 个,中排 3 个,后排 1 个,有多少种排法?一步论证,从而可以推出这类题目的统一解法:n 个元素排在 n 个位置上,解后善于引导学生总结,掌握规律,探求共性,再由共性指导学生去解决碰到的这类问题,便会迎刃而解,发挥多题一解的优势。

三、在课堂中培养反思方法

在课堂教学中有意识地引导学生从多方位、多角度进行反思性学习。学生的实践反思，可以是对自身的认识进行反思，也可以是联系他人的实践，引发对自己的行为的比较反思，我们可以多引导学生进行同类比较，达到"会当凌绝顶，一览众山小"的境界；也可以是对生活中的一种现象，或是周围的一种思潮的分析评价。此外学生的反思还可以是阶段性的，如：一节课尾声时，让学生进行一下反思，想想自己这节课都有什么收获？还有哪些疑问？当天睡觉前，反思一下今天自己的感受，或是一周反思一下自己的进步和不足等。具体有以下 5 种方法：①在解决问题中反思，掌握方法：解题是学习数学的必经之路，学生解决问题时，往往缺乏解题过程的反思，教师应积极引导学生整理思维过程，确定解题关键，回顾解题思路，概括解题方法，使解题的过程清晰、思维条理化。②在集体讨论中反思，形成概念："活动是感知的源泉，是思维发展的基础"。学生通过集体讨论和交流，可以了解同学的理解，有利于丰富自己的思考方法。概念形成的关键是重视意义建构过程，而不仅仅是单调记忆，所以要注重引导学生通过集体讨论、争辩，来实现自我创新。③在回顾知识获取时反思，提炼思想：在教学活动中，教师比较注重创设情境，引导学生通过操作实践、合作探究，主动获取知识。④在分析解题方法中反思，体现优势：学生在解题时往往满足于做出题目，而对自己解题方法的优劣从来不加评价，作业中经常出现解题过程单一、思路狭窄、解法陈旧、逻辑混乱、叙述冗长、主次不分等不足，这是学生思维过程缺乏灵活性、批判性的表现，也是学生思维创造性水平不高的表现。因此，教师必须引导学生形成一个系统性强、方法联系的数学认知结构。⑤在寻找错误成因中反思，享受成功：学生在学习基础知识时往往不求甚解、粗心大意，忽视对结论的反思，满足于一知半解，这是造成作业错误的重要原因。因此教师应当结合学生作业中出现的错误，帮助学生从基本概念、基础知识的角度来剖析作业错误的原因，给学生提供一个对基础知识、基本概念重新理解的机会，使学生在纠正作业错误的过程中掌握基础知识，理解基础概念，指导学生自觉地检验结果，培养他们的反思能力。

构建语文积累超市

刘文芬

新课程改革的实施,标志着教学方式的改变,语文的本质内涵也发生了巨大的改变。新课程以提高学生语文素养为目标,而语文素养的提高有赖于全面而丰厚的语文积累。"水之积厚了,负大舟才有力;风之积厚了,负大翼才有力。""厚积薄发。"积累是语文学习人文性的充分体现,也是提高学生语文素养的根本保证。

一、语文学习的现状

大多数语文教师简单地理解了语文的工具性,从实用角度去看待语文学习,在语文学习中带有极大的功利性,中考便成了语文学习的唯一指挥棒,语文学习便成为中考的傀儡。语文教材只剩语言文字无序的混沌组合,堕落为工具性功能的赤裸裸的例子和凭借。于是,语文知识的积累便成了"速生林"。学生书架上中外名著的灰尘越积越厚,学生手中的文笔越写越枯涩,学生心灵之花也越来越矫情。语文学习的现状如此令人担忧,急需一个教育工作者锐意思考和探索,构建语文积累超市是改善这一现状的有效措施。

二、构建语文积累超市的意义

由于受地理条件的制约,受家庭经济条件的约束,受传统思想和传统教育的影响,学生学习语文便成了只录不放的录音机,成为毫无思维能力的木偶,缺乏个性和创造性,语文知识面狭窄,社会实践能力差。学生心灵的储备少了,语文素养自然就提不高。

正如荀子所说,"不积跬步,无以至千里;不积小流,无以成江海"。可见,在语文学习中要学会积累。根据新课程理念,经过研究、探索与实践,构建语文积累超市,可以开阔学生的视野,给学生一个广阔的语文学习天地,让学生走进斑斓的生

活,真正激发学生语文学习的非智力因素;真正解放学生的语文学习时间;真正让学生从生活中历练语文学习的能力,发掘其语文学习的潜在能力,更好地还语文学习人文性的本来面目。

三、语文积累超市的特点及内容

"语文学习的外延与生活相等。"美国教育家华特·B.科勒涅斯提示了语文学习的本质,语文教育生活化是必要而可能的。语文是博大的,包容着中外民族文化的精华。语文是人生存的拐杖,是人发展的翅膀。而当代的许多语文教育大家,从叶圣陶到刘国正,都主张语文学习不能让学生局限于课堂,应该引导他们向其生活的各个领域拓展、延伸,把语文学习同他们的家庭生活、学校生活和社会生活有机地结合起来,让学生在广泛的社会实践中汲取生活素材和语文素材,提高学生的语文综合实践能力。语文积累,应该是一个大数量、长时间、多角度的积累,因此语文积累超市具有容量大、范围广、知识新等特点,给学生一个广阔的天地,一个神奇的乐园,一个多彩的世界。

语文积累超市所展示的主要内容有:

(1)语言积累包含佳词、美言妙语、精彩片段、诗词等;

(2)知识积累包含自然、社会、思维、语言运用等知识;

(3)生活积累是指心灵日记、生活感悟、经典广告、时尚用语等;

(4)方法积累是指阅读、写作、记忆等方法。

四、语文积累超市的构建

明确了积累的内容,如何构建一个丰富有序的语文积累超市呢?第一,把学校的语文老师分年级、分组。将所需素材整理上架,例如:妙语类可分亲情类、友情类、生命类等。第二,发动学生分组合作、整理查找资料达到资源共享。如整理名言,分为理想类、勤奋类、求知类等。第三,让学生走进生活去收集资料,调动学生的所有感官。可通过学生看电视、逛街、逛公园等途径收集各类广告词,然后整理为"广告词一览"上架。第四,丰富书籍的来源。主要是学校投资购买,也可以发动师生捐赠,还可动员学生节省零用钱买书,订报纸杂志。在这超市的构建中,充分体现了新课程视野中的"互动"论。

五、语文积累超市的策略

学生相当于顾客,让顾客喜欢进超市,便体现语文积累超市构建的成功。"经营者"要想有效、持续地开好超市,应做到"五落实""三结合"。

（一）五落实

（1）时间落实。每天中午开放一个小时，每周用一节课检查积累情况。

（2）读物落实。根据教学需要去选择读物。

（3）内容落实。老师每天明确积累的内容，如：每天读一篇美文，每天背一个成语，一句妙语等。

（4）卡片落实。或制作名言卡片，或制作名著阅读卡片等。

（5）辅导落实。每天有专门教师到"超市"指导，教给积累方法，解决其中的疑惑。

（二）三结合

1.自由积累与专题积累相结合

自由积累即教师把权利交给学生，让学生自由查看，在知识的海洋中广泛地摄取营养，丰富自己的头脑。专题积累即教师根据课堂教学任务拟定专题，划定范围，这样既能突出重点，又能拓展学生知识面。

2.个人积累与集体积累相结合

个人积累是学生教师拟定的专题内自己去查资料积累。集体积累就是教师把学生分成几个小组，分头查找资料。

3.读写结合

多看、多记，目的是为了能写。如在教写"雨"的时候，可让学生去摘抄写"雨"的词语，写"雨"的精彩的句子、片断，再让学生动笔写，就会达到比较理想的效果，这样就可以激发学生的写作热情，做到读写结合，同步提高。

学习有了目标，便会积极参与去积累知识的过程，而新课程中强调过程才是长远的目标，甚至是最重要的目标。缺乏过程就是缺乏体验，缺乏实践。因此，构建积累超市，让学生主动参与，带着目标与问题融入，这正是新课程所倡导的。

六、语文积累超市的评价

办好"知识银行"是对学生积累过程的一种评价方法，具体办法如下：班上成立几个"知识银行"，要求学生把每天从超市里拿来的知识又储蓄到银行里去。对

按时超额完成的可获得较高的利息,未按时的从本金中扣除,每月结算,对"存款大户"给予奖励,对"拖欠者"要找其谈话。评价是课程实施的重要环节,评价是否合理直接影响积累的效果,要注积累的结果,更要关注积累的过程。

构建语文积累超市充分体现新课程背景下倡导的培养学生主动参与,勤于动手获取新知识的能力;体现新课程背景下过程比结果更重要的教学理念;更体现新课程背景下应创设的一种"平等、和谐、融洽"的学习氛围,形成了一种"身心解放,思维开放,个性奔放"的学习场景,学生置身其间,如沐春风,如鱼得水。构建语文积累超市,让教师教得容易,让学生学得轻松。

品质就在我们身边

彭　睿

社会向前不断进步,教育教学理念也日新月异,当我们还在适应生本课堂时,教育部门的领导们已经提出了"品质课堂"。什么是品质课堂呢? 品质课堂应当是有品位、有质量的课堂,如何落实到日常教学中,我想到了以下两点:

一、教师起到主导作用

不管在什么样的教育理念下,我认为都应该以学生为主体,以教师为主导。教师要发挥主导地位,就要在备课中充分考虑学生的程度和需求,不管什么样的班级,只要由人组成,就必然存在差异,正视差异,看清差异,针对不同层次的学生预设问题和提出要求,将是首先需要我们去做的。

比如,最近教学的一篇古文《陈太丘与友期》,在备课时就想到所任教两个班级的学生才入初中不久,接触古文时间不长,在半期考试的古文阅读中丢分比较多,重点实词的积累不够,通假字的解释也始终记不住,于是决定词语的解释和全文的翻译需要详讲,这一部分的内容必须保证人人过关。分析人物形象这一内容,设计为多角度全面分析人物。这一内容略有难度,学生大多能分析其中一方面,课堂上也许不能分析完整,需要适当加以提醒,这一部分内容预计小部分学生能自行思考出来,大部分学生在提醒后能想明白。

教学内容确定之后还需要思考教学过程,从学生接受的角度来看,知识应该是从简单到复杂,只有这样才能最大程度地调动学生的积极性,让各层次的学生都参与到课堂中来。

只是在备课时想到种种可能发生的情况并不够,一篇再好的教案也要看课堂上的实际操作,学生是学习的主体,当一个问题有障碍时,我们需要做的不是赶时

间,马上把答案告诉他们,然后进行下一个问题,而是关注学生的答案并进行适时的引导。尽量确保他们自行思考,得出答案,以获得收获知识的愉悦。

比如,在教学《咏雪》一文时,让学生有感情地朗读文章,这篇文章十分短小,大多为人物对话。第一个学生读,就是很平常的朗读,接着让朗读的同学自行告诉同学们,他想读出什么样的感情,他说是愉快的、自信的。然后让其他学生评,都说没有感受到那些感情。再问怎么读才读得出同学说的那些情感呢? 同学们全都沉默了。这时就需要老师引导,我让他们观察这篇文章的内容,学生得出是由一部分叙述和一部分人物对话组成的。再问他们:叙述是不是能够读出情感? 学生都说不是,于是他们就明白要关注人物的对话。这时再引导他们,人物的情感不是在语言的每一个字中都能体现,于是学生就知道去找关键词。找到了关键词再提醒他们注意音调、重音、语速。大部分学生加以练习,都能很好地把人物的情感分析出来了。通过这样的非机械的教学,学生们都在引导下总结出有感情朗读的方法,既解决了学生在学习中的难题,还会在他们头脑中形成深刻的印象,比直接告诉他们方法好多了。

二、赋予教学内容以品质

我所任教的学科是语文,从教材看,一学期三十篇左右的课文,如果只是单纯地把课文讲给学生,那将是再简单不过的事了。很明显,我们是不能这么做的。文章只是一个载体,要理解它,需要很多知识的综合,这就给语文老师提出了很高的要求,至少必须同时是语文教师、地理教师、生物教师、政治教师和历史教师。如果自身理科较好的话还可以是物理化学教师。这也就促使着语文教师不断地去吸取各方面的知识,除了教学理论要学习,还要博览群书。

比如,《共工怒触不周山》中写到"天倾西北,故日月星辰移焉;地不满东南,故水潦尘埃归焉。"这是一则神话故事,是古代的人们在科学文化知识缺乏的情况下对自然现象所做的解释,我们既要告诉学生这些说法的由来,还要引导他们从科学的角度思考问题,就需要结合地理知识,从地球的公转、自转,从中国的地形特点这些方面去解释。学生们在学习神话的同时也增加了地理知识。

再比如,讲《论语》时介绍孔子,就讲到历代帝王为彰显对孔子的尊崇,不断追封追谥,对待儒家学说的态度也是极其推崇的,细究原因,离不开统治的需要,是对人民进行思想上的专制。这就是政治知识,通过分析孔子的谥号让学生认识到封建王朝的本质。

在象牙塔中学习时就时常听到老师教导我们,教书不是单纯的教会学生知识,影响他们一生的将是我们教会学生怎么做人。作为语文教师,在教学中贯穿思想教育是比较容易的,但怎么让思想教育显得不那么刻意,让学生乐于接受就比较困难了。

比如,我们在讲晏殊的《浣溪沙》(一曲新词酒一杯)时分析诗句,上片部分,我们从作者的诗句中感受到了他对时间流逝的感伤,这是每个人都有的共同体验,很容易就引起学生们的共鸣,但下片中,作者的情绪又高昂了起来,写到"似曾相识燕归来"表达出了发现新的美好事物的喜悦,分析到这里,不需要老师点明,学生也就明白了凡事都要往好的方面想,要乐观,心态要积极。这样的领悟要比直接空洞的教育他们心态要好,更有说服力些。

总之一句话,想要在日常的教学中上出品质课堂,教师就必须对自己提出较高的要求,只有这样,才有可能节节都是有品位、有质量的课。以上内容是我的一些不成熟的看法,有不当之处欢迎指正。

为有源头活水来

——对地理教学生活化的实践和几点体会

冉钟显

摘　要:地理学科与日常生活紧密联系,这一点已成所有地理教师的共识。我们在地理教学中应牢固树立"学习对生活有用的地理"的观念,充分利用本地的地理资源,启发学生观察自然、观察生活,把教材中抽象的数据和图表生活化、形象化,从而培养学生学习地理的兴趣和利用知识解决实际生活问题的能力。

关键词:地理教学;日常生活;教学实践

中国古人所说的地理跟现代的地理概念有所不同。古人的地理多与风水相关,是一门玄学,玄奥高深,所谓"上知天文,下知地理"便是如此。而现在的地理,却淹没在大量的图表和数据之中,抽象而生硬,让人如坠五里雾中。其实,不论是古人所说的地理,还是现在的地理学科,都与我们的生活有着密切的关系,都致力于研究自然与人类的相互影响和作用。

初中地理新课程标准明确指出,"学习对生活有用的地理","地理课程要提供给学生与其生活和周围世界密切相关的知识"。初中地理教材(湘教版)第一课"我们身边的地理"开章明义,也强调了地理和日常生活的关系。但我们在实际的教学中,却又拘泥于枯燥的术语和大量的数据之中,学生听起来常常觉得不知所云,没有学习的兴趣和激情,终究靠死记硬背来应付考试。如何将生活这一"活水"浇灌到地理的教学课堂中,虽然这方面的论文和心得不少,但大都泛泛而谈,缺乏可供操作的具体方法和实例。这里结合我自己的教学实践谈点肤浅的认识。

第一,作为一名地理教师,要牢牢树立地理来源于生活,又运用于生活的观念,把书上的术语和数据化解为生活中活生生的例子和图像。同时要对教材进行重新的整合和加工,进行大胆的取舍,使之更符合人们的认知规律,更贴近人们的生活实际。人们对事物的认识一般是由近及远,由表及里,由浅入深,从现象到本质。作为地理,最容易被人感知的是气温、气候及昼夜的交替现象以及这些现象对人们生活的影响等内容。我们不妨花几个课时先从这些知识讲起,再讲地球的公转和自转、大陆与海洋、经度和纬度等影响天气变化的因素,然后再回到对这些地理现象成因的分析和总结。这样贴近生活,从现象到本质,更能激发学生学习的兴趣和求知的欲望。同时,面对自然界的"突发事件",课堂教学要随时"跟进",如地震、火山、海啸、龙卷风等对人类造成的巨大灾难。每当发生这样的事件,人们都很关注,急于想了解相关信息,这种"突发事件"容易成为新闻热点。我们此时要中断原来的教学进度,结合新闻报道特别是相关的视频,向学生讲述这些自然灾害形成的原因、对人类的影响以及如何防范等知识。学生因为关注而求知,从中获益比平时的学习会更多。这就好比"WTO""APEC"等国际和地区经贸组织,以前作为国人,很少关注这些组织,但随着中国的参与,这些组织才为国人熟知和深入了解。相反,像"欧佩克"等同样具有影响力的经济组织,因为中国未参与其中,很难成为国人关注的对象,人们缺乏了解的兴趣,很多人对于该组织的性质也说不清楚。地理学科的好处就在于自然界随时有"突发事件"发生,而这些事件离我们很近,影响着我们的生活乃至于威胁着我们的生命安全,同时与我们课堂教学的地理知识密切相关。因此,地理教学一定不能按部就班,错失教学"良机"。

第二,要培养学生观察自然、观察生活的良好习惯,切身体会自然与生活的关系,并使之成为一种智力和能力。苏霍姆林斯基曾说:"教师劳动的文明,在很大程度上取决于观察在学生智力发展中有何种地位,从观察中不仅可以汲取知识,而且知识在观察中可以活跃起来。"要学好地理,学生的观察尤其重要。如早晚气温的不同,一年四季降水的变化以及昼夜交替的变化,特别是24个节气前后天气的变化以及对人们生产、生活的影响等,都需要靠观察来形成认知。要具备敏锐而准确的观察力,必须坚持不懈,要调动眼耳口鼻舌等感官进行全方位的观察和体会,还应带上一些必要的观测工具,如温度计、雨量计、相机等,对观察到的结果进行分析比较和归纳概括。比如,近几年,重庆雾霾天气增多,如何区分雾和霾,光靠老师的讲解,学生很难有切实的感受。于是我要求同学们走进大自然,走进社会进行观察。经过数月的观察,学生对雾和霾有了一定的分辨能力。比如,他们发现,雾常出现在丘陵、村落和树林间,颜色呈乳白色,走在雾中,感到清爽,而且头发会湿漉漉的,甚至会挂上小水珠。雾消散后一般会有太阳出现。霾一般出现在街道和工

厂周围,呈灰白色,穿越在霾中,有呛鼻的味道,感觉皮肤干涩,喉咙刺痒,而且经久不散,即或散去天气也是灰蒙蒙、阴沉沉的。通过这样的观察,学生不但学会区分雾和霾,而且认识到霾对身体的危害,增强了防范意识,增强了环境保护的观念。我校地处西彭,东北靠中梁山、歌乐山,南边与江津区只有一江之隔。每到夏天,狂风大作,天际乌云翻滚,闪电劲烈,不时还传来轰轰雷声,大有骤雨来临之势。但有时是真的来临,有时却是只闻雷声不见雨点,即或有点雨粒,也是稀稀落落,扬起一些沙尘而已。有的学生通过观察发现一个有趣的现象,当乌云和闪电出现在东北方时,暴雨很难降临西彭,一旦出现在西南方向,那将是一场倾盆大雨。这样的观察很有意义,因发现新的现象而产生好奇心,从而激发强烈的探求欲望。这时,老师不能让学生只停留在观察到的现象。"我教给自己的学生观察自然界的具体现象,并且探寻因果联系。"要根据学生观察到的结果在课堂上鼓励学生深入探究,和教学内容结合起来,让学生学到与新课程相关的地理知识。

我们还应要求学生以课外作业的形式把观察的结果用文字记录下来,形成观察日记,并进行一些比较分析和概括综合,从而掌握一些规律性的东西,这是一种严谨求实的求学态度,对孩子未来的成长大有好处。当年竺可桢进行气象和物候研究,就长期从事野外考察等基础工作,坚持不懈地写了38年的观测日记,这些日记为他的研究提供了第一手宝贵的资料。

第三,要求学生收集、整理民间的特别是当地的有关气象物候的谚语、俗语。这些谚语、俗语,是人民群众千百年来生产实践活动中对自然现象的一种经验总结,通俗易懂,形象生动,又极富生活气息,能提高学生观察自然、了解自然的兴趣。如看云识天气的"天上钩钩云,地上雨淋淋""乌云接日头,半夜雨不愁"……看天象识天气的"天空灰布悬,大雨必连绵""天上拉海纤,下雨不过三"……看物象识天气的"喜鹊搭窝高,当年雨水涝""久雨闻鸟鸣,不久即转晴""喜鹊枝头叫,出门晴天报"……;关于物候节气的谚语如"清明忙种麦,谷雨种大田""芒种开了铲,夏至不纳棉"等,这些谚语、俗语增强了学生和大自然的亲近感,提高了学生走进大自然、探索大自然的兴趣,特别是对城市的学生来说,这些比抽象的数据更有吸引力,他们急于想走进大自然去验证这些谚语正确与否。当然,地域不同,时期不同,各地物候天象差别巨大,谚语、俗语所反映的气候状况只适合于极小的范围,不过这也可以让学生意识到气象在不同空间、不同时期存在着巨大的差异。

第四,课堂教学要紧密联系生活实际,把抽象的地理概念和数据形象化、具象化。我们要充分利用当地的地理资源进行生动的讲解和启发。我校地处丘陵,位于长江之滨,同时属于城乡结合部,具有城镇、乡村两种聚落类型,由于20世纪60年代三线建设,大量北方人迁居于此,使其生产生活呈现多样性,又具有鲜明的地域特征。课堂上结合这些实际情况,学生感同身受,加深了对知识的理解。其次,我们要善于用生活的例子来进行譬喻,比如地球的形状,公转和自转,大陆板块的漂移等知识,都可以找到生活中的实例来打比方。同样,在古代诗词中,也有许多与地理相关的妙趣的东西,如"北风卷地白草折,胡天八月即飞雪""人有悲欢离合,月有阴晴圆缺"等,这些诗句大多为学生熟知,课堂上引用这些诗句,可以活跃课堂气氛,激发学生探究的欲望。

第五,谈谈地理乡土教材的编写问题。编写地理乡土教材,可以充分体现地理源于生活,用于生活的宗旨。它的编写应遵循乡土性、地理性、可读性等原则。这不是一人之力可以办到的,要集合学校所有地理教师的力量,发动学生积极参与,还要征求生物、历史、语文等各科老师的意见。我们在查阅大量资料和进行实地考察的基础上,正着手编写《我家门前的地理》一书,现已完成"家乡概况""家乡的地形地貌""家乡的历史沿革和行政区划""家乡的城镇和村落"等章节,准备在3年之内编写完成,装订成册,作为校本教材发给学生阅读。

现在资讯发达,电视和网络都提供了大量的与地理相关的视频,画面精美,解说生动,知识性强。如国家地理频道提供的节目,BBC的《人类星球》《美丽的中国》,CCTV的鸿篇巨制《北纬30度》《舌尖上的中国》,记录大片《海洋》《帝企鹅日记》等给人以视觉的冲击和享受,具有较强知识性、趣味性,当然课堂上不可能整部放给学生观看,教师可以结合地理教学内容进行剪辑使之成为生动的地理音像教材。我们还向学校建议,利用学校局域网的服务器储备大量的此类视频,供教师和学生在课余下载和观看。培养学生观看这类纪录片的兴趣,使之成为日常生活的一部分。随着人们生活水平的提高,学生在寒暑假外出旅游也越来越多,教师要引导学生多从地理的角度去观察、体验当地的自然景观和人文风情。所谓"读万卷书,行万里路",我认为最适合地理学科的学习。一个曾经到云南、川西等地旅游过的人,他对海拔高度对气温的影响的理解一定比一个只在书本上了解到的人要深刻得多。

以上种种,其实都是各位老师能够想到的,但知易行难,我们在具体的教学活动中又往往被教材牵着鼻子走,难以从书本的桎梏中解脱出来。在重庆,地理不是中考科目,这无疑是初中地理教师的一大憾事,但同时也可以让地理教师于考点、考题中解放出来,进行更多的联系生活实际的教学改革和创新。"问渠哪得清如许,为有源头活水来",让我们在地理教学中多联系生活,把这一"活水"注入地理教学之中。

立德树人"三明"践行

参考文献

[1] 中华人民共和国教育部.初中地理课程标准[S].北京:人民教育出版社,2011.

[2] 苏霍姆林斯基.给教师的建议[M].2版.北京:教育科学出版社,1984.

[3] 张文革,周成林.重庆地理乡土教材编写原则与内容刍议[J].地理教育,2014(1~2):105-106.

关注学生生活,提高初中美术课堂品质

王　娜

初中美术课堂教学是一种从学生的现实生活出发,在小学学习生活的基础上,以提升他们的生活质量和生命价值为宗旨的特殊的生活实践过程。这个过程既是学生生存状态的积极展现,又是引导他们不断地超越从前,提升现有的生存状态,追求更有意义、更有价值、更为美好、更合人性的生活过程。换句话说,初中美术课堂教学是为学生的可持续发展而展开的。因此,关注学生的生活世界,联系学生的实际生活,将课堂教学赋予生活意义,这既是课堂教学改革的重要特征,也是生本思想的一种体现。为此,初中美术课堂教学必须关注学生的生活,打通课堂教学与现实生活世界之间的界限,激发他们学习的兴趣,改善他们当下的生存状态和生活质量,以此提升美术课堂的品质。下面是我的一些想法和做法,敬请同行指教。

一、生活化问题导入,引发学生体验的兴趣点

在徒手画校园一课中,我以一个贴近学生生活的问题导入:"老师要家访,同学们有什么金点子呢?"学生对这个问题很感兴趣,纷纷举手发言,最后,大家认为每位同学都给老师画一张路线图是最经济、便捷的方法。

每天,学生从家里来学校,又从学校回家里,这两点一线的道路学生十分熟悉,同时,画学生自己的家校生活,激发了学生学习的热情,因此,每位同学在画路线图时都非常高兴。

这种引入方式贴近生活,密切联系他们的生活实际和生活经验,让学生在课堂学习时学会观察生活、享受生活,引导学生学会成为学习的主人。

二、生活化题材引用，激发学生体验的兴奋点

虽然美术教学的内容受限于教材，但是作为美术教师，应该学会灵活应用教材。从表面上看，虽然美术教学的一些学习内容似乎离学生较远，不是他们生活中所关注的内容，但是，如果我们恰当地引用生活化教材，即把学生生活经验的素材与教材密切地联系起立，就可以让学生产生学习的兴奋点。这就是说，只要我们重视美术学习材料引用的生活化，就能够使美术教学融入生活。

1.让学生找出徒手画在生活中的应用

让学生从生活中寻找徒手画，让学生感受徒手画在现实生活中的应用，就能够让学生产生美术即生活的乐趣，同时会让学生产生学好徒手画的迫切愿望。

建筑设计图、装修设计图、服装设计图、物品使用说明图、语文插图、英语插图和几何图形等，都是学生常见的也必须学会的徒手画。

2.用好几何图形概括法表现生活物件

徒手画校园，而校园中有教学楼、树、汽车……，学生在绘画中会涉及构图和抓形的问题。徒手画中用几何图形概括法来抓形是很好的方法，也是学生容易理解的。以生活中常见的景物为例，比如用汽车和风景来说明几何图形概括法的具体应用，以此来激发他们学习的热情和兴奋点。

3.用好常见生活景物的透视现象

透视是一种表现空间的简明方法，同样大的物体，处于不同的位置和距离，看到的形状是不一样的。在生活中透视现象无处不在，学生在画校园里看到的楼台、树木、汽车……，都会涉及透视问题。如何让学生理解透视问题呢？又怎样让学生正确表达透视现象呢？要避免枯燥乏味的单一讲解。首先，让学生找一些生活中的透视图像，让学生先画出他们熟悉的物体，然后讲解透视分为平行透视和成角透视，进而结合实际生活，讲解视平线、地平线、视角和消失点等知识。

4.生活中的另一种视角——鸟瞰

生活中除了用透视法表现物体外，还有一种特殊的视角，就是鸟瞰。徒手画中表现物体空间形式的两种方法是透视和鸟瞰。

三、生活化作业布置，提升学生体验的延伸点

如果说课堂教学是学生获得知识的主阵地，那么学生的作业应该是学生的"助推器"，是学生成长的生长点。布置作业应该把知识学习与生活现实联系起来，让学生真正感受到生活化作业不仅是课堂教学的外延，而且是生活的外延。

徒手画这课内容的学生作业是：

（1）用徒手画方法画出校园鸟瞰平面示意图（让初一新生全面了解自己的新校园）。

（2）用透视法画出校园一景（让学生到校园找出自己觉得的最美一景，并把它画下来）。

通过本课的课堂教学，我感受到：第一，利用学生生活世界里的直接经验，是课堂教学得以顺利进行的基础，是学习书本知识的"消化酶"，具有"活化"知识、促进知识转化的作用。第二，美术教学只有关注学生生活，使学生在实际生活中得到学习兴趣的激发，教学效果才能事半功倍。如果在课堂教学中不关注学生的生活，缺少让学生对知识的探索和发现的过程体验，教学效果有可能事倍功半。因此，课堂教学必须以学生的现实生活为基础，才能打通书本世界与生活世界之间的界限，实现学生喜欢美术并融会贯通的效果，达到提高美术课堂教学质量的目的。

初中政治教学要有效，关键是让学生"动"起来

杨升凤

新课程实施十多年了，在教学和评价上做了很多探索改进，但是从总体上讲，教学里还存在一个痼疾，那就是学生学习还不主动，仍以"听""记"为主，基本上不是为自身发展，而是为考试而学，尤以初中思想品德课（即政治课）教学为甚。其实，《思想品德课程标准》已经说得很清楚，"思想品德课程是一门以初中学生生活为基础、以引导和促进初中学生思想品德发展为根本目的的综合性课程"，具有思想性、人文性、实践性和综合性。这就说明初中思想品德课程要实现育人功效，必须充分发挥学生的主动性，让学生真正有效地"动"起来。

一、让学生的脑动起来，敢思考，敢质疑

1.让学生积极思考、努力解决教材、教师提出的问题

初中学生好胜心强，敢于思考，对任何事情都想探个明白，通过思考讨论，能加深学生对观点的理解。学习"公民享有隐私权"时，我设计了一连串问题让学生思考："父母要我的 QQ 密码对不对，老师看我的日记该不该，父母、老师履行对子女、学生监护职责，了解我们的思想动态的正确途径是什么"等几个问题。恰当的"问题"能激起学生思维的浪花，使他们产生新奇感和探索感，使思维向新的广度和深度发展。当然，"问题"要提得准确，既有一定的难度，又能使学生感兴趣。在问题的设计上，要考虑不同学生的个性、心理特征的不同，从多角度设计，以激发学生主动表露思想。这样，学生在一段一段故事，一个一个问题的引导下思考、交流，达到心灵的碰撞、情感的升华，从而提高发现问题、分析问题和解决问题的能力。

2.鼓励学生大胆质疑、敢于提出有价值的问题

鼓励学生大胆质疑、敢于提出有价值的问题,这更为重要。爱因斯坦说过,"提出一个问题往往比解决一个问题更为重要,因为解决一个问题也许只是一个数学上或实验上的技巧问题。而提出新的问题、新的可能性,从新的角度看旧问题,却需要创造性的想象力,而且标志着科学的真正进步"。引导学生发现知识与知识之间的联系,提出更深层次的问题,对所学知识进行分析、比较、概括、抽象,是更有价值的学习。比如,人们通常认为"义务必须履行,权利可以放弃"是好品德的表现,可是权利,特别是法定权利真的可以放弃吗?学生通过讨论终于明白:法定的权利也是不可放弃的,因为它是严肃的法律规定,享受权利是守法的表现;个人因为特殊原因暂时不行使时,也不能因此违法。教师特别要注意,学生能自学弄懂的知识一定要留给学生自己去学习,学生有能力回答的问题一定留给学生自主思考作答,学生一时不容易回答的问题可以放给学生深入思考或合作探究。

二、让学生的口动起来,敢发表,敢探讨

1.鼓励学生敢于对学习中发现的问题陈述己见、展开讨论

实际上,学生准备发言的过程,也就是思考、运用、巩固、拓宽教材知识的过程。理论联系实际是思想品德课的最大特点。当今世界千变万化,学生生活在充满各种信息的社会里,适当引入一些社会热点问题能激发学生兴趣,有助于学习目标的有效达成。空间上尽量舍远求近,因为思想品德课教材选的例子都是些"常识性"的例子,有的不利于学生学习积极性的发挥,我们不妨多寻找一些身边的例子。思想上尽量避虚求实。如官员滥权贪腐问题、"我爸是李刚"现象、富二代飙车案、同命不同价、同工不同酬等,都可以适时适当引入课堂。对这些问题,学生希望老师解答,但又不希望老师讲大话、空话、套话。教学中,我一般先让学生说出阴暗的一面(出生权贵,羡富心理,产生危害);再让学生列举光明的一面(创造财富需靠诚实经营和合法劳动,社会上诚实的人是主流等)。这种真实的心灵撞击,很能激发学生对真善美的追求和对假丑恶的憎恶。

2.鼓励学生关注、思考、评议天下时政或社会热点

关注并评议时政热点,能培养学生自主认知社会的能力,对学生提高认识、开阔视野、树立正确价值观有重大意义。学生在平时的生活中,首先要通过听广

播、看电视、阅读报刊等途径来了解国内外大事,养成关心时事的习惯。其次对时事要结合所学知识作多层次、多角度、全方位的思考和分析,并习惯和老师、同学、朋友、伙伴或家人交流,其自主学习的能力和正确的价值导向必然能得到有效培育。

三、让学生的手动起来,会读书,会查阅

1.教学生习惯勾画批注撰写,能用心读书

初中思想品德课教材说理性强,但文字通俗,事例典型。一般来说,绝大多数学生都能看懂,能理解。但在多数时候,学生在课堂上是听得多,记得多,背得多,可他们并没有真正主动地读过书。思想品德教材还是应该让学生自己去读、去懂、去领会。不动笔墨不读书,动了笔墨才能有效读书。教师要鼓励学生勤做学习笔记,写预习提纲,编制试题,动手解答,以巩固知识、加深理解、学会运用。这个过程,更需要教师的切实指导。一是加强课前自主学习的指导。课前让学生自主或在教师指导下预习,学生就可以通过预习了解教材,然后带着问题走向课堂教学,就能提高学习的针对性和有效性。二是教学过程中,要有意识地安排一些便于学生自主学习的机会,增加学生动手、动口的机会,比如圈点勾画,比如批注联结,比如质疑辩论等。三是课后设计体现自主性的分层作业,如熟悉教材,理清知识要求,搜集与学习有关的资料,写学后反思,写小调查、小论文等。

2.教学生学会收集使用信息,能自主发现

教师要精心指导学生收集、整理和使用信息。一是引导学生明确收集资料的目的,收集资料须围绕教学目标进行,并在教学中将二者有机融合。比如有的章节需要大量具体、形象的图片、影像等资料丰富学生的认识,加深学生对教材的理解。二是引导学生采用科学的方法查阅资料,可以根据学生学习能力、家庭条件等适当分组,明确任务,采取小组合作或单独查阅,然后进行交流、分析、整理,形成学习资料。卡片摘录法、分类剪贴法,都是行之有效的好方法。三是让学生及时展示收集、整理资料的成果,变着法子提高学生的兴趣,比如抽出适当时间,组织故事会、辩论会,组织剪贴报、手抄报展览评比等,都能提升学生的兴趣和能力。

四、让学生的脚动起来，会调查，会实践

1.鼓励学生大胆调查实践

初中思想品德教材为印证说理而引用的实例，多数很典型但不够贴近实际。这就需要教师结合实际引导补充。新教材也有意识地安排了许多实地调查、主题实践的学习项目。这就需要教师引导学生把脚也开动起来，走进生活、走进自然、走进社会。笔者在《充满活力的经济制度》教学检测环节，布置的作业就是让学生了解父母所从事的工作，并利用双休日近距离地观察、体会，完成自制的教学用表（包括涉及的领域、所属的经济形式、有什么行业优势或不足等）。从反馈回来的表格中，笔者感受到大多数学生不仅很好地完成了学习任务，而且还对父母的辛劳有了深刻体会，流露出对父母深切的感恩之情。

2.引导学生学会调查实践

组织学生开展社会调查，也要讲究方法。首先，要在提高学生对调查对象有所了解和认知的基础上，划分小组，明确各自调查重点和范围。其次，引导学生制订合理的计划和提纲，形成一份详尽的工作安排。再次是社会调查分全面调查和非全面调查，初中学生思想品德学习主要采用比较节省时间与经费的非全面调查。我们在开展水葫芦的蔓延和危害情况调查时，采用的就是非全面调查。通过抽样调查，学生了解到的水葫芦在学校所在地区有关村、社的分布，再选取部分具有代表性的村、社为样本进行观察，并以这部分样本的特征值推算出水葫芦在本地区的整体情况。最后，学生通过网上查阅、请教生物教师，提出了比较恰当的整治建议，提交当地政府相关部门后得到充分肯定。

五、让学生的身心都动起来，多体验，多升华

思想品德课程的终极目标，是"促进初中学生道德品质、健康心理、法律意识和公民意识的进一步发展，形成乐观向上的生活态度，逐步树立正确的世界观、人生观、价值观"。这就需要教师在教学过程中，引导学生投入积极情感，注意充分体验，知、情、意、行有机融合，在潜移默化中实现学生树立正确的世界观、人生观、价值观的目标。教学《直面挫折》时，我组织学生结合身边的生活编排了一个情景剧：小民的生活最近遇到了很多麻烦：学习退步，心情不好，家里爸妈经常吵架。面对这种情况小民非常难受，也非常灰心，觉得生活毫无意义。剧中小民的种种遭遇

引起了很多学生的共鸣,生活中类似的小挫折很多,我们到底该怎么面对呢? 随着情景剧的深入,小民心态的调整,同学老师的积极帮助、父母的及时关注,终于让小民重新找回了往日的乐观、阳光。又比如我在教学《己所不欲勿施于人》一节时,把班级里两个男同学刚刚发生的一起打架事件搬到了课堂之上:本来平时很要好的两个男同学,在吃早饭时一方插队另一方不同意,引起口角,继而推搡,结果拔拳相向——而后让全班同学讨论事故的解决之法。其实类似的小摩擦、小冲突在平时的学校生活中经常发生,尤其是我们这样的寄宿制学校。这样的情景设置就非常真实,特别贴近学生生活,其后设置的问题也让学生有感而发、有话可说,对学生学会正常生活也非常有教育意义。

综上所述,初中思想品德教学只要真正落实了学生的主体地位,让他们主动学习、有效学习、创造性学习,教师再切实做好参与其中、引导兴致、讲授疑难、示范方法、点拨关键、评价激励这六大要务,那么,"教是为了不教""教是为促进学生终身可持续发展"的目标必将实现,初中思想品德课课堂就一定不再虚空、不再乏味、不再似有实无了。

数学课堂教学中如何实现"卓越课堂"的思考

杨　勇

数学"卓越课堂"是学生进行自主学习、自我展示的课堂,是学生每天进行最真实的没有彩排的"现场直播"的小舞台,也是学生学会思考、学会学习、学会生活,走向成功人生的大舞台。

一堂"卓越"的数学课,一定是以学生自主学习数学走在老师教授数学之前为首要条件;一定是以组织学生学习基础的数学知识和基本的数学能力为课堂本质;一定是以着力培养学生科学的数学思想和训练学生的逻辑思维能力为根本出发点;一定是以数学课堂的真实性去渲染它的生动性为主要形式;一定是以增强学生对学习数学的能力和兴趣为终极目标。

要达到数学课堂的"卓越",我认为应该做好以下几方面。

一、编写实用的、有价值的"导学案"

"导学案"是学生自主学习的主要素材,是激发学生思考的源泉,是学生进行课堂展示的"剧本"。因此,"导学案"编写得是否实用,是否符合本班学生特点,是否有价值,是一堂数学课能否达到"卓越"的先决条件。

编写"导学案"最重要的一点是看能否激发学生的思维,能否引起学生思考。它既不能因为所提的问题太简单而让学生无屑思考,又不能因为问题难度太大或跨越性太大而让学生无从思考。

编写"导学案"最需要注意的一点是不要将"导学案"编成了练习案。"导学案"的主要功能是导学,因此,不能让"导学案"成为学生的练习册,成为学生学习上的负担,应该从怎样指导学生自主学习上下功夫,使它成为学生自主学习不可或缺的材料,成为学生学习上的必需。

编写"导学案"最精彩的在于它能成为学生在数学课堂上展示自己学习成果的"剧本",它能将学生要掌握的知识、过手的技能、总结的规律、推广的方法、特殊的技巧等串联成一个个能激发学生思考从而学懂数学的问题,这些问题总能让学生在学习数学的过程中,感到意犹未尽。

二、留足时间和空间给学生进行行之有效的自主合作学习

没有"演员"对"剧本"的深入理解和学习,就没有"演员"的精彩"表演"。一堂有"品质"的数学课,必须给学生留足时间和空间进行行之有效的自主合作学习。

"导学案"应该至少提前一天发给学生,规定好学习任务,若在学校没有多余的时间安排学生自学,就以家庭作业的形式让学生完成自学,这一阶段的自学是每个学生独立自主的学习,称为"独学"。学生"独学"非常重要,没有学生自己独立的学习和思考,就没有学生交流的基础,这也是每个学生学习质量的重要保证。

学生"独学"完成以后,应该安排"一对一"互助学习,这种"一对一"互助学习主要是让一些学习困难的学生进一步完成自己学习中未能解决的问题,可以让全班每位学生的自主学习都能落到实处,行之有效。

在每节课堂展示之前,还要给学生安排3~5分钟的小组合作学习,这种学习由小组长组织,让学生对所学的内容做出初步的提炼和总结,统一方法和思路,讨论分歧。同时,每个小组还要准备好小组将要在课堂展示的内容和挑选课堂展示的人选。

三、课堂交给学生,精彩让学生去演绎

刚开始的时候,学生可能还不是很积极地展示,这就需要老师把展示的任务分配到每个小组,进行"课堂大比拼",由组长组织本组要展示的同学。老师要让组长在组织人选时,尽量让中差生上台展示,而且要尽量让更多的学生上台展示。同时,老师要对学生的台风,讲解时该站的位置,语速的快慢等进行一些必要的培训。

在展示的过程中,应该鼓励全体学生进行大量的点评、质疑和交流,可以让学生指出每个问题的关键点、易错点,还可以让学生进行辨析、举例说明等,也可以让下面的同学对展示的同学提问,甚至"刁难"展示的同学都可以。但一定要注意,不要偏离了数学课的本质,无论是辨析、提问,还是对展示同学的"刁难",都是要紧紧围绕提高学生的逻辑思维能力和掌握数学基础知识、基本技能为目的。

在展示的过程中,老师应该做到及时调控课堂。当学生的展示还不是很全面,或是没有达到老师预想的目标,或是课堂中有突发问题时,老师就要及时有效地

"追问",让每一位学生都能及时"恍然大悟";当学生争论激烈却又没有结果,或是学生太踊跃、太积极以至于影响到课堂进度时,老师有必要适当调控课堂,保证教学任务顺利完成。

总之,在课堂展示中,要实现学生与学生之间,学生与老师之间真实的思维碰撞,让学生在课堂学习中的真实性去渲染一节数学课的生动性,让课堂因为真实而生动,因为真实而精彩,而不是为了课堂的生动而去生动,为了课堂的精彩而去精彩。

四、精准的检测练习,是学生学好基础的数学知识和基本的数学能力的保证

每一小节数学知识学完以后,应该给学生安排适当的、有价值的练习,给学生强调必须独立完成,这不同于"导学案"可以讨论完成。通过对学生的练习的批阅,让老师了解到全班学生的学习情况,以便及时查漏补缺,反馈纠正。

每一章节学完以后,应该给学生安排单元的定时作业,定时作业应该以中考题型为标准,使学生能提高应试能力,同时也是对学生学习能力的又一次提升。

数学"卓越课堂"的以上步骤,还应该根据学生的具体情况和教学内容的改变而灵活处理。但无论怎样,数学"卓越课堂"都应该做到老师仅仅只是学生学习数学知识和能力的组织者与合作者,老师应该把课堂交给学生,把课堂的"精彩"由学生去演绎,不断挖掘学生的潜能,让学生学会学习,学会动脑、动手、动口,以提高学生的综合素质,为学生终身学习和实现人生梦想奠定基础。

整合历史教学资源　构建立体知识结构

张建成

历史教学资源十分丰富,在新课程背景下,历史学科教师更应该有效利用教学资源,整合教学资源,构建立体知识结构,帮助学生全方位、多角度掌握历史知识,激发学生学习历史的兴趣,加深对历史教学内容的理解,提高综合素质。

一、整合历史教材资源

在历史教学中,教师要在学生初步了解所学知识的基础上,引导学生合理加工和处理教材内容,建立知识网络,实现对历史知识的再认识。

1.整理归纳,建立横向知识网络

横向知识是指同一类别、同一水平以及相同事物不同方面的比较。比如同为开国之初的秦汉时期,对"秦朝的统一"和"汉武帝的文治武功"均可以进行教材整合,分别从思想、政治、经济、文化、军事等方面编织知识网络。

思想上,秦始皇"焚书坑儒",汉武帝"罢黜百家,独尊儒术";政治上,秦始皇改"王"为"皇帝",确立最高统治者的权威,并设置中央机构和地方郡县制,汉武帝则颁布推恩令,解决王国问题;经济上,秦始皇统一货币和度量衡,汉武帝将货币铸造和盐铁经营权收归国家;文化上,秦始皇统一文字,汉武帝兴办太学;军事上,秦始皇修筑长城防御匈奴,汉武帝打败匈奴设河西四郡。

对以上教材内容的整合,也可以制作图表格式,编织知识网络,对知识点进行重新排列,对教材信息进行加工重组,化复杂为简单,从而提高学生理解历史知识的能力。

2.分析比较,建立纵向知识网络

对历史教学内容,教师要引导学生探索历史发展的基本规律,按照时间的发展,朝代的更迭整合历史知识。每一个历史发展阶段,既有具体历史事实的"点",又有其发展基本线索的"线",教师要帮助学生将"点"连成"线",亦即是说,要指导学生从每一个朝代的开国,到兴盛,再到衰亡进行系统归纳,分析不同历史事件共同的发展规律,分析比较其相同点和不同点。比如从远古到战国,要梳理"劳动工具的变化"这一线索,把握古代人类社会所经历的旧石器时代、新石器时代、青铜器时代、铁器时代等知识内容。在教学"国家的产生",既要引导学生把握同为奴隶制国家的夏、商、周灭亡的共同原因,还要深入讲清分封制与郡县制的区别,通过对知识的梳理和分析比较,帮助学生掌握系统的知识。

二、整合其他学科资源

通常情况下,学科之间既有独立的知识体系,更有相互的内在联系,新课程改革要求教师打破传统教学内容单一的教学模式,实现知识与信息的多元化,而"符合公民理念的历史教学课程",则"需要尽可能地广泛吸纳人文学科领域的各种知识",因此在历史学科教学中,要加强与其他学科教学内容的整合,灵活运用相关学科知识或理论,拓宽学生视野,培养学生分析、比较、归纳的能力,加强与其他学科的相互渗透,实现与其他学科教材内容的交叉与融合,从而培养学生充分理解、综合应用历史知识的能力。

1.历史与政治的整合

《中国历史》七年级上册教材第二学习主题是"国家的产生和社会变革",如何让学生理解"国家的产生"？教材中"夏朝建立了军队,制定了刑罚"等寥寥数语,对于七年级学生来讲,他们是无法理解"国家"这一抽象概念的。因此,教师在教学中,可以联系思想品德课教材中"感受法律的尊严",要向学生介绍"夏有乱政,而作禹刑",让学生了解中国从夏朝算起有 4 000 多年的法治文明的历史,了解秦朝奉行法家学说,以严法为治的历史,增强学生对法律尊严的敬畏。其他教学内容亦是如此,比如讲春秋五霸之越王勾践,讲司马迁,可以结合七年级思想品德课之"人生当自强""让挫折丰富我们的人生""为坚强喝彩";讲中国古代文化,可以结合九年级思想品德课"中华文化与民族精神"。

2.历史与地理的整合

历史学科知识不论是历史人物、历史事件还是任何历史现象,都具有时间和空间的具体性,因此,从某种程度上讲,学好历史,必须借助地理学科为工具,在历史教学中,结合地理知识进行讲解,可以让学生在头脑中形成历史事件的时空概念,从而准确把握教材内容,加深学生对历史知识的理解。如何理解"南方的初步开发"这一教学内容,则需要借助地理知识,介绍北方少数民族的居住环境,讲清楚自然环境对他们的生产、生活、风俗习惯的影响,那么,学生对民族文化的差异,政治中心和经济重心的转移,人口迁徙的气候环境等就自然容易理解了。

3.历史与科学及艺术的整合

历史是人类社会的全部实践活动,历史知识包罗万象,丰富多彩,自然界和人类社会一切事物发生和发展的过程,都是历史学研究的对象。马克思曾说:"我们仅仅知道一门唯一的科学,即历史科学。"现代著名文学家王蒙也曾说过:"一切学科都是历史学科的分支。"历史教学,离不开介绍文化的发展,不论是学术思想、文学艺术,还是科学技术乃至宗教信仰,都是历史教学的重要组成部分,因此,历史知识是综合性的学科知识。

三、整合课外活动资源

随着教学改革的不断深化,历史学科教学内容要更多地联系生活,联系社会,开展课外活动。教师要指导学生积极参加综合性学习活动,拓宽历史学科学习的途径。

1.搜集课外资源

历史教师要注意指导学生搜集课外资源,增强学生在课外生活中学习历史的意识,实现课堂教学内容的延伸与拓展。首先,个人、家庭、社会、自然、媒体等课程资源,包括报刊、电影、电视、广播、网络,图书馆、博物馆、纪念馆、展览馆,文物古迹、风俗民情,国内国际的重大时事、重要事件,学生家庭生活,都能够融入历史教学中。其次,网络媒体也应该成为学生学习历史知识的重要载体,因为它具有巨大的知识覆盖面和无穷的信息传输量,是巨大的资源宝库。网络资源提供了大量的专业知识、背景知识、历史文献及最新学术成果,这些资料对于中学生来讲,能够加深他们对相关历史知识的理解,拓宽知识面,要指导学生对这些资源进行组合,使之具有系统性。

2.开展视听活动

历史教学要积极拓展学生学习方式,组织学生观看"品三国"和"百家讲坛",通过快餐文化帮助学生了解历史;组织学生开展史书阅读活动,指导学生阅读《史记》《资治通鉴》《二十四史》《上下五千年》等。教师在指导学生阅读历史著作的过程中,若存在文言文阅读的障碍问题,可以选择阅读历史著作的译本,以加深对历史知识的理解。

3.组织专题学习

历史教学的目的是教会学生理解历史和运用知识,知识的价值在很大程度上取决于实效性和实用性,也就是要把知识运用于具体问题的解决,并在解决问题的实际过程中对知识加以检验。教师要通过历史教学,帮助学生正确认识现实社会和现实生活,而专题学习活动是有效途径之一。在教学中,结合重大节日、旅游文化、国内外新近发生的重大事件开展专题学习,教会学生运用所学知识科学分析历史现象,学会观察和思考现实社会。比如在完成秦始皇修筑长城的教学内容时,可以开展长城文化专题学习活动,充分调动学生的积极性,广泛收集有关长城的建筑艺术、民间故事、古老传说、成语谚语、民歌民谣、诗词文章。

综上所述,历史教学中应多方面整合教学资源,合理、机动地运用教材,开展历史学科综合性学习活动,加强对学生的学习指导,构建立体知识结构,教给学生获取历史知识和提高学习能力的金钥匙。

参考文献

[1] 赵亚夫.学校历史课程的公民教育追求[J].全球教育展望,2009,38(4):71-75.
[2] 叶小兵,姬秉新,李稚勇.历史教育学[M].北京:高等教育出版社,2004.

动静结合才相宜

童 维

走进新课改后的初中英语课堂,我们会发现,几乎所有的英语课堂上学生都比以前说得多了,学生大量地进行各种类型的表演 show,笑声不断,掌声不断,气氛确实活跃。评价课堂是否有效的标准之一也是能否让学生"动起来"。因此,老师就想方设法调动学生的积极性,设计出许多新颖的方式,比如加分,送礼物,PK time 等,吸引每一个学生都去争取发言的机会,争取表演的机会。但是,如果整节课都让学生在表演中度过,学生真正学到了些什么呢? 喧闹过后留给学生的又有些什么呢? 因此,我认为,在课堂上适时让学生静下来,想清楚,动动手,写一写,对更好地巩固并运用所学的知识也是必不可少的。只有让学生很好地将"动起来"和"静下来"结合起来,我们才能培养出更多的既基础知识扎实又具有自主学习能力的学生来。

一、动起来

(1)对于英语教学而言,教材给我们提供了大量的素材,很多内容都与学生的现实生活贴近。老师的任务之一就是要仔细分析教材,根据教学目标和学生的实际情况以及素材设计适合学生动起来的环节,要让学生的表演具有实际意义。该动的地方才动,没有必要每一个步骤都是以学生的表演展示来进行。我们应该做到的是:让表演展示为学生的能力提升服务,而不是为了表演而表演,为了展示而展示。

(2)喧闹的英语课堂让性格外向好表现的学生出尽风头。然而,老师关注过那些角落里迷茫的眼睛、紧闭的嘴唇吗? 每一个孩子都有上进心,他们也想享受成功的喜悦。但是,对于接受能力较慢的学生而言,我们给过他们多少机会呢? 我想,对待这些同学,老师更要多加注意,多用鼓励的眼神看看这些同学的表情,只要发现这些同学有举手的迹象就一定要给他们机会,因为时间关系不能展示到的,也可以用口头来表扬一下,这样他们就会有足够的信心在下一步的活动中动起来了。同时在我们的小组学习中,要借助集体的力量来帮助他们,不管是什么样的任务,每一个小组成员都必须参与,如此一来,我们的课堂就会由一部分学生动起来慢慢变为全部动起来了。

(3)让学生在课下比在课上"动"得更活跃。学生在课堂上通过 pair work, group work,chant,enjoy songs and shows 等各种练习形式动起来,极大地提高了学生对英语学习的积极性,以及学生的口头表达能力,但这还远远不够。我们还应该要求学生在课下要动起来,甚至比在课堂上更活跃一些。比如,在单词记忆这个问题上,课堂上的展示往往侧重于对读音的检查,学生在模仿录音后形成的仅仅是声音的印象。这就要求学生在课后动起来,积极地去完成对单词的拼写、用法等方面的记忆和运用要求。

二、静下来

(1)我们在讨论展示课、公开课时,都会谈到一个重要问题:这一堂课下来,学生真正掌握了多少技能,学会了哪些知识,对这些知识能够进行灵活运用吗? 也就是通常所说的教学效果怎么样或者课堂是否真正有效。而要达成高效,只靠课堂上那些热闹的场面是不够的,让学生适当的"静下来","静"才能心定,才会具备思考的根本。养成良好的思维品质,让学生的思维形成一个螺旋形的上升方式,这将是我们交给学生的最宝贵的财富。因此,让学生在课堂上静下来是非常有必要的。

(2)怎样才能让学生在课堂上静下来?

①精心设置问题。一个好的问题能激发学生的思维,能让学生进入"思"的境界,学生一旦进入"思"的境界,课堂便会安静下来,便能让孩子们进行"自我的收获"。有的老师为了活跃课堂上的气氛,设置的问题琐碎而随意,或者浮于表面,看似学生答声不断,教学过程流畅顺利,实则学生的思维深度不够,得不到有效的训练。余应潮先生主张"主问题",我们不妨试试,以主问题为线索,串起一朵朵思维的浪花,串起我们的英语课堂。

②留足思考时间。学生面对问题都会有一个思考的过程。教师要有意识地提醒学生思考问题要周全,这样的强调会让学生养成良好的思考习惯,能提高学生的思维品质。要达成这样的目的和效果,需要留给学生足够的思考时间。适当"冷场",同时也给那些思维速度稍慢的学生以较充分的空间,让他们有更大的可能来

177

更好地展示自己。

③让学生动笔。老师经常有这样的感慨:学生背诵了很多的课文、例句等,也能恰当地用口语表达,但就是一写就错,连简单的词组都表达不来,更不用说篇章了。出现这个问题的原因就在于学生对所学知识没有落到实处。因此,给学生一定的时间,让学生安静下来思考,把思考的过程与结果以书面形式呈现,这样才能给学生以深刻的印象。让学生动笔写出来的东西可以是形式多样的,从单词到词组到句子再到文段,都是可以在课堂上让学生静静思考后呈现出来的东西。

好的英语课堂,除了给学生动起来的兴奋,还要为学生提供静下来的空间,让他们在动中静,静中动,动静结合,边学边思,边思边长,如此才能让我们的英语课堂真正地高效起来。

明志篇

——志向决定人的发展，理想是人类最宝贵的财富

明志说

明志就是有明确的理想,有教育的梦。明志在学校教育中,就是个体的自我实现,就是人体验快乐的高峰。古人言:三军可夺帅而不可夺其志,更有说:有志者事竟成。

明志对于现代教育的发展有十分重要的教育意义,可以说是最具特色教育的一个必要选择。明志说起来也有四个方面的内容:一是表明心志,确立人的发展目标。古人很重视人生志向的确立,志存高远,就会自我激励,奋发向上,有所成就。二是有志才能潜心向学,才可能进入宁静而志远的学习状态,人生规划课程就是要对于学生进行明志的教育。三是明志才能聚焦,才可能进入高峰体验,才有追梦的勇气之原。四是明志可以让学习有生活成就的幸福感,成为一个人成长的最佳的比较。俗话说:没有比较,也就没有区别,没有区别,也就不可能产生一个人追求卓越与优秀的动机。

西彭一中将明志作为学校特色之一,有3个主要原因:一是校长与教师有教育的远大志向,由此教育学生也就会从志向上引领学生树立远大的人生理想,创造出跳绳运动的吉尼斯纪录。二是明志表明学校需要确定好办学的远景目标,需要开展好丰富多彩的学生体验式活动,让每一个学生的生活与学习都能有比较。三是作为人的志向要与时俱进,在不同的时代体现出不同的时代特征,为此才有学校近年来重视创新科技活动,强调学生健全人格发展的变化。

总之,学校三明办学,三明育人,三明导向,三明特色,都落实到了立德树人根本任务的完成之中。

一辈子的坚守

——《第56号教室的奇迹》读后感

陈长红

雷夫，一个普普通通的小学老师，20多年如一日，坚守在第56号教室辛勤耕耘，创造出了奇迹，他让他的56号教室变得无比开阔，变成一个任由孩子们自由舒展，健康成长的乐园。对于他的成功，人们认为他有着对教育和学生信徒般的坚持、父亲般的亲切、哲人的敏锐、专家的自信、战士的勇敢、一颗赤热的心，他拥有智慧，拥有力量……其实在我看来，他能创造出这样一个奇迹，最重要的一点是坚守，是有热情地坚守了一辈子。

作为教师这个职业，我们要的不是3分钟的热情，要的是一辈子的坚守。只要你站在这个讲台上，就要充满热情地教育学生。一天、一周、一月……直到你离开三尺讲台。也许有老师还记得，在第一天站上三尺讲台时，我们都曾对自己说：我要用我的热情去教育每一位学生，要有耐心，要宽容，要……在时间的流逝中，不知道我们有没有回过头看我们走过的路，自己是否还是那样充满激情？自己是否一直坚守了自己最初的教育梦想？自己是否依然坚守着？面对学生那双清澈的眼睛，我们能坦然相对吗？

至少说我不能！

班上学生参差不齐，生活在不同环境，养成的习惯也不一样，有些东西已是根深蒂固，想改变他们真的非一日之寒。每当接到初一新生时，我也是充满激情，耐心地教育，不愿放弃任何一个学生，相信每一个学生都有他的闪光点，多看优点。可时间久了，倦怠了，累了，昔日的热情也消散殆尽了。变得简单、粗暴，甚至让学生害怕了。看到学生一见到自己就急忙收起灿烂的笑容，变得小心翼翼，我的内心也被深深刺痛了，这不是我想要的答案！

　　回顾自己第一天登上讲台时的誓言，回顾自己第一次与学生见面时的情景，回顾自己这一路，发现自己不知何时已经偏离了航道，已经远离了热情，远离了坚守。记得毛主席说过这样一句话：做一件好事容易，难的是做一辈子好事。做老师的也一样，坚持几天、几个月容易，难的是坚守一辈子。雷夫在《自序》里说道："将近1/4个世纪的时间，我几乎都待在洛杉矶市中心一间会漏水的小教室里。""一年48周、每周6天、每天将近12小时的时间……"这就是雷夫，一个普通的教育者，一个教育的热爱者，一个教育的忠实坚守者。

　　为人父母、师长的我们，总是对孩子们发火，往往也气得很有理由。然而，遇到学生不懂的时候，绝对不该感到沮丧。我们应该用积极的态度与耐心来面对问题，打造出立即、持久，而且凌驾于恐惧之上的信任。

　　雷夫在书中写道：我有问必答。你提出的问题以前有没有人问过不重要，我是否觉得疲累也不重要。我必须让孩子们看见我热切希望他们理解，就算他们听不懂，我也不以为意。在一次访问中，一位学生艾伦告诉记者："我去年问老师一个问题，结果她火冒三丈地对我说：我不是已经讲过了？你根本没在听！可是我有听呀！就是听不懂嘛！雷夫老师会讲解500遍，一直到我听懂为止。"500遍！我们恐怕无法想象，不要说500遍，就是向一个学生重复50遍我们可能都不会做到。面对这种学生，我们唯一选择的就是放弃，因为我们累了，因为我们付出了心血没有收获。可雷夫没有，他与我们关注的焦点不一样。我们更多的是关注学生是否会做这道题，是否记住了这点知识。而雷夫关注的不是学生懂没懂这个问题，而是让学生感受到老师没有放弃他们，感受到老师的热情，让学生对老师一直充满信任，让学生依然能积极地思考问题、提出问题。这就是雷夫，一个有足够耐心的老师，一个让学生充分信任的老师，一个关注学生长远发展的老师。

　　在书里，雷夫还坚守着很多很多，坚守着养成学生忠实阅读、写作的兴趣，坚守着让学生坚信世界真美好的信念，坚守着培养学生成为艺术爱好者的责任，坚守着让学生在经济学、摇滚乐的世界里探索，坚守着让学生做行万里路的实践者……

　　他所有的坚守，其实就是坚守了教育的原则。作为一个老师，要时常问问自己：

　　一问自己：是否坚守住了要做一个人本型的教师的教育理想？教师要真正以"生"为本，心存一份忧思和一份情怀，不断反思：我们的所作所为是否是从学生实际需要出发。无论时代怎么变，但是教育对人的关怀、对生命的尊重的本质永远不变。雷夫做到了，他的耐心、他的热情，就源于对每一个生命的尊重，而不是看今天成绩的高低。他关注学生明天将怎么样，将来会怎么样？这样的教师才是目光远

大的,对社会和民族有着忧思和情怀的,才是真正称职和优秀的教育者。

二问自己:是否坚守住了要做一个务实型、专家型的教师的教育理想,多一点书卷气?今天我们在进行书香校园的建设,要求老师也要多读书,要为学生创造一个读书的好环境、好氛围,我们很多老师还把读书当成一种负担,对于学生的阅读也没有在意。但雷夫注意到了,他带领着学生遨游在书籍的海洋,写读书心得、看经典电影、表演莎士比亚的戏剧……我想雷夫不是在培养作家、演员,是在让他们和世界接轨,因为他认为:阅读是生活的基石,是和世界接轨的方式。

三问自己:是否坚守住了要做一个特色型的教师的教育梦想?做特色教师一定要把自己的"特色"建立在教学实践之上并且与学生的成长结合起来。教育是一个"双成长"的过程,教师在让学生成长发展的同时,也让自己获得成长与发展,但归根到底教师的职责是发展与提高学生。"特色教师"并非为"特色"而"特色",而是为了学生的全面发展而发挥自己的"特色"。只有这样,在成就学生的同时,也成就了教师自己。雷夫用技巧和充满能量的教育,成就了很多学生,同时,也成就了他自己。因为他就是一个对教育忠实又热情的坚守者。

教育,就是需要大家的一份坚守,一份忠实的坚守,一份忠实而又热情的坚守,还是一辈子忠实而又热情的坚守。这就是这本书带给我的最真切的感受。

智慧拨动情弦　快乐启迪心灵
——读《教育究竟是什么?》,做一个快乐的教育者
董　华

有人说,教师就是教孩子唱唱跳跳,没什么了不起;有人说,教育就是为教孩子们多学点书本知识,高考时考个好学校;也有人说,素质教育就是给孩子多看书、多上各种兴趣班。

果真是这样吗?

前不久,我有幸阅读了《教育究竟是什么?》。书中对古今中外 100 位最重要思想家的教育观进行了全景展示,从不同视角讨论了教育的真谛,启迪着读者更加深入地理解"教育"这一人类化的永恒主题。这其中,英国社会学家斯宾塞的教育观给我留下了深刻的印象。

很多科学家与教育学家称斯宾塞为人类历史上的第二个牛顿;哈佛大学校长称他为一位真正的教育先锋,他的思想值得每一位家长和教师聆听。斯宾塞的教育核心理念主要包括以下几个方面:一是提倡科学教育,反对古典主义教育;二是提倡自主教育,反对灌输式教育;三是提倡快乐和兴趣教育,反对无视学生身心发展规律的教育。他告诉我们,作为教育者(包括父母),一定要努力成为一个快乐的教育者,因为教育的目的是让孩子成为一个快乐的人,所以教育的手段和方法也应该是快乐的。他建议不要在自己情绪很糟时教育孩子,这样容易将自己的情绪发泄到孩子身上,相反当孩子情绪很糟时,也不要开始教育或强迫他学习什么,因为这样效果会很差,而误认为孩子的天赋很差;还要努力变成一个快乐、乐观的人,这样就会看见孩子的许多优点,形成快乐、鼓励的氛围,让孩子有成就感和实现感。

一、做一个快乐教育者，心理健全的教育者

在这里，我要分享的是令我最难忘的一幕，我曾经参加一个教育心理学的培训，胡朝兵教授通过"大风吹""数字抱团分组""五个信息作介绍""出去认识更多人"以及"分享"这样几个活动，体验人际交往的过程，提升人际交往能力。为我们带来的活动体验课，让我深深懂得通过团体活动，可以提高团队人际交往与沟通能力，建立规则，和谐团队，进而提高其团队意识和凝聚力。从"沟通习惯""聆听能力"以及"行动力"三个方面体验人际沟通中需要注意的方面，让我和大家切身体验交往中重要的习惯和非语言信息的重要性，由此深化人际沟通的重要理念和方式方法。这正是我要运用在我现在的教育生涯上的一堂再深刻不过的课了。

二、做一个快乐的教育者，促进学生健康成长

如果教育者是一个积极、乐观、快乐的人，在教育的过程中这种情绪就会不知不觉地传递给学生，感染学生，同时，教育者看到的更多的是学生的优点，也会催生更加快乐的情绪，形成一个良性循环。也可能有的人成不了乐观派，再说乐观派也有情绪的低潮时期，那也不要紧，教学活动是师生双向互动的过程。心理素质良好的教师，会凭借自己的语言、行为和情绪，潜移默化地感染学生，促使学生积极主动地投入学习；学生在教师的感召下，会表现出强烈的求知欲，体验到愉悦、满足的情感，并流露出对教师的尊敬和爱戴。要努力克服不良情绪的困扰，在不断提高知识素养的基础上，培养自信乐观、豁达开朗的健康心理。只有这样才能充分发掘自己的潜能，发挥自己的才干，促进学生的健康成长。

三、用智慧拨动爱的心弦，才能成为快乐的教育者

教师是学校心理健康教育的推行者、具体实施者，一个成功的教师，除了要有渊博的学识和优良的教学技能，还要有健全的人格和高尚的品德。通过学习，我知道了教师要善于做好自身的心理调节及保健工作，了解自我，辩证地看待自己的优缺点。

（一）关心学生身心健康，促进学生全面发展

要对学生全面负责，不仅要关心学生的课业学习，而且要引导他们开展有益的科技和文化活动，及社会实践活动。以培养他们的劳动观念和为人民服务的思想，养成良好习惯，增加社会知识，掌握一定的生产知识和技能，增长实际才干。

应该去尊重他们的人格和生理差异,对他们进行"因材施教"并以此作为杠杆,把人类社会生活、交往的基本规范传递给学生,才能让他们更好地适应社会和融入社会,"学会做人,学会生活"。

(二)用快乐启迪心灵

把学生当朋友,如在班会课或课外活动时,不时地和学生聊聊天、说说悄悄话,和他们交心、谈心,当老师有不懂的地方也向他们请教时,学生们真的也很开心,这样一来,在课余时间学生和班主任相处就不觉得有拘束。不要因为自己是班主任,事事处处讲究"师道尊严","规训"学生,"命令"学生。班主任承载着"伙伴"功能。教会学生正确认识自己,了解他人,树立人人平等价值,懂得班集体生存价值,教会学生肯定别人、尊重别人、欣赏别人。班主任要以爱为核心,教会学生相互关爱、相互帮助、相互体谅、相互支持和平等共处,做到了这一点,皆大欢喜。

(三)快乐管理班级,收获融洽气氛

每天面对几十个学生,听话的、调皮的、打架的、不完成作业的、逃学的、和老师顶嘴的,应有尽有。如果你每天都带着一股怨气和"恨铁不成钢"的急躁心理,动辄苦口婆心地教育或是急风暴雨地批评,你就无法从工作中寻找快乐的源泉。在班级管理中,我善于发现孩子的闪光点,根据他们的年龄特点和心理特点,实施快乐教育,对孩子多一分宽容,少一分苛责;多一些理解,少一些隔阂;多一点幽默,少一点严厉,创设和谐温馨的集体氛围,让学生轻松愉悦地接受教育。

四、当好学生心理健康成长的守护者,成为一个快乐的教育者

教师面对的教育对象是青少年,他们正处于一生中成长发展的关键时期,特别需要教育和引导,他的特殊身份使他容易成为青少年学校生活中的主要依靠对象,成为影响学生的"重要他人",做学生学习、生活、心灵的导师,做学生全面和谐发展的引路人,做学生健康成长的守护者。这样的教师对班级全体学生负责,不准歧视其中的任何一个。

回想学习这本书的内容,我收获颇丰,我别无他求,只求用一颗平常的心去对待每一位学生,用智慧拨动情弦,用快乐启迪心灵,做一个心态阳光的教师,为学生撑起一片自由翱翔的蓝天。

浅论如何做好后进生的转变工作①

何　勤

当前,学校面临严峻的挑战,在经济繁荣、社会飞速发展的今天,少数学生受社会不良风气的影响,厌倦读书、调皮捣蛋、和教师对立、同学之间不团结、对家庭冷漠、甚至逃学、打架斗殴等。我们常常把这类学生视为后进生。作为人类灵魂的工程师,怎样才能转化他们,使其健康成长。我认为,教师应走入他们的心灵,让师生情感得以交融是行之效的办法。

一、辩证地认识后进生

后进生并不是生来就落后,他们与优等生同样也有一颗天真无邪活泼向上的童心,有着自己的美好理想。后进生之所以成为后进生,是由于主客观的诸多因素所致,就是他们成为了后进生,同样不乏迎头赶上的良好愿望。捷克教育家夸美纽斯曾精辟地指出:"只要没有完全毁坏,每个人都是可以成为一个人的。"从情感教学的角度讲,学生也是有血有肉的人,各有各的思想感情,这也是与作为物的劳动对象完全不同的。在教师的心理上,不仅仅把学生作为一种认识对象,而且必然会与学生建立起其他心理联系,而各种心理联系又是双向的,教师对学生产生某种感情,学生也会产生感情。学生是一个具有思想感情的个体,就意味着他具有自身独立的人格。他有自己的愿望,需要与尊严,这一切都应该得到正当的满足与尊重。由于青少年各方面发展不够成熟,取得成人的教育和关怀就成为他们发展中的必然需要。只有认识到这一点,才能以一种培养的观点去对待学生。古今中外的许多大发明家、科学家,最初也是后进生。爱迪生小时候被人称为"低能儿",他少年

---

① 本文曾获得九龙坡区优秀论文。

时代顽皮,甚至有些傻气,学习成绩也老是倒数第一,进校三个月就被学校开除了,可后来他奋发图强,一生获得了两千多项发明专利。数学家华罗庚,中学时成绩并不好,后来,他却为我国数学领域的研究填补了多项空白,而且达到甚至超过了世界先进水平。作为教师,不应该因学生暂时落后,就视为"无可救药",更不应该动辄训斥,惩罚或者气馁,丧失信心而放弃对他们的教育帮助。要坚信每个这样的学生都有自己的闪光点,都有获得成功的可能。每个教育工作者都应该树立这样的教育观念:"天生其人必有才,天生其才必有用","人人有才,人无全才,扬长避短,人人成才",针对参差不齐的学生,允许落后,鼓励冒尖。

二、爱心是转变后进生的动力

心理学研究表明:人们交往的稀密,互相关系的亲疏,都受情感差距的支配。情感距离越小,人们的接近程度越大,机会越多;反之则接近的可能越小,机会越少。师生间的情感是指教育教学中情感、情绪、情操、兴趣和动机等的统称。在教育教学活动中,师生间不仅有认知方面的信息交流,而且有情感方面的信息交流。因此,教育教学活动是一种知情交融的复杂状态。根据上海师范大学卢家楣教授的研究结果表明:情感的功能具有动力、强化、调节、信号、感染、迁移、疏导和保健等功能。如何发挥情感的功能,必将直接关系到教育教学质量和效益。事实上,在教育教学活动中有许多教师存在教育的情感性缺失,这与他们在教育学生时缺乏情感设计直接相关。教育学生是一门非常强调人文性和艺术性的艺术,特别要关注情感活动和情感设计。在后进生的转变工作中,师生间更需要建立一种和谐融洽的以情感为纽带的良好关系。教育者可能要考虑的是怎样最有效地发挥形式多样的情感教育功能,而不是随心所欲简单粗暴空洞说教的方式方法。同时施教者要注意教育心理卫生。有些教师不仅不能对学生进行有效的心理教育和指导,反而滥施心理惩罚,伤害学生的情感发展,其结果是可想而知的。

爱心正是以上情感功能的具体表现。无数的成功经验证明,越是后进生,越要为之付出更多的爱心。教育家们认为:"凡是缺乏教师之爱的地方,无论学生的品格还是智慧都不能充分自由地发展。"可以说,在教育工作中,爱就是教育的技巧。陶行知先生要求教师要做到"爱满天下"。我国近代教育家夏丏尊说过:"教育之不能没有爱,犹如池塘之不能没有水。"要知道一分严格之水,要掺上九分感情之爱,才能融出教育的甘露。这充分说明师爱是学生成长和进步的动力之源。对教师来说,一个学生就是一个丰富的、复杂的世界,教师要想走入学生的心灵,首先就要关心他们,学生是否听教师的话,很大程度上取决于对教师的情感,对这个教师

是否喜欢,一个不管知识多么渊博的教师,学生不喜欢你就反感你对他们的教育,特别是差生更是如此。当学生离开父母,走进学校,来到教师身边,作为教师,我们应该主动、热情、耐心地从学习、生活上关心帮助学生,特别是"双差生""贫困生""弱智生",更需要关心、爱护、支持和帮助。而不是歧视他们,放弃他们,应与他们进行思想感情的沟通,亲密的接触差生,设身处地地替他们着想,做他们学习上的良师,生活中的益友。只有这样才能探知学生的内心世界,从而了解他们,找出他们差的症结,"对症下药"进行教育,使"差"生变成"优","穷"生变成"富","弱"生变成"强",达到教育的目的。师爱的力量是无穷的,没有教师之爱,就没有成功的教育,教师之爱应该是一种凌驾于一切爱心之上的最高尚最纯洁的爱。只要学生沐浴在这种浓浓的爱之中,就不惜塑造不出健康的奋进的高尚的有过硬本领的国家需要的人才。

三、增强后进生的自尊自信,激励进取

差生特别缺乏自尊自信的心理品质,在学习生活中缺乏动力,由于他们往往因成绩不好,缺乏良好的行为习惯,在班上也不讨同学喜欢,于是更加缺乏自信,往往存在破罐子破摔的错误思想。教师要激发差生的动力,就必须培养和增强其自尊自信的心理品质,而把握激励非常重要。"数子十过,不如奖子一长",明代王守仁指出:"今教童子,必使其趋向鼓舞,心中喜悦,则其进不能已"就指出了激励对优化心理状态,强化学习动机的巨大作用。第斯多惠也说,教育艺术不在于授人本领,更在于激励、唤醒和鼓舞。激励教育作为一种能培养学生自信心,激发学生创造力的教育方法,正被学生、家长引进到教育行为里来。激励的直接目的是培养学生的自信心,而自信心总是和不断的成功连在一起,因此,激励的最佳时机是学生获得成功的时候,这就需要我们带着欣赏的眼光去捕捉这种时机,使后进生产生成就感。在学习活动中对他们的成功要及时表扬、鼓励,以引起愉快的情绪。而对他们的失败老师当然要指出,要批评,以引起他们苦闷的情绪。但是研究表明,一次批评和一次表扬,对加强学习动机同样有效,而继续使用批评表扬,前者的效果不如后者。因此,对后进生要多用表扬,少用批评,更要善于发现其闪光点,抓住其点滴进步予以表扬,激发他们创造的信心和勇气。成功就是多方面的,激励的角度就要多样化。绝不能仅仅注意学习成绩,不要使学生感到成功唯有来自学业的优秀,教师要善于发现后进生学业之外的又实实在在存在他们身上的优点和特长,正面诱导,多给予后进生克服各种困难,消除自卑和情绪低落的心理支援。原因很简单,因为需要激励的对象大多是学习上有困难的学生,如果仅仅从学习上激励,恰

好增加他们的失败感。苏联教育家霍姆林斯基从不给学生打不及格分。这启示我们不能用一把尺子衡量所有学生,特别是后进生,而是提供机会,积极创造条件,体验成功,激发起学生热情。教师要从后进生的长处和优势着眼,尽量去发掘他们身上存在的优点,比如有的后进生聪明、爱劳动、乐于助人等,以及课外活动、小制作活动等,让后进生积极参与这些活动,对他们取得的成绩应给予以适当的鼓励和表扬,使他们也认识到自己的优点,从而树立信心,激发进取精神,同时也使他们在活动中感受到班集体的温暖,也培养了他们团结无私的品质,使他们的心灵得到净化。

四、通过各种途径培养学生的学习兴趣激发其内在潜力的发挥

现代心理学揭示了人类情感具有动力功能,它对人类实践活动具有增力和减力的功能。情感不仅是伴随人类实践活动所产生的一种体验,而且对人类行为动力直接施以巨大的影响。

我们知道,学习动机中最现实、最活跃的成分是认识兴趣,也叫求知欲。认识兴趣是力求认识世界、渴望获得文化科学知识不断探求真理而带有情绪色彩的意向活动。许多科学家取得伟大成就的原因之一,就在于具有浓厚的认识兴趣和强烈的求知欲。生物学家达尔文在自传中说:"就我记得我在学校时期的性格来说,其中对我后来发生影响的,就是我有强烈而多样的兴趣,沉溺于自己感兴趣的东西,深喜了解任何复杂的问题和事物。"学生对某种学习产生兴趣时,他总是积极主动而且心情愉快地进行学习,不觉得学习是一种沉重的负担。在平时的教育教学中,常常发现学习成绩差的学生往往将读书视为一件非常苦的事,厌学情绪特别严重,认为在校学习为"笼中鸟",他们往往表现为上课打瞌睡、不完成作业,甚至逃学。这种厌学情绪的原因就在于缺乏学习兴趣。

作为教师,我们应该多在调动学生的学习兴趣和学习积极性上下功夫。教学中要提高学生学习的成功率,让学生不断地获得愉快的体验。学生在学习中获得成功时,能产生满足感并伴随愉快的情绪体验,继而关心学习,产生进一步学习的愿望。相反,学习中失败的结果以及不愉快的情绪体验会使学生丧失学习的兴趣,从而疏远老师,厌恶该学科的学习,甚至对学校生活产生畏惧和反感。因此,教师在教学中,一方面应尽量提高学生学习的成功率,对学生学习上成功的结果利用各种机会给予承认,使学生获得愉快的体验;另一方面,对学生学习中出现的失败切忌过分指责,要帮助分析失败的原因,让他们看到自己的进步和希望。在课堂上尽量采用直观、生动、形象的教学方法,使知识浅显易懂,采取多种方式把差生所差的知识补起来,让他们顺利地学习,掌握好新知识,使他们对学习产生浓厚的兴趣,把

差生从"要我学"转化为"我要学"。正如法国心理学家赫尔巴特指出:"教学应强调以各种不同的兴趣为基础,把引起学生兴趣作为其重要的任务之一,因为津津有味地学习才能学得又快又好。"

教学实践表明,学生对感兴趣的东西爱学、乐学,学习的主动性积极性高。兴趣又可以转变为志趣,能够增强学生学习信心,调动学生学习的情感,从而显著提高学习的效率。

怎样才能培养学习兴趣呢? 教师要了解学生的兴趣,根据其兴趣特点,发展规律以及个体差异,因人而异,组织教学。清除学生对学习活动有过不愉快体验的记忆。多提供接触和了解学习活动的机会,让学生获得成功的体验,让学生树立学习信心。

五、增强后进生的纪律意识,使他们形成自觉遵守纪律的习惯,增进自我教育意识

后进生中一些学生将学校的规章制度置之脑后,这些学生表现为惹是生非、违纪违规等。其原因在于他们没有一定的自我约束力,不能以一定的标准和良好的行为规范来约束自己,对这些学生就要让他战胜自己,克服懒性,增强他们的纪律意识和自我约束能力。我们教师就应该耐心细致地做他们的思想工作。教育者要有意识地采用各种方式激发学生自我教育的要求,使之学会自我教育,不断进步和完善。

第一,培养学生的道德情感,指导学生学会道德评价,树立正确的道德观念。我国古代思想家非常强调道德认识(所谓"识道""知明")对一个人的道德行为所起的作用。孔子认为,有了认识才会有坚定的信念,所谓"知者不惑"。荀子认为,只有以理"识道",才能提高道德的自觉性;只有"知明"才能保证"行无过"。我国古代思想家还对道德评价予以高度重视。孔子就针对不同的对象,采用不同的评价方法对学生进行道德评价,以促进、巩固和纠正学生的道德行为。同时孔子还十分重视引导学生进行自我评价,循循善诱地使学生自觉地发扬道德上的优点,纠正德行上的缺点。我国古代思想家总是把道德认识和道德情感结合起来。孔子提出的"仁",他要求学生懂得"爱人"和"克己复礼"的情感。王守仁也明确指出:"令教童子"必须"调理其性情",这显然是要发展学生的道德情感。在知行关系上,我国古代不少思想家特别强调行的重要。这反映在德育心理方面,就是重视道德行为和道的习惯的培养。孔子的"力行近乎仁",荀子的"学至于行而止。行之,明也;明之为圣人"。把道德行为置于至高无上的地位。作为初中学生已具备了一定的

道德意识和道德要领,就需要教育者进一步培养学生的道德情感,诱导学生进行道德评价。开展一些对电影、电视、文艺作品的人物、事件的评价活动。

第二,指导学生学会自省,改正缺点,发扬优点。"人非圣贤孰能无过",关键是要不断地反省和改进。荀子在《劝学》中讲"君子博学而日参省乎己"是非常有道理的,每天用一点时间来自我总结很有必要,对自己的思想、言行认真评价,总结成功与不足。如此,就会激发学生自我教育的愿望,品德教育才会有更大的成效。

第三,指导学生学会对照,找出差距,学习先进。人的品德的优劣总是在社会规范和人物比较中显现出来,学生能够主动将自己的思想行为与道德规范比较对照,将会促进自我修养。对照方式:

(1)将自己的言行与《中学生守则》《中学生日常行为规范》对照。

(2)将自己的言行与他人(也包括古今中外和教材人物)的言行对照。让学生明白自己的言行是否与之异同,或优于他人,或差于他人。

(3)自我对照。指导学生把自己过去与现在相比。现在比过去多懂得了哪些,扬长避短。教师要利用周、月、期末总结,让学生自我进行阶段小结。

第四,指导学生拟订自我教育计划,培养道德意志。学生优良品质的形成是多方面的,不可能面面俱到,不能求全责备。而应该让学生拟订一个一个的细小的目标,一步一步地完成。由于学生的自控能力差,拟定计划时不能要求过高,又由于学生的差异,要因人而异。另外要帮助学生磨炼意志,进行自我分析、自我约束、自我监督和自我调控,以逐步达到自我完善。

同时,还要有意识地安排一些任务让学生去完成。激励他们让其参加一些有意义的社会实践活动,多听一些法律教育讲座。使他们树立正确的人生观,树立远大的理想,踏踏实实地做好每一件事,逐步养成良好的行为习惯。

总之,自我教育的顺利开展,学生就会不断进步,正确的道德观、人生观就会逐步建立起来,就可以很好转变后进生。

后进生的转变是一个长期反复进行教育的过程,不能急于求成。他们在转变过程中往往会出现反复,我们要正确对待这种反复。要在反复中看到学生的进步,看到转变工作的不足。只要我们有恒心,注重发挥集体教育的力量,采取灵活而切实的教育方式,这个转变工作就一定能做好,收到实效。

剑走偏锋，活动中找自信
——由《第56号教室的奇迹》想到的
李华英

初一下学期我们班创造了一个奇迹。

学校举行班级间的拔河比赛时，我们班正沉浸在军训成绩倒数的低迷气氛中。每个班需十男十女上场，班长问有哪些人报名，举手者寥寥，只有全民动员通过掰手腕决出人选。我用了一节课的时间给他们打气并演示技巧，强调："每一个人的每一分力都重要"，"当比赛实力相当时，比的不是力气，是信心、坚持和勇气"。结果，这群小个子里选出的大个子在我们班的加油声中勇夺第二。同学们付出了手上的血和头上的汗后，懂得了团结，收获了自信。

当时的我朦朦胧胧地觉得，尽力去准备活动，会得到不错的成绩，有时还有意外的收获。

直到升到初二时，适逢学校为了建设书香校园，为每一位老师购买了不少的书，有幸拜读了雷夫·艾斯奎斯写的《第56号教室的奇迹》，顿时，我获得了明晰而愉快地认识：成绩糟糕的班级不妨学学雷夫，剑走偏锋，在活动中找自信。

雷夫的班上孩子多来自租房度日的移民家庭，家境不富裕，有的孩子连英语也说不流畅。社会因素和文化差异本应使这群孩子更难教难管，成绩也糟糕透顶。他们却在雷夫的手里奇迹般考上了好的大学，拥有了不错的人生。

雷夫有勇气，他敢于抨击当局推行的"标准化测验"；雷夫有爱心，他曾同时兼几分工只为凑足孩子们的活动经费；雷夫有大智慧，他善于反思总结并逐渐形成自己的独特思想。雷夫老师设计的丰富活动让孩子们找到了自信。雷夫带孩子们做线绳艺术品、班级旅行、排莎士比亚戏剧，一点一点在活动中"把孩子们终身受用的课程教给他们"，树立了自信，养成了团结、勇敢、坚持、忍耐、自律、淡然等品质。

学校是一个比成绩的地方，数学成绩、语文成绩、英语成绩、年级排名，将学生的心情变成股民的心情，随着数字上升、下跌。在分数和排名上不占优势的班级往往找不到自信。

我们班的综合学习成绩年级倒数第二，有很大部分学生对数学和英语学习缺乏信心，有一部分甚至已经放弃，严重的几个上课根本一点不懂，作业也就一点不做。初中生活才开始就已经灰色落幕。

我不是刘谦，不能在几番动作后，用磁性而张扬的声音说："见证奇迹的时候到了！"然后轰的一下让成绩糟糕的班级立马全年级第一。他们需要另外的奇迹。

我们恰逢一个思想浪潮奔涌的时代，各种理念一浪赶一浪地袭来，带来了很多副产品——名目繁多的活动。开始时叫苦不迭，抱怨当老师累，一会儿社会实践、一会儿才艺大赛、一会儿读书交流会、一会儿演讲比赛……所幸学到了一点雷夫老师的智慧，抓住这些契机，剑走偏锋，让成绩糟糕的孩子在活动中去找自信，于分数外去创造奇迹。

初二上期举行了集体诵读比赛。我找了一份相对较难的朗诵材料，分了六个版块串烧国学经典作品，配上经过复杂剪辑的背景音乐，既难记忆，又难把握朗诵节奏感情。说实话，开始我抱着重在参与的想法，陪着孩子们从背诵鸿篇巨制的朗诵内容开始，一步步的分角色、找重音、合音乐，一遍遍不厌其烦。我们不冲着第一名，但既然要上台，就不能丢脸，既然做了就享受过程，我和孩子们付出的不仅是参加比赛的心力。我高兴地看到，熟练后，或抑扬顿挫或婉转悦耳的声音让孩子们变得兴奋、神采飞扬。他们陶醉在音乐和朗诵的韵律美里。男生朗诵的声音从低迷的嗡嗡声变得稍有魄力，平时桀骜不驯学习糟糕的篮球健将脸上也泛着青春的红光，在课堂上慷慨激昂。终于，比赛场上的爆发让我们又"二"了一回，创造了超越优秀班级的奇迹。一散场回到教室，我立马发表了一通演讲，核心是"纪律可以使练习高效，每一个人都有左右一个班级的能力"，"成绩不是最主要，享受活动过程会获得活动本身之外的收获"。

雷夫是优秀和伟大的，我学不来他的奇迹，我只能从他组织的活动中，偷一丝灵感，让成绩糟糕的孩子找到自信，养成团结、勇敢、坚持、忍耐、自律、淡然等品质。相信，孩子在活动中塑造品质的过程也是改变班风的过程，而改变班风的过程也是孩子重新爱上学习的过程。我也期待着新的活动，在活动中让孩子们找到自信、锻炼品质、改变班风，最终"让孩子们都变成爱学习的天使"。

只要改变班风，各种寻常的挑战就能迎刃而解。——雷夫

以己之善交织成阳光

——一个班主任的爱岗心声

李华英

今天是教师节,我最早收到的礼物是 QQ 群里发于凌晨的一则消息:

"老师节日快乐……。感谢您三年教了我这么多东西。虽然我时常会耍脾气,经常让你教育我……三年真的很短,多么想回到那最初的起点重新开始,可是时间不倒流,无法回去,只有无穷的回忆与思念……老师现在教 2018 级了吧,请让我们 2015 级全体同学告诉他们'18 级初一的对我们华英姐好点,听到没有,不然我们会带上 15 级 6 班的全体同学来收拾你们'……就说到这里吧,再说都舍不得放下手机了,恨不得马上飞奔到老师面前说一句节日快乐,在此祝老师教师节快乐,青春永驻!"

清晨打开电脑,它就迫不及待地跳出来,眉眼弯弯的调皮笑脸出现在眼前。

昨天教职工大会上,我有幸佩上了一朵大红花,像一个腼腆的新娘,端着手里的"优秀班主任"证书,在闪光灯下留下了微笑的身影。

2013 年 9 月,我成为了他们的班主任,我们都不优秀。

他们习惯差、底子薄,各科老师陆续给他们评出了"四大天王""八大金刚"和林林总总的"罗汉地煞"。我疲于应付、脾气暴躁,经常黑着一张脸数落他们的不是。考一次,全班集体郁闷一次,老师同学心里都不好受,最终火力全落在了他们身上。在负面情绪的阴云笼罩下,有点针尖对麦芒,诸事不顺的感觉。

抛开这些世俗的评价,他们却是一群可爱的人,他们团结、不服输、渴望正义、努力反抗陈规,有满腔的爱却羞于表达,总是在抱怨却也不忘做好自己……

我需要做的是抛开自己的私心杂念,爱这个班级,用我的善去编织阳光,驱散他们心中的阴暗,唤醒他们心底的阳光和快乐。

德国哲学家雅斯贝尔斯说:"教育意味着一棵树摇动另一棵树,一朵云推动另一朵云,一个灵魂唤醒另一个灵魂。"

我们的摇动、推动、唤醒,其实就是传递正能量。

但是,很多时候却不是这样。

有些老师喜欢在办公室里对学校出台的一些制度措施发牢骚,完全不管办公室里还有一个被抓来补作业的学生正听得津津有味;

上早读时有领导走过来指着未打扫干净的走廊说让学生打扫一下,有些老师皱着眉头很不耐烦,表现出这种小事也来干扰我上课的神情;

有些老师把家里的负面情绪带进教室,发现学生一点小问题就对着学生吼叫拍桌子,面容狰狞……

我自己也难逃……

当我们受到误解和委屈的时候我们是如何处理的? 当我们内心有不良情绪的时候我们是如何转化的? 当我们做错事情的时候我们是如何承担的? ……教师的所有行为,学生都看在眼里记在心里,这些耳濡目染的事情才是最被深深记住的教育。

而这样的教育,如果传递的不是正能量,将对学生的一生产生不良的影响。

这些都是我一路摸索过来的体会。

我们常说,有什么样的家长就有什么样的学生。小恺是我班的"四大天王"之一,他有一种仇世情绪,遇到问题从来不想想自己的原因,总觉得是同学的针对,或者老师的不公平,甚至怪学校、怪父母、怪社会。

2012—2013 学年下期我在他的基本情况表上作了以下记录。

家庭情况:父亲开车搞长途运输,收入不错但不顾家,母亲无固定工作,四处打工,父母感情常出问题,孩子无人管教,经济自由。

性格特点:性格耿直,较为磊落,非常贪玩,全无自制力,因无管教,常与社会人员来往,爱请客,爱团体活动。

爱好特长:爱好篮球,喝酒,三五几个朋友邀约一起玩。

优点:班级事务比较热心。

缺点:拒不承认错误,无自制力,有时顶撞师长。

第 2~4 学月的每月观察记录上有我愤怒的笔迹:不交作业,上课睡觉,骚扰同组同学,不尊重老师,爱顶嘴,做清洁总逃跑,不服从安排,不听从教育。午自习以倒垃圾为借口出去耍,常说脏话。借口生病请假,然后逃学不回家 4 天。在班上搞破坏,乱撕手抄报,午自习打牌,骂班委。经常口头教育,书面反思,收效甚微,且保

持性不强,有时能正常交流,有时抵触情绪很重,无法交流。

父母因为家庭矛盾过大,已经无暇而且不愿意管理他,请家长总推托家中有事,有时为了省麻烦,竟然帮孩子撒谎请假,也很不好沟通。关于这个孩子,他需要关心又拒绝关心,耍心很重没有自制力,在道德责任感上又很缺乏,教育起来既费精力又没有效果。放在班上起了一个很坏的导向作用,实在说不上对他有方法。

父母内心的阴影投射到了孩子身上,他需要阳光。

我们也常说,有什么样的班主任就有什么样的学生。对于小恺,如果他不能感受到老师的友善和关爱,阳光照不进他的心里,自然不愿接受教育。开始的时候,我并没有意识到,费心费力后是很多的不满和愤怒。慢慢懂了,他却和校外人员过从甚密,心思已经远离校园,我只能尽量亡羊补牢,尽量站在他的角度去关爱他,用我的力量去影响他。每次他"犯事",首先不是责难,而是谈心,说说近况,倾吐烦恼,分析问题,怎么从一个有责任的男子汉的角度去处理。直到他离开校园,学业虽然糟糕,万幸的是,他喊我"华英姐",从来都以2015级6班的学生自居。至少,这里是曾经为他编织了阳光的地方。希望他进入社会后,不会在受难时仇视社会他人,积极快乐地做好自己的工作,最好也能用自己内心的阳光去驱散别人身上的阴暗。

教师的正能量也就是整个社会发展的正能量,一个教师具备了一个什么样的素质,就会培养出同样素质的学生。如果教师是知识渊博,积极向上,善于思考的人,那么所培养出来的学生也是同样的,尤其是班主任对学生影响很大。班主任陪伴学生初中三年,这三年是学生价值观和人生观认知形成的关键三年。班主任的人生观和教学态度会深深影响着学生,往往学生毕业多少年以后,第一个记住的是班主任,而不是任课教师。这就是班主任对学生的深远影响。

爱是阳光,唤醒灵魂,创造希望,爱岗敬业,奉献自我,不求名利,不求回报,尽心做到自己的最好,这就是一个班主任的根本。每一个弱小的灵魂都等着我们去摇动、推动、唤醒,我们的任务就是传递社会的正能量,以己之善交织成阳光。

学会理解、尊重、宽容学生

——浅谈和谐班级的构建

李 艺

记得魏书生曾这样说:"班级像一个大家庭,同学们如兄弟姐妹般互相关心着、帮助着,互相鼓舞着、照顾着,一起长大了,成熟了,便离开这个家庭,走向了社会。"因此一个和谐的班集体对每个学生的健康发展有着潜移默化的作用。那么,作为班主任,如何来构建这个班集体呢? 我认为:作为班主任应该学会理解、尊重、宽容学生。

班主任管理班级的过程,实质上是教师与学生之间一种双向的情感交流过程。只有尊重学生的人格和自尊心,平等地对待每一个学生,宽容学生的错误,理解学生的想法,真正做到"以人为本",才能使学生在学习和生活中得到充分的发展。所谓的良师益友不正是在和谐的师生关系中诞生的吗? 师生之间的那种和谐与融洽正是推动一个班级进步的动力。在这里,我给大家讲一个真实的事例:

班里有位叫晓晓的女同学,开学不久,我慢慢发现了藏在她心中的不安分。那时正在准备科创节的节目,因此每逢星期天下午我都要求学生到学校排练,但是她回家骗父母说每周排练两天,以此借口到溜冰场玩,在那里她结识了一个哥哥,并彼此产生了好感,所以每周末就借口排练节目去找她那位所谓的"哥哥"玩,并把父母给她的校服费全拿去请他的"哥哥"吃饭了,被我知道这件事后,当时非常生气,把她叫到办公室,狠狠地批评了一通。在我严厉的批评下,她"承认"了错误,并保证以后不会再犯。在我正为教育好一个学生而欣慰的时候,后面她的一番话,却给了我当头棒喝,她从办公室出去,就和同学说,"她算什么嘛,怕她? 再说,我要是离家出走,有她好看的!"当我得知这番话时,所有的辛酸和痛心莫名而生,真的感觉当老师好失败。但同时,我又陷入了沉思,是我错了? 还是我的教育方式出现

了问题？

经过向有经验的老师请教，我认识到老师与学生由于扮演的角色不同，以至看人、处事的方法不同。由于教师的心态不同，采取的教育方法不同，学生会产生逆反心理，会给班级工作带来困难。因此，作为一名班主任，要学会换位思考，要把自己摆在学生的位置去认识、体验和思考，要深入到学生中去了解他们的心理活动，这样才有利于加深师生间的了解，增进师生间的感情。作为班主任应树立以人为本的教育理念，做到在理解、信任、尊重的基础上师生之间交流沟通，用教师的情感滋养学生的心灵。从而才能解决工作中遇到的问题。

在接下来的一段时间里，针对以前的不利情况，平日里做了很多工作，既有多次的单独谈话，也有多次的笔谈交心。不管是专门等无人时在办公室的私下交谈，还是在校园内相遇时的问题交流，我希望能给她造成受到关心和重视的印象。在和她的交流中，我放下老师的架子，走入她的生活，我把自己当成她的大姐姐，好朋友，把自己当成她可以倾诉心声的对象。我用真诚、理解、尊重和宽容换来了她对我的信任、理解和尊重。过了一段时间，她主动带着自己的检讨书和家长给我的一封信站在了我面前，从此她的一言一行变了，变得听话了，懂事了，这些变化是让我欣慰的，因为我的理解、尊重与宽容让我看到了结出的美丽之花。前几天，我还收到了她的一张贺卡，里面是这样写的，"尊敬的李老师：就要放寒假了，我真的对以前的错误行为很内疚，我真的很后悔当初为什么那么愚蠢，所以我每天都在改正，尽力使自己做得更好，你看到了吗？谢谢你给了我一次珍贵的机会，也谢谢你让我学会了人生的许多、许多？"一个班级缩小化就类似一个家庭，一个家庭的和谐肯定来自家庭成员间的理解、尊重和宽容的和睦关系，同样，一个班级里和谐的师生关系是一个班级团结、成长最坚实的基石。我们都该学会去理解学生的行为，尊重他们的人格，宽容他们的错误，给他们提供表现的正常机会，让他们说话，而不是采用命令式的教育。我们先尊重他，才能换来他对别人的尊重。而且现在的学生，都有自己的思想，真的要求我们不管是不可能的，家长还是老师，都要首先把学生当作朋友，才有可能被他们当作朋友来敞开心扉。因此，人与人之间有了平等而愉快的沟通，大家就是愉快的、幸福的，那么老师与学生之间如果有了平等的交流、沟通，班级就成了一个幸福的大家庭。

渴望赏识，是每一个人的精神需要，赏识体现的是对人的理解、尊重和宽容，也是对生命的理解、尊重和宽容。要给学生创设宽松自由的成长环境，就要理解、尊重、宽容学生，使学生感到被接纳、被信任，才能让学生在被尊重中学会尊重，确立做人的尊严与自信，才有利于和谐班集体的构建，也才有利于教师终身的发展。

我的教育故事

——留守儿童个案之思考

梁如鲜

电话铃响起。

"梁老师,班上的小勇同学没来上课。"数学老师打来电话。

我急忙打开班主任手册查阅电话,小勇的家庭电话一栏为空白。方想起小勇家无电话,历历往事在脑海中不自觉地浮现出来。

连日来,烈日高照,挟着秋老虎之威风,肆意地炙烤着大地,一点也不显疲惫之态。多数学生很早就来报名了,都想早些回家。快 11 点了,我将报名的名单与教导处发的学生名单一对照,还有六位学生未报到,小勇就是其中之一,我也没多在意。"他们明天会来的。"我在心里想到。

第二天,我早早地来到教室,安排打扫清洁、发书、本子之类的事,忙得不亦乐乎。其间,也有昨天未到的学生来报到注册。第一节课后,按惯例该向教导处报告学生到校情况,一清点,只差小勇一人,小勇的名字给我留下了初步的印象。

我找同学一了解才知道,小勇初一时就经常缺课,据说是常常要帮家里做事。究竟是什么原因呢? 我决定下午放学后去家访一次。

刚出校门,觉得太阳火辣辣的,没走多远就浑身冒汗。带路的学生走得很快,我几乎是要小跑步才能跟上。翻过了一个小山坡后,眼前绿树成荫,顿觉神清气爽,太阳也没那么晒人了。顺着山路走,又绕过两座小山,带路的同学告诉我,对面山腰上那座单独的瓦房就是小勇的家。

让带路的同学自己回家,我很快就到了小勇家,一看时间从学校出发已走了80 多分钟。小勇家有三间瓦房,左边还搭了厨房、猪圈。院坝边乱七八糟地堆着稻谷晾晒后留下的杂物,一群鸡在草丛中悠闲地找着食物。一个穿着一件发黄的

圆领汗衫的老年妇女正在院坝里用风车扬稻谷。我说明来意后,她自我介绍说是小勇的外婆,急忙停下手中的活请我到屋里坐。屋里有一张桌子,几条长凳和几张独凳,桌上有一个水瓶和一台锈迹斑斑的座扇。到处都是灰,外婆用手拍了一张竹凳的灰后请我坐下,插上座扇的电源,叶片发出"呼呼"的转动声,又到厨房里取来碗倒了开水请我喝。然后,絮絮叨叨地告诉我一些事:家里只有她、老伴和小勇三人,三年前女儿、女婿外出打工,人老实没文化找的钱又不多,听说女婿受了伤,已半年多没有寄钱回家了。山里秋收晚,稻谷刚割完,小勇和腿脚不便的外公去收谷草了。家里养了一头牛、两头羊、10多只鸡,还有一条狗和一只猫。现在种田的人越来越少,牛出租的自然也少,家里收入就更少了,小勇开学的学费还没凑齐。我听完后,心里很不是滋味,穷人家的孩子早当家,看来小勇还是很懂事的,就告诉外婆,学费的问题可以通过各种渠道慢慢解决,还是让小勇先来读书吧。小勇和外公还未回家,看看天色已晚,我就起身告辞,外婆执意留我吃晚饭,我婉言谢过,一路跑回学校,晚风、绿树已无心享受,到学校已是晚上九点。

第二天,小勇到了学校,我好言安抚了一番就一头扎进班级事务和教学工作中。

开学刚过一周,小勇就逃学了。我忙把这事报告了德育处,德育处告诉我估计小勇是和外班的两个同学一起逃学了。我找来平时与小勇较好的几个同学一了解,估计他们是到新浪网吧打游戏去了。8点30分左右,小勇的外婆也上气不接下气地来到学校,说小勇昨晚一夜未回家,今天是否来学校?我和另一班班主任决定亲自到新浪网吧去找找。果然,3人游戏正玩得起兴就被逮了个正着。原来,小勇周末里贪看电视,未割牛草又同外婆顶撞被外婆打了,星期一身上正好有一周的午餐费,放学后三人便相约去网吧玩游戏。

教育—谈认识—写检讨,但愿他能悔过自新。

这以后,学是没逃了,可其他的事又接二连三地来了。

班上一同学嫌小勇皮肤黑,颈上满是汗垢,穿的衣服较脏,说了他几句,就被他打得哭着向我告状。

一位刚大学毕业的年轻教师上课时发现小勇在睡觉,便想去拉他的耳朵,提醒他上课不要睡觉。没想到小勇以为老师是故意打他,就朝这位老师一拳打去。

据同学反映,为了应付老师,小勇经常抄作业。考虑到小勇的特殊情况,我不厌其烦地引导他要讲个人清洁卫生,才能得到他人的尊重;理解老师的关爱,懂得尊重老师。小勇也明白了许多道理,非常感激我给他的帮助,表现也好多了。

教育不是万能的,近朱者赤,近墨者黑。有坏习惯的孩子凑在一起就更麻烦了,这不事情又来了。

一天，小勇的外婆打电话来说，小勇周末没回家，小勇外公放在枕头下的200元钱也不翼而飞。经了解，全校有三个同学周一未到校，另两个分别是小涛（初二）和小伟（初三）。小勇和小涛现不在一个班，但小学时是同班同学，关系还不错。小涛几岁时父母就离异，后随父亲生活。父亲为了一家人的生活不得不经常在外打工，家里就小涛一人，缺乏约束和良好习惯的养成。前不久学校个别男生寝室多数同学衣裤里的钱第二天早上一起来发现都不翼而飞了，学校、生活老师倍感蹊跷，查来查去，弄得人心惶惶也无结果。一天晚上，一男生洗澡后到衣柜里找衣服，打开衣柜门竟被吓得魂飞魄散，大声呼叫，柜子里竟然有一个大活人，原来是小涛，失窃案终于水落石出。但根据《义务教育法》和《未成年人保护法》的规定，考虑到小涛的家境，学校给了小涛留校察看的处分。小伟呢，已经是一个老油条啦。父亲不务正业，在社会上混，母亲也常不在家，于是常逃课或利用周末出入溜冰场、网吧，也是一个难管的角儿。

通过多方面的了解、排查，估计小涛三人可能是到远在南川的小涛外婆家去了。于是，学校配合三位学生的家长到派出所报了案，希望得到派出所的帮助。派出所迅速与小涛外婆处的派出所取得了联系。到了第四天终于有了消息，派出所通知家长、学校到南川去领人。

原来，三人因厌学、不满家里的管教，决定外出闯世界。小涛很想外婆，于是三人决定先去找小涛的外婆，然后再出去打工。可是小涛又不知道外婆家的具体地址，到南川后身上的钱都用完了，于是就在街上游荡，被警察发现并及时稳住了他们，然后通知了我们这边的派出所。

人找回来了，家长既愤怒又无奈，我们也陷入了深深的迷惘中。

自改革开放以来，我国的经济迅速发展，城乡差别越来越大，多数农民已不满足于面朝黄土背朝天的日子，青壮年纷纷背井离乡，希望出去后能淘到一碗金，改变现有的窘况。于是孩子就被迫随爷爷、奶奶、外公、外婆或其他亲戚生活，没有了父亲的严格管教，没有了母亲的温馨呵护。青春期又正是孩子叛逆阶段，孩子最易走上邪道。外出打工的父母啊，你们挣钱难道不是为了让孩子生活得更好吗？当孩子需要你们时，你们在哪儿？面对越来越多的留守儿童，无数的老师用他们的真爱去慰藉一颗颗残缺的心灵。但父爱、母爱是谁也代替不了的！

眼下重庆正大力实施城乡统筹一体化，城市带动农村发展经济，政府的这一决策无疑是英明的。能否在引进企业发展农村经济的同时，大量解决农村剩余劳动力的生计问题，他们不至于远走他乡，孩子就能得到家庭的温暖。这样一来，农村留守儿童就会越来越少，问题孩子也会越来越少，祖国的明天才会有希望。

泪水的滋味

——班主任工作感悟

廖　敏

　　时光荏苒，光阴似箭，担任班主任工作转眼就一年了。班主任这个看似平凡的岗位，却让我真正品味了它的艰辛与不易。

　　记得初一新生报名那天，一些学生家长听说自己孩子被分到了一个毫无班主任经验的老师班上，立马通过各种渠道转班、转校，这让刚刚踏进西彭一中的我，真真切切面临着深刻的"信任危机"，实实在在体会到巨大的工作压力。下班回到家里，看着丈夫和儿子，我禁不住流下了委屈的泪水。

　　由于第一次担任班主任工作，在刚开始的班级管理中，总感觉千头万绪，剪不断，理还乱，总有许多困惑与迷茫，也有很多不知如何处理的问题。面对困难，我没有退缩，不断向有经验的班主任学习请教，也努力想了很多办法，但效果并不理想，总在苦闷中彷徨。

　　在初一新生军训时，一个偶然的发现，让我找到了解决问题的钥匙。记得军训即将结束时，要举行汇报表演比赛。以我们班平时的训练情况来看，我对比赛结果并不抱多大期望，只祈祷同学们不要让自己再受伤就行了。比赛前两天的一次自习课，当我走到教室前，无意间听到一位班干部在教室里大声说："教官说，好好训练的话，我们班会拿三等奖。谁稀罕三等奖，我们要拿二等奖！大家听着，后面的训练，谁不认真，我就揍谁！"教室里马上就传出一片闹哄哄的应和声。

　　我当时有些感动，也觉得有点可笑，但更多的是怀疑——确切地说，是非常怀疑这个号召到底有多大效果。然而，接下来的几次排练，整个班的同学就像打了鸡血一样，他们的表现让我所有的怀疑烟消云散，他们的情绪深深地感染了我，也让我感到一些羞愧。于是，后面每次军训，我都坚持到场，直到训练结束。结果，在那次汇报表演比赛中,我们班居然得了一等奖!回到教室,看到同学们那兴奋、激动的样子,我的眼眶湿润了,流下了激动、幸福的泪水。

这件事,让我感受到班级凝聚力所迸发出的强大力量,意识到培养班级凝聚力的重要性,它是班级建设的灵魂和核心。班级有了凝聚力,就有了战斗力,而活动则是培养班级凝聚力的重要载体。从此以后,我在强调课堂纪律、关注学生学习的同时,更加重视班级活动的开展。每次活动,我都会和班干部一起精心策划、认真准备,并要求同学们积极参与。对于我而言,结果并不重要,重要的是让同学们通过参与活动,一起分享成功的快乐,一起品尝失败的苦涩。让同学们通过活动体会成功的艰难从而倍加珍惜,使班级凝聚力在活动中得以培育并逐步形成。

此后,我们班在学校"科创节"、体操比赛、跳绳比赛、运动会等大型活动中,不断取得好成绩。在一次次成功后的欢呼中,班级凝聚力不断增强,同学们的集体荣誉感也越来越强,对我的严格管理也慢慢理解和接受了,班风、学风悄然间也发生着变化。

在对班级严格管理的同时,我还关心、关爱每一个同学,不离不弃。

当班级管理逐渐走上正轨的时候,班上陆续转来一男一女两名同学,成绩都很差。最让人不放心的是,男生在原学校经常打架,女生还转过三次校。他们对我们班到底会带来多大的冲击,我没法估量,也没有勇气去想象。尽管如此,我依然和任课老师们一起,真诚地关心和教育他们,没有另眼相待。当他们慢慢融入这个集体后,没有再表现出丝毫的叛逆与桀骜不驯。

后来,男生小鹏病了,得了一种莫名其妙的病,随时可能昏倒住院,又查不出准确的病因。在住院治疗期间,我经常和他的妈妈保持联系,及时了解他的病情。在一次电话中,我告诉这个坚强的男孩,好好治疗,老师和同学们都盼望他早点回到学校,回到教室。

小鹏的病情越来越严重,家长准备把他送到广州去检查治疗。离开重庆前,小鹏对妈妈说:"妈妈,我想回学校看看老师和班上的同学。"她的妈妈含着眼泪答应了。

小鹏回学校那天,我和全班同学一起举行了一个简单的捐赠仪式。仪式上,一元、两元、五元、十元……每一笔捐款,虽然金额不多,但是庄重严肃,没有昔日的嬉闹,没有往日的开心,有的只是难舍的别离。小鹏哭了,小鹏的妈妈哭了,我也哭了,全班同学都哭了。由于身体太虚弱,小鹏再次晕倒了,妈妈只好背着小鹏无奈地离开了学校,离开了重庆。

现在小鹏在医院里积极配合治疗,我们班教室里也一直保留着他的座位。

由于小鹏的学习落下太多，加上基础本来就差，他的妈妈想让他休学，但小鹏坚决不同意。他对妈妈说："妈妈，等我病好了，还要回 7 班去。廖老师说过，班上还留着我的座位。"当小鹏妈妈在电话里把小鹏的话告诉我时，回想一年前学生纷纷逃离的情景，回忆一年来和同学们朝夕相处的一幕幕，回味一年来品尝的酸甜苦辣，我忍不住流下了欣慰的泪水。

一年，对于人生来说是短暂的，但对于我这个新班主任来说，这一年，让我体会到班主任工作的艰辛，品尝了泪水的滋味。

给每一株野草开花的时间①

罗　莉

　　有这样一个故事：一位隐士住在山中，他很勤劳，每年春天，台阶上的野草刚探出头便被他清理掉了。一天，隐士决定出远门，叫了一位朋友帮他看守庭院。与他相反，这位朋友很懒，从不修剪台阶上的野草，任其自由疯长。

　　暮夏时，一株野花开了，五瓣的小花氤氲着一阵阵的幽香，不同的是花边呈蜡黄色。这位朋友怀疑它是兰花中的一种，便采撷了一些叶子和花朵去请教一位研究植物的专家。专家仔细地观察了一阵，兴奋地说："这是兰花的一个稀有品种，许多人穷尽一生都难找到它，如果在城市，这种腊兰的单株价至少是一万元。"

　　"腊兰？"这位朋友惊呆了。隐士知道这个结果时无不感慨地说："其实那株腊兰每年春天都会破土而出，只不过它刚发芽就被我拔掉了。要是我能耐心地等待它开花，那么几年后就能发现它的价值了。"其实为师者，学生就似那一株株野草，要等学生慢慢成长，才可以欣赏腊兰的芬芳。

　　开学报名第一天，我正在办公室给学生报名，突然听见一个女人大嗓门叫道："快，罗老师在这里，过来报名呀，快点。"接着拉着孩子往我这里挤过来，还没有等我打量清楚她和孩子，她又接着说希望我对她孩子严加管教。从她话语中，我了解到了这个叫小磊的男孩是一个调皮、自觉性和自制力都比较差的孩子，在小学每天都要班主任签字通知母亲离校的时间，当时我心里一边庆幸其母亲对孩子没有放弃，一边又有点为这样的孩子困扰自己而担心。毕竟是开学，随着其他孩子的报名，也就淡化了他和其母亲在我大脑中的印象。

　　一周快过去了，耳边偶尔传来某位科任老师和其他同学对他的评价。除了读

---

① 此文曾获得区班主任基本功大赛三等奖。

书可以大声地跟着附和以外,站永远站不直,坐永远坐不正,在课堂上也不爱发言,眼睛也不爱看黑板,最棘手的就是上课找同学讲话,还老把同学逗得直乐。十多年的教学经历,让我见怪不惊,像小磊这样的学生很正常,毕竟我曾经接触过很多这样的学生。

良好的学习氛围与融洽的师生关系,会使学生们更喜欢上英语课,也期待上英语课。为了不辜负学生对我的期待,我更努力地钻研,设计好每一课教案。我也能感受到小磊对学习英语的一些兴趣和快乐,但进入初中后突然面对大量的单词需要记忆,对于一个以前完全没有英语基础并对学习不是特别感兴趣的孩子来说的确有些困难。

两周后我因为生病住院了,这期间没有了孩子们给我带来的烦恼。当我重新回到课堂面对我的学生的时候,已经是国庆节后了。回到学校听到那位实习老师说得最多的就是小磊,上课讲话,从来不主动背书,坐立都不规范,在整个班集体里很是特别。接下来我又开始了紧张而忙碌的工作,学生们又排起长队在我这里背书,接受单词等的检测。第一学月考试以前,小磊已有两个单元的课文都没有背完,我有点急了。如果他确实不会背也就算了,可是他那么聪明,学习起来接受能力又那么强,我特别不想放弃这样的孩子。一个周五他因为没有背完书被我留了下来。时间慢慢过去,他磨磨蹭蹭地读着书,不时看看我,心里肯定嘀咕:背不了书,天晚了,老师肯定会让我回家的。我们俩都在琢磨着看谁能坚持到最后。

过了半个小时,可是他却一点进展都没有,提醒他背书都好几次了,他总是说还差一点,差一点就好,我的耐心也差不多耗尽了,我也想赶回父母家看看自己的孩子,我差不多有一周没有见到自己的孩子了,挺想孩子的,越想我就越难受,就越没有耐性了。叫他背他还是推脱,我忍不住发了脾气,可他还是笑嘻嘻地,心里肯定得意极了。的确,我当时就失败了,就在我说放他回家不用背时,我突然想到天已经晚了,得通知他父母,要不没人接,出了安全问题可不得了。我就给他母亲打电话,打一次占线,两次,三次,一直打了十多次都占线。我当时真急了,心里想我怎么这么倒霉呀,早知道就不留他了,忍不住就开始发牢骚了。我所有的这一切都被他看在眼里。最后他告诉我是他父母在打热线,看着他得意的表情我真有点不想管他了,但我没有想到的是他接下来的那句话,他让我打她的手机号,并且说这样她母亲就能听见。当时我也有点诧异他能给我提出这样的建议,他把手机号给了我。我终于联系上了他的母亲,在得知她会在半路接孩子时,我终于能放心地让他回家了。出乎我意外的是他安慰我说:"老师,您别急,我马上就会背了。"我边收拾东西边心不在焉地说"好"。当时我也没有想他真能背,可是他做到了,背了一篇短文。看着我离开座位让他回家时,他又继续背了一篇,我露出了点微笑,我想他毕竟背了一部分课文剩下就第二天再背吧,让我吃惊的是他最后把第三篇也背完了。我从内心感到了些欣慰,也为自己开始对这样孩子的认识准确有点暗暗得意。当时的我已经管不了是不是他故意的了,最后我拿出了一小袋饼干作为他完成任务的奖励。他诧异但又开心地接过了我给他的礼物,道了声"谢谢"后却没有立即离开,一直等我关好办公室门后才一同离开。虽然没有见到自己儿子,但是看着小磊开心地回家,我心里的快乐和满足感取代了没有见到儿子的失落感。

日子也就这样继续着,小磊也没有立刻就有多大的起色和转变。我也知道,一个孩子不会因为一件小事就出现巨大的转变。但是集沙成塔,就因为这一件件小事汇聚起来会对孩子的人生观和世界观产生微妙而深远的影响。在接下来为期两天的军训期间,他的站姿和坐姿有了一定的起色,但比起其他孩子来尤其是站姿还是差了很多。通过我仔细观察,发现他的腿不直,和一般的同学比起来要达到他们那样的站姿确实不容易,看着他如此努力地练习,我决定帮助他。于是每天课余时间我就会叫他来我的办公室,陪他一起练习站姿。开始他不怎么理解,于是我坚定地告诉他:"一个男子汉首先要做到的是,站如松,坐如钟。这才是真正的男子汉"。听了我说的话,看着我那坚定的眼神,他使劲点点头说:"老师,我会努力的"。后面的日子里他竭力向其他同学看齐,虽然他不是站得最好的,但是他的站姿好了很多。他努力了,为了实现自己的目标去争取了,这已经达到了我们教育的意义。然而让我感到最安慰的是,他变得信任我,在课余时间跟我的话也多起来了。

又过了几天,语文科代表通知没有背完《春》这课的同学留下来,我一看又有小磊。我注视了他一下,他发现后不好意思地低下了头然后就开始朗读起来。一会就有同学陆续背完回家了,我看科代表家长来了就让她回家了,这时我问了问他能背吗?他说只能背一部分,就中间几段还不会,我就让他背了,剩下的我告诉他让他第二天到科代表处背。同时我又问他能自己主动地去把剩下的背完吗?他使劲地点了点头。我在一张纸条上写了一句话送给他后就让他回家了。第二天中午,我问他背完课文没有,他说背了,并且兴高采烈地告诉我:"罗老师,我会一直记得你送我的那句话'生活就像海洋,只有有毅力的人,才能到达海的彼岸'。"我向他伸出了大拇指对他表示赞扬。

好老师不急着让学生长大,他理解学生所犯的错误。"坏"老师则无视学生的

个别差异总是拿学生的错误来当典型批判,正如我在开篇提到的那位隐士,他没有想到摘掉的野草是腊兰。而小磊的故事更加坚定了我在教育教学上的信心——给每一株野草开花的时间!

教育反思:"每个孩子都是未经打磨的原钻,只要老师和家长付出努力和爱心,正确地引导孩子健康成长,他们总有一天会闪闪发光,成为这世界上独一无二的钻石。"这是享誉世界的美国雷夫·艾斯奎斯老师在《第 56 号教室的奇迹 2·点燃孩子的热情》中的一句话。的确,每个孩子都潜藏着让人敬畏的智慧和美德,只需要老师做个会发现人才的伯乐足矣!小磊就是这样的孩子,相信这段难忘的初中经历会鼓舞他一生,同时也会成为我今后教育生涯的瑰宝。我将深深地铭记并时刻践行:给每一株野草开花的时间!

我和我的教师梦

汤 倩

2008 年 12 月 29 日,我第一次登上西彭一中的台阶,醒目的是梁启超的《少年中国说》,"少年富则国富,少年强则国强。少年独立则国独立,少年自由则国自由,少年进步则国进步,少年胜于欧洲则国胜于欧洲,少年雄于地球则国雄于地球"。这振奋人心的话语,每天像警钟一样在师生的耳边敲响,激励着这里的学生奋力拼搏,迎难而上;激励着这里的老师热情饱满,孜孜不倦。我决心一定要加入到这个队伍中去,和这里的师生一同奋斗实现我的教师梦。

2009 年 9 月 23 日,在我所任教的 2012 级 3 班爆发了甲流感,接近一半的孩子发着高烧,我们班立刻就被隔离了起来,上厕所是等其他班的学生上课以后才能出来,连吃饭都是食堂的员工送到教室门口,一天到晚还不停地量体温等,学生和家长乱成一团。作为才从大学毕业的我第一次遇到这样的情况,我也不知所措。但是我知道越是在这个时候我越应该用自己的实际行动去关爱他们,去告诉他们:"无论遇到多大的困难老师始终和你们在一起"。很多孩子在事后都感动地说:"汤老师和我们一起被隔离了,甲流感就没那么害怕了。"那一刻,我突然明白了,教师梦不单纯是一个梦想,还要担负起教育的责任。教师不是简单地教给学生知识和技能,而是在奠定一个国家的基石,是在塑造一个民族的未来,是在顶起中国未来的脊梁。

2011 年 9 月,我所带的第一届学生上初三了,由于班上很多孩子的学习基础很差,在上初三后显得特别的没有自信,甚至有的孩子在我找他聊聊时,是这么告诉我的:"汤老师,你就别费心了,我的父母都说我不是读书的料,你还来管什么闲事?"听了孩子们这么自甘堕落的话,我很心疼。我积极地找他们谈心排忧解难,同时利用主题班会"给孩子的一封信",让家长给孩子鼓劲。经过一年的努力,我们

这样一个所谓的"差班"里居然取得了有 14 个学生上联招的好成绩。当学生和我一起在为这个成绩欢呼时,我知道一个好教师不仅仅在三尺讲台上实现自己的理想,更是要传递正能量,授人以鱼不如授人以渔,让每个孩子都能积极乐观向上。

到西彭一中 6 年以来,给了我太多甜蜜的回忆。第一次的讲课,第一次与孩子心灵的对话,第一次与家长的沟通,第一次与同事的探讨,第一次外出学习,第一次磨课……这种种的经历总是在我彻夜辗转的思忖中日渐清晰、深刻,"教师梦"就这样深入了我的生命,成为我不可分割的一部分。

现在的我已为人母,为师、育人早成为我生命的主旋律,多少幸福多少期待在其中,而我也将在这梦开始的地方,不断地激励自己,鞭策自己,完善自己。一步步接近梦的真谛,谱写出一曲属于自己的华丽诗歌。

陌上小花静静开

——小影同学初中成长记录

吴华明

在一千多个日日夜夜里,她像一株小苗,在无声无息中成长;在初中平静生活的土壤中,静静地开放成长之花!

她就是即将毕业的学生——小影。

在老师的眼中,她真的很不起眼。个头小小的,留着齐耳的短发,像个小男生,其余没有任何特别之处,这是她在刚入初中到我这里报名时留给我的最初印象。

回顾起这三年,小影的成长可以说是历历在目。

记得开学几周来,课堂上提问时每每叫到她,她都一言不发;每次催促她上交作业,她都说还没有做好,偶尔也想忍不住对她发火,但看见她那双无辜的眼神,我心里涌起一丝无名的酸楚。

从此,小影就逐步进入我的视线,进入我每月成长记录的名册里,开始成为我关注的对象之一。

我发现她并不是一个懒惰的孩子,每每下课后,其他同学都出去玩了,还看见她独自在教室里埋头写作业,很认真很认真的样子,但每次作业效果都不是很好。在一个偶然的机会,我试着用朋友间的语气和她聊了起来,原来她的视力不太好,上课经常看不清黑板上的字。这时我才明白,她课堂上一言不发,作业迟迟不交,原因在于她的视力。由于刚进初中,与老师又不熟,她怕说出来给老师添麻烦。原来她另有隐情,而且尽量为老师着想!多好的孩子!我庆幸我没有对这个稚嫩的孩子发火,为我差点伤害到一个幼小的心灵感到后怕和汗颜!

后来在我的协调下,她妈妈给她配了一副低度眼镜,而且她也积极配合医生治疗,她的视力有一定的纠正和改善!

　　小影是一个单亲家庭的孩子。在她8岁的时候,父母离异了。她由父亲抚养。她妈妈远去浙江打工,然后就在浙江安家了。爸爸随后也在重庆两路口买房并再婚,后来育有一子。她在后妈家里很受委屈,但她从没有把这些情绪在学校表现出来;她住校,周末回到家总是少言寡语,少与家人交流。唯独在住校期间的晚上,常常和妈妈在电话里哭诉,诉说她在学习和生活上的困难和委屈。记得有一次,学生宿舍熄灯后,她仍然在与妈妈电话交谈,被生活老师发现了。生活老师不明就里,劈头盖脸地批评她。说她违反纪律,而且无意中说她是没有妈妈教养的孩子。这一下触动了她内心深处的痛,就与生活老师耍起横来,让生活老师下不了台。我接到电话,及时赶到学生宿舍,处理此事。起初她把自己包裹得严严实实,一句话也不说,后来我与她妈妈电话沟通,才知道她家庭的具体情况。我将她带到学校操场,当晚月色很好,清亮的月光洒在塑胶操场,谈话气氛很不错。我与她走在一起,我什么也不说,她也一言不发。突然,她大哭起来,我轻轻地拍拍她的肩膀,等待她冷静下来,情绪平复下来。后来她就把自己在后妈家里所受的委屈和冷落一股脑儿吐了出来。这时我才了解到她在后妈家生活的情况,了解到她妈妈在她心里的神圣不可侵犯的地位(她说生活老师说她是没有妈妈教养的孩子,这也许是生活老师一句无意中的话,就这句话深深地触怒了她)。

　　孩子有自己的思想,有自己的人格尊严!我们做老师的千万别触动他们的人格尊严。

　　对于小影特殊的家庭情况,我装在心里,并没有让更多的老师和同学知道,因为她是一个好强而且很有自尊的学生,我就只有在平时生活和学习上暗暗给她帮助和关心。

　　记得在开一次主题为感恩的班会时,其中一个环节是:为最近表现最优秀的同学免费提供一次与自己亲人通话的机会,同学们把这个机会推荐给了小影。那一次,她与自己的妈妈通话近10分钟。从她与妈妈的交谈中,可以看出她是多么思念千里之外的妈妈呀!当时,全班同学和我都被他们母女俩的对话深深地感动了。小影逐渐成为一个懂事和善解人意的孩子!

　　她在长大!

　　历经三年,一千多个日日夜夜,她要毕业了。她长高了一大截,脸上洋溢的笑容也多起来了,显得阳光多了!她还多次说,等她高中毕业了,她要去妈妈那里读大学,与妈妈一起生活,我这里祝愿她心想事成。

　　5月份的保送生成绩也下来了,小影成功地考取了市里一所重点高中,相信她能顺利地实现她的梦想。

其实大多数学生就像她一样,既没有超凡的智力,也没有什么突出的特长和出众的相貌,我们更应该尊重这一部分学生,给他们提供一方小小的成长的土地,每一次耐心的沟通,就是一次心灵的浇灌施肥,静静地等待他们拔节。也许就有那么一天,当我们回首的时候,那陌上的小花静静地开了一茬又一茬。

孩子,我会助你飞翔/别停止飞翔

吴华明

"孩子,我绝不让你掉队的,一定不要你停止飞翔,让我助你飞翔!"吴老师心里这么坚定地想着。踏着山村清冷的月光,吴老师独自一人走在回家的路上。他的脚步显得比先前要轻快许多,内心也轻松了不少。

他家访归来。这条路他不知走过多少次了。反正这条路哪里是沟,哪里是坎,哪里是直路,哪里是拐弯,他都一清二楚。

这是一条有近十里的乡村土路,是通往他的学生谢周(化名)家的路。

谢周,他班上一个很特殊的学生,特殊在他的家庭。他爸爸长期卧病在床,妈妈在他生下来几个月后就不辞而别,至今没有音讯。谢周显得特别懂事,很小就学会了洗衣做饭,家里的绝大部分家务活,他都能够自己做。上了初中,他的学习并没有因为他的家庭而受到影响,学习成绩一点也没有落下。因此,吴老师平时都很关照这位学生,不止一次地动员全班甚至全校同学和老师为他捐款,还时常送给他衣物,有时捎点水果什么的去看望他的爸爸。

但是最近,谢周上学总是迟到,上课也老是走神,看见老师总是躲躲闪闪。不知道他在回避着什么呢?

今天,终于出状况了,谢周没来上课。于是,吴老师决定放学后亲自到他家探个究竟。

当吴老师趁着夜色踏进谢周家的那一刻,映入眼帘的一切让吴老师内心像打翻了五味瓶。只见昏黄的灯光下,谢周正吃力地为他爸爸擦洗身子。屋里弥漫着很臭的气味,原来他爸爸大小便失禁,身上床上都是粪便。

当谢周看到吴老师时,眼泪一下子流了出来。吴老师走上前去,将谢周搂在怀中,替他擦干眼泪,接着与谢周一起将他爸爸收拾干净。在谢周家门前的院坝里,吴老师与谢周谈起了心。原来,最近谢周的爸爸病情有些恶化,大小便失禁,经常将大小便拉在床铺里。谢周为了照顾爸爸,打算不上学了,因为家里太需要他了。了解这个情况后,吴老师首先肯定了他已经是个男子汉了,面对困难没有畏缩,而是勇敢地挑起家庭的担子,然后引导他怎样面对目前的困难。要他明白:学校、老师和同学以及社会是他坚强的后盾,是他飞翔的护航者。要他明白:要学会自强,怎样做到自强,只有通过自身的努力学习,通过知识改变现状,改变家庭的困境,否则,是很难改变现状的。吴老师还给他讲人生,讲理想,讲未来。在秋日清澈的月光下,能够看到谢周眼里又充满了希望的神色,谢周心里又重新燃起了希望的火花。

后来,吴老师通过努力,协调当地村委会,将谢周的父亲送到老人院去护理;谢周在校的一切费用均由学校给予解决,吴老师还通过有关渠道,联系到当地交巡警平台与谢周家结成帮扶对子,让谢周得到长期的社会帮扶,谢周也很顺利地考取了重点大学,继续自己的人生飞翔。

在从事教育的十几年里,遇到像谢周这样的学生远远不止一个,但吴老师总是通过各种办法让他们完成自己的学业,没有让一个孩子在他的手里辍学。他的信念是:伴随学生飞翔的路途中,不能让一个学生掉队,不能有一个学生停止飞翔,他要助他们飞翔,为他们保驾护航。

我拿什么来唤醒你心中的巨人？

——《唤醒心中的巨人》读后感

吴华明

　　说实话，整天与学生打交道，整天与作业打交道，整天忙于备课上课，要真正静下心来读书，还真的需要一定的定力（意志力和自控力）。因为本人对政治经济类书籍不"感冒"，对哲学更是没有多大兴趣。而我区要求学校建立"书香校园"，教师要成为"书香教师"，因此学校要求老师利用业余时间多读书，读好书，并且这学期给每个老师下发了五本新书，如《窗边的小豆豆》《给老师的一百条建议》等。于是乎在某月某日的一天晚上，我躺在床上随手拿起一本名叫《唤醒心中的巨人》的书，心不在焉地翻看了几页，嘿，还不知不觉地看进去了。于是乎接下来的些许夜晚，一躺在床上我就不自觉地拿起它读了下去。

　　本书共 26 个章节，每个章节都有独立理论和实例，读来让人茅塞顿开，豁然开朗，跃跃欲试。

　　读完这本书，让我想到了许多许多。但思绪混乱，只有粗略地将自己所想所感表述于下。

　　首先是本书作者的经历给我触动很大。安东尼·罗宾斯，1960 年 2 月 29 日出生于美国加利福尼亚。本来是一名贫困潦倒的小伙子，26 岁时仍然住在仅有 10 平方米的单身公寓里，洗碗也只能在浴缸里洗，生活一团糟，人际关系恶劣，前途十分暗淡。然而自从他发现内心蕴藏着无限的潜能之后，生活便开始大为改观，成为一名充满自信的成功者。

　　以下事实将他的成功体现得淋漓尽致：他的这本书是 80 个国家、5 000 万人受益的潜能开发力作；在美国、英国、法国、德国、日本等国畅销 20 年；哈佛大学商学院院长麦克阿瑟、《高效能人士的七个习惯》作者史蒂芬·柯维、《一分钟经理人》

作者肯尼斯·布兰查德、陈安之、李开复联袂推荐;本书的受益者包括布什、克林顿、曼德拉等全球顶级政要;安东尼·罗宾斯本人被誉为"世界潜能开发大师"。

下面我将本书总结为以下几个方面:

①成为世界第一的方法和步骤;

②世界第一的成功习惯;

③世界级企业家思考模式;

④世界 500 强经营策略;

⑤如何成为世界级领导者;

⑥如何在一年内倍增业绩;

⑦如何让顾客为你疯狂地转介;

⑧时间管理最重要的关键;

⑨如何行销任何产品给任何人;

⑩如何过平衡式成功的人生。

给我最大的感触还是这些细节和语言:

(1)要想取得持久性的改变,必须牢记 3 点:提高自己的期许,驱除消极的信念,改变策略(比较好的方法就是模仿榜样的做法)。

(2)成功人生需要掌控 5 个方面:情绪、健康、人际关系、钱财、时间。

(3)善于做决定,要主宰自己的人生,要相信信念的力量。

(4)改变:一时的改变并非表示从此就没有问题了,还得继续做调整,直到这个改变成为自发行为,才算改变成功。

(5)制订目标,首要的步骤就是写在纸上,使目标具体化,随之最重要的步骤就是让自己立即行动起来。

(6)训练计划的拟订,每周运动 3 次,15 分钟热身,20 分钟的有氧运动,以及 15 分钟的冷却。研究发现,一个人若能持续运动 12 个月以上,那就极可能成为终身爱好,就算是中间停顿了一段时间,但只要再接触就会继续下去。

我在想,我作为一个从事农村基础教育的一线老师,这本书对于我的工作有什么指导意义? 对于我的成长,对于学生的成长又有什么作用? 我拿什么去唤醒学生心中的巨人?

一、我用铸造灵魂的爱心来唤醒学生的自尊、自强、自信、自爱

现在有一部分学生自我评价过低,因而他们在许多方面对自己抱有负面看法,觉得自己事事不如人,甚至会产生自轻自贱的行为。他们一般学习的动机不强,无

上进心,因而学习成绩很差。对自己学业上的失败也常认为是自己缺乏能力的结果,有较强的自卑心理。个别学生对失败的内心体验有时表现出一种麻木,对来自外界的评价表现出一种漠不关心的态度。实际上,他们内心对获得外界的尊重也充满了渴求,只是因为长时间得不到满足而会以某种极端的方式来满足自己内心对自尊的需求,如以打架、违纪等形式来显示自己的勇敢,以抽烟、喝酒来显示自己的成熟等。这些行为本身就是心理不健康和适应能力差的表现。

对于这些情况,我尽量给他们建立一个和谐、愉快、宽松、安全的班级氛围。作为班主任尽量与他们多进行交流,了解他们的内心在想些什么。对于他们的独立要求和自主要求,予以充分的尊重和理解。在他们的学业成绩上,我并没有给他们过高的期望,没有给其造成过大的压力。

现在许多学生都是留守学生,父母常年在外打工。往往这些孩子家庭困难,学习吃力,经常缺课,为此我采取帮教与家访相结合的方法。首先从生活上帮助他们,积极给他们申请困难补助,让他们感受到来自学校和老师的温暖和照顾;其次给他们培优补差,作业尽量面批,一天教一点,让他们看到自己有希望;然后定期家访(包括电话访问),告诉家长孩子在学校的各种进步表现,让他们在体验老师的帮助中增强其自信,从而自爱自强。

二、我用足够的耐心来包容学生的错误,等待和唤醒学生的成长

做班主任工作的老师都知道,做差生工作不是一朝一夕就能完成的,差生思想波动大,经常会出现反复。对于学生作业上的错误,我尽量多次耐心纠正,不挖苦,不生气;对于学生行为上的错误,我也总是一次又一次地耐心说服教育。记得有一次,星期一我例行检查家庭作业进行得很顺利,同学们完成得都很认真,令我这班主任很感动,最后只剩下李××和赵××同学。我走到他俩的课桌前,桌上一无所有,"请把作业拿出来!"我特别加重了"请"字的音量。他俩站起来,翻着白眼望着我,一字不吐。这显然出乎我的预料。我不愿在我的学生面前难堪,请旁边的同学在他们书包里找,他俩却毫不讲理地掀过同学,把头扭向窗外,表现出一副不屑一顾的神态。果然不是省油的灯!我被他俩异乎寻常的举动激怒了,用命令的口吻让他们站出来,还要求他们请家长。同学们从我充满火药味的语言里,感到事态的严重,教室的空气一下凝固了,几十双眼睛一齐射向李××和赵××。时间一秒秒地过去,他俩仍然死死地站在自己的位置上,丝毫没有执行"命令"的打算。神情那么坦然,简直让你下不了台——这是存心和我作对。我该怎么办?迁就吗?岂不等于宣布自己的懦弱无能。强制吗?又非体罚不可,或是将他们拖出去。我束手无

策了。同学们的目光转向了我,那是纯真、希望和信赖的眼睛啊!此时此刻,他们需要的是知识,需要的是黄金般的时间,不愿停下课来看老师教育学生,又好像是在恳求我:宽容这些不通情理的学生吧!讲课吧,老师,不要再耽误我们的时间了,留到课后再处理吧!同时我也看到几双嘲弄、幸灾乐祸的眼睛,像是在等待着观看老师的面红耳赤、局促不安和盛怒之下的难堪表情。在这充满对立、一触即发的爆炸时刻,我想了很多很多,想到了忍让,也想到了宽容……"不能克制自己的人,就像一台被损坏的机器。"被损坏的机器不等于废物吗?硬把他们轰出去,虽然自己的面子好看了,但是失去的却是无法弥补的损失和无法挽回的影响。理智终于使我战胜了情感,它使我毅然摆脱了偏见,作出要忍让、要宽容的决定。理由很简单,他们是学生,我是老师。他们是孩子,我是大人。于是,我忍住了,让他们课后到办公室来把作业补上就可以了。后来他们没有完成家庭作业的现象就减少了,即使他们偶尔没有完成,他们也会主动找到老师,说明原因,并及时补上。

后来我想,教师用豁达感化学生,促其内疚,这比批评、训斥的作用要大得多啊!

读完罗宾斯《唤醒心中的巨人》,使我想到了以上这些。我将用我的爱心,细心,耐心唤醒孩子们心中的巨人!但愿能在他们初中毕业之前唤醒他们!

我的教育理想及教育情怀

向 容

　　还是在充满梦幻的少年时期,在我最崇拜的初中班主任刘老师的影响下,我就确立了一个明确的理想,那就是像刘老师一样,站在三尺讲台,用自己的博爱与智慧绘出学生的一片蓝天,引领学生走向美好的未来。后来,梦想成真,我成了一名光荣的人民教师。25年来,我坚守着教育的理想,以满腔的爱生情怀,燃烧自己的教育生命,点燃学生理想的火苗。

　　作为一名班主任和数学教师,我意识到:自己一肩挑着每一个孩子的前程,一肩挑着千家万户的幸福。我愿做那山脚下一级普通的石阶,帮孩子们攀上人生的顶峰,让孩子们梦想成真,这是我执着的追求、永恒的理想。爱学生是我的秘诀,勤奋是我的信条。我不断进取,用青春和汗水书写灿烂的人生,以高尚的师德、良好的方法和优异的成绩去赢得学生和家长的爱戴。

　　教师就是奉献的代名词,从教中我深深体会到了奉献的快乐。看到孩子们洋溢着幸福的笑脸,听到家长们真诚的赞誉,我会倍感自己肩负责任的分量,促使我脚踏实地地追逐着自己的理想。

　　每天早上,我坚持很早就赶到学校,看看孩子们到没到学校,精神好不好,有没有吃早饭;中午,我陪着孩子们吃午饭,聊聊天,或是陪着午睡,让他们有精力进行下午的学习;下午放学,我要等到孩子们全部离开学校后,才匆忙赶回家。家里还有养老抚小的繁重家务。

　　去年10月,我爱人脚跟肌腱断裂在重医手术治疗。但此时学生已进入初三,我不能耽误孩子们的学习。我每天早上五点钟起床,忙完家务,送女儿上学,再赶到学校上课,中午再坐公交车赶到医院,探望病人,料理治疗事务后又匆匆赶回学校。在爱人住院的半个月期间,我往返于医院、学校和家里,却从未耽误学生一节课。

教师，是一份以爱为主题的职业，爱是教师最美丽的语言。我用实际行动全心全意爱学生，尽心尽力培养学生，真情善意要求学生。在班级管理中，我会用激情去激发学生的斗志，用真情去感动每一位学生，用微笑去宽容犯错误的学生。

新学期开学，我会把孩子们的生日列好清单，在每个孩子的生日那天，为孩子买好生日蛋糕，送上生日祝福，让全班同学一起为孩子过生日。让孩子们在老师的祝福中幸福成长。

为帮助每一位父母外出而留守在家的学生，每次家访，我会自己掏钱买礼物，带给孩子们；为找寻离家出走的学生，我亲自找遍了学校附近街巷和游乐场；为帮助孩子化解校外纠纷，在冬天的深夜，我赶到离家二十里外的偏僻小镇帮助处理，安抚孩子的激动情绪，直至凌晨一点多钟返回。

2004年，我的班上有一个叫小杰的学生，妈妈患严重心脏病，爸爸在家具店帮忙搬家具，打零工，孩子因家庭贫困而身体差，但却很懂事，爱学习。为给孩子创造一个好的学习环境，让他安心读书，初三时，我与孩子父亲商量，让孩子在我家住下，我主动承担起照顾孩子的生活和学习。像待自己的孩子一样，每天早上为小杰同学煮好牛奶鸡蛋，想方设法做出可口的饭菜，为孩子调理胃口。同时还要为他辅导功课。经过我的悉心照料，孩子的身体逐渐好转，学业蒸蒸日上，最后以优异成绩考上了市重点中学。一年中，我没收过小杰一分钱生活费。

在以后的日子里，伴随着孩子的一步步求学之路——南开大学，西安交大，甚至在中国科技大学攻读博士后，总少不了我的叮咛与问候。孩子们也非常挂念我，逢年过节，总会发来问候及祝福短信，并亲切地叫我"向妈妈"。

从教25年，我已经记不清我所带的班级获得多少次第一，也记不清我个人所获得的荣誉有多少。荣誉和光环常常萦绕在我的身边，然而，我只是默默地把一摞摞厚厚的荣誉证书锁进抽屉，继续投入到平凡的教育教学工作中。

我喜欢走在路上，听学生们亲热地微笑叫我"老师好"；我喜欢拿起粉笔，为年轻的学子们破浪导航，为他们开启智慧之门，帮他们点燃理想之灯，其间也丰富着我的生活，美丽着我的人生。我不懈地追寻着自己永不泯灭的教育理想，在这样的信念支撑下，我快乐行进在教育战线广阔征程之中，在这块沃土上勤奋地耕耘着。我感觉到教育事业是那么的美好，那么的多彩，这不就是我一生追求的理想教育吗！这不就是我对教育事业的挚爱所在吗！

三尺讲台，将是我一辈子耕耘的热土！

秋叶的回忆①

杨宗英

萧瑟的秋风,在九月的寒空中寂寞地吹过。落叶,从枝头凄然地飘下,如同秋天悲伤的泪水。我呆呆地凝望着它们,仿佛又回到了那个秋天,那个包含着失落、痛苦与真情的秋天。

那一年,我二十二岁。

那一年,我初为人师。

那一年,我第一次当班主任,教数学。

第一次步入教室,眼前的一切对于我来说都是新的。台下,是52张稚气的小脸,带着陌生,带着惶惑,一双双桀骜不驯的眼睛注视着我,就这样,我开始了我的教学生涯。

我害怕我不能得到孩子们的肯定,我要想方设法提高他们的学习兴趣。有一次,教有理数的乘方,我讲述了这样一个故事:古时候,有一位聪明的大臣,他发明了国际象棋,献给了他的国王,让国王从此迷上了下棋,为了对聪明的大臣表示感谢,国王答应满足这个大臣的一个要求。大臣说:"就在这个棋盘上放一些米粒吧,第一格放1粒米,第二格放2粒米,第三格放4粒米,然后是8粒米,16粒米,32粒米……一直到第64格。""你真傻,就要这么一点米粒?"国王哈哈大笑。大臣说:"我怕您的国库里没有这么多米!"

同学们眼里充满了疑惑,我告诉大家若满足大臣的要求,国王的国库里应有 $2^{64}-1$ 粒米,以100粒/克计算,约为1 844.67亿吨。孩子们都"哇"的一声叫了起来,纷纷翻开课本阅读。当时,我看到那充满惊讶的笑脸,我敢肯定,那一定是天底下最美的容颜。

---

① 此文荣获2008年九龙坡区教师论坛二等奖。

苏联教育家苏霍姆林斯基说:"教师如果不想方设法使学生产生情绪高昂和智力振奋的内心状态,而只是不动情感的脑力劳动,就会带来疲倦,处于疲倦状态下的头脑,是很难有效吸取知识的。"因此,在以后的每一堂课中,我都要精心设计一个新情景,或者用数学故事作为课堂的开头,一开始就把数学与生活结合起来,让他们在愉快和强烈的求知欲中学习。

日子一天天过去了,孩子们越来越喜欢数学,成绩也越来越好。

课外时间,我不再是孩子们的老师,更不是一脸严肃的班主任,我是他们的大姐姐,我和他们打成一片,我们一起聊天,玩游戏,踢毽子,跳皮绳。和孩子们接触久了,我发现他们很乖,个个多才多艺,也特别能干,于是我培养了一批得力的班干部,对那些学习比较吃力的孩子总是给予耐心的帮助,只要发现他们有一丁点儿进步,就在全班表扬他们,让他们找回自信。渐渐地,一个和谐的班集体诞生了,这个班屡次受到学校的表扬,作为第一次当班主任的我感到无比的自豪!一年后的暑假,我从县里捧回第一张"优秀班集体"的奖状。

但是,一个意想不到的事情发生了。

那是一个落叶飘飞的秋日,校园里的黄桷树树叶洒落一地。我踏着轻快的步子走向校长办公室,我猜想,一定又是让我选拔班上的尖子学生参加市里的数学竞赛吧。

我坐在校长的对面。"初二、五班的成绩又上台阶了,你辛苦了!"他手里拿着成绩单。我自信地笑笑。

"杨老师,由于学校缺乏老师,我们决定……把五班分到其他班上。你来教新一届的学生。"他不容分辩地看着我。

我当时真是呆了,为什么呢? 干嘛让我离开那些笑脸,让我离开那些孩子?

落叶,还在飘舞,但我觉得他们真像极了秋天的泪水。走出了校长办公室,靠着一棵树干,双手掩面,我哭了。

"杨老师",有孩子在背后叫了一声。

转过身,不知什么时候,我的身后站着一大群孩子,站在最前面的是原来那个被其他老师认为最调皮的学生。

原来,校长和我的谈话他们都听见了。

我望着这群孩子,用手抹掉眼泪对他们说道:"孩子们,你们要听话,以后要更加努力地学习,功课不能落下。但是也要注意自己的身体,……,"我哽咽了,再也说不出话来。我用力地抱住他们:"说实话,我真舍不得你们,但我必须服从学校的安排。真对不起! 学校会把你们安排到更适合你们的班级,真是对不起!"

秋风瑟瑟地吹过,吹起了和着我们泪水的落叶,把它带向了远方……

一刹那间,我分明地感觉到了爱,只有爱才是教育永恒的主题。

一枝一叶总关情

——以自身教学实践谈李镇西的育人观

周 进

　　前不久我拜读了日本著名作家黑柳彻子的儿童文学作品《窗边的小豆豆》,校长小林宗作精心爱护学生以及他对教育事业的无限热爱和执着深深地感染了我。但这毕竟是以真人真事为素材的文学作品,它全篇通过叙事和细节描写,客观展现校长的教育经历以及小豆豆的成长过程。同时作者本人也未从事过教育一线工作,因此全书缺乏对教育现象的理性思考。最近我读了李镇西的《爱心与教育》以及有关他的访谈文章,对如何进行爱的教育有了全面的更深的认识。

　　李镇西自 1982 年师范毕业后长期从事语文教学工作,即使担任校长也坚持在教学第一线。他勤于写作,善于反思,善于总结在教育教学实践中的得与失,从而形成了一套自己的爱的教育的理论。他以人文主义的情怀,把人类的普世价值观用于教育的实践活动,他认为:"教育是良知的事业,民主是教育的灵魂"。他在本校网站"校长寄语"中写道:"一个真诚的教育者同时必定又是一位真诚的人道主义者。素质教育,首先是充满人情、人道、人性的教育。一个受孩子衷心爱戴的老师,一定是一位最富有人情味的人。只有童心能够唤醒爱心,只有爱心能够滋润童心。"也许这段话代表了他的教育观中最核心的意义。

　　从书中不难看出,李镇西对教育、对学生始终充满激情,但他对学生的爱也经历了由小爱到大爱的过程。刚开始工作的时候,他为了维护本班学生的利益曾经打过其他班的学生,为此,他后来深感内疚,他说道:"以厚此薄彼的态度对待学生,并不是真心爱学生,所'爱'的一部分学生,实际上成了班主任的私有物,因而这种'爱'是自私的。"其实这种现象在许多学校普遍存在,有的老师和班主任明明知道本班某个学生有这样那样的问题,但与其他班的学生发生矛盾,或一经德育处指出来,不是站在客观公正的立场处理问题,而是竭力为这个学生辩解。这种行为实际是把本班的学生当作自己的私有财产,其实是为了维护自己的声誉和利益。这样的偏袒也会更加助长学生的错误行为,最终影响学生的健康成长。李镇西的所谓的"大爱"就是对学生平等的爱,无差别的爱。他说:"真正的爱应该是一种大爱,是爱所有学生,爱身边所有的人。"

为此,他经过多年摸索和总结,构建了一套民主教育的理论。他认为,爱心蕴含于真正的民主之中,"民主教育应该是当今中国教育的时代主题。"为了实现"民主教育",他和同学们一起商讨,制订了非常细致的"班规",其中还包括对班主任的许多制约的规定。有一次班上练合唱,有一位女生不愿领唱使他火冒三丈,事后,他虽然已经向这个女生道了歉,但第二天早上,同学们一走进教室,还是意外地见到黑板上写着一行大字:"李老师昨日发火,罚扫教室一天!"后来有同学帮他扫,他都毅然拒绝,一直坚持罚做了一周的清洁。为自己订班规,这本身异乎寻常,而且一旦违规,甘愿受罚,很多老师、很多班主任认为这样做坏了规矩,不成体统,使老师颜面尽失。其实,李镇西这样做是在践行民主教育的观念,用"法制"来代替"人治"。只要是工作多年的班主任,早已经意识到用"人治"管理班集体的种种弊端。比如学生的亲疏,自己心情的好坏等因素都可能造成班级管理的随意性,久而久之,大大降低老师在学生中的威信,也不利于师生之间平等互助的新型关系的建立。当然,老师在学生面前给自己定规矩,这的确要有很大的勇气才行。只要我们转变观念,冲破长期以来"师道尊严"的藩篱,真正把自己放在和学生平等的位置,那么,你的教育将会海阔天空,迎来一片崭新的天地。

事实也的确如此,李镇西老师在他的班级坚持用民主、法制来管理,而且自己把自己关在制度的笼子里,带头执行班上的规章制度,班级氛围和谐友好,团结上进,师生之间相互信任,亲密融洽。

在当前,一轮又一轮的教育改革一浪接着一浪蜂拥而来,由此出现了各式各样的教育教学模式,同时,教育专家们带领着教师对教育教学技巧问题津津有味地进行探讨。也有许多老师因利用某些技巧化解了教育的问题而沾沾自喜。李镇西对此却不以为然,他认为,教育的魅力来自于教师的爱心和童心。无论是爱心教育还是民主教育,都不需要太高的技术或能力,它首先是教育者应拥有的一种情怀,技巧是其次的东西。对此我深有感触,因为我们面对的不是机器,不是生产流水线,而是一个一个鲜活的人。人是有情感的,只有用爱心唤起爱心,用童心打动童心,师生之间才会水乳交融,教师才能对学生产生感染力和号召力,这时你的教育教学才会发生立竿见影的作用。

那么这样的情怀应具备哪些精神要素呢?

第一,要尊重学生。李镇西认为学生是值得尊重的,因为他们有着比教师更好的道德和品质。教师应尊重学生的人格和权利,把自己视为与学生平等的朋友与同志。尊重学生的思考,尊重学生发表不同看法的权利,并且提倡学生与教师开展观点争鸣。

第二,平等精神。这包括师生之间尊严的平等以及师生之间权利的平等,特别是要保证学生受教育的权利的平等。教师应该对每位同学一视同仁,应该在教学中营造一种同学之间互相尊重、平等相处、真诚友好的氛围。今天的教师如何对待学生,明天的学生就会如何去对待他人。

第三,包容精神。学生在成长过程中常常会有幼稚乃至错误的表现,包容学生的幼稚和过错,体现了教师对学生的真诚信任和热情期待,相信学生会在继续成长的过程中超越自我,走向成熟。包容学生,前提是能够换位思考,尊重学生的思想。

第四,妥协精神。多数教师是通过盛气凌人的架势让学生妥协,而李镇西认为妥协是相互的,教师有时候也应向学生妥协,特别是师生之间产生激烈冲突的时候。这一点我深有体会,我所任班级有一个调皮学生上课经常捣蛋,有一次上课,一个纸飞机飞向讲桌。我向台下看了一看,见这个调皮学生一脸诡笑。我便认定是这个学生搞的鬼,于是走向前去对他大声训斥,并想把他拽出座位,他一边努力挣脱,一边大声嚷道:"不是我扔的!"这时其他同学看不下去了,说不是他扔的。我松了手,迟疑了一会儿,最终对他说了声"对不起",这时全班安静下来,那个调皮学生也平静了自己的情绪。从那以后,那个调皮学生上课再也不捣蛋了,教室上空的纸飞机也因此而消失。教师的妥协有时可收到意想不到的教育效果。

当然,这并不是说我们的教育不应该具备一定的技巧,比如如何敏锐地感知学生的心理,如何做到宽严有度,这些都需要掌握一定的技巧。有的老师常常抱怨自己把所有的爱献给了学生,却得不到学生的理解和尊重。有的老师用恋爱作比,调侃道:"教书是一场暗恋,你费尽心思去爱一群人,结果却只感动了自己;教书是一场苦恋,费心爱的那一群人,总会离你而去;教书是一场单恋,学生虐我千百遍,我待学生如初恋。"大有"种花事业无人问,对花情味只天知"的感慨。要解决这样的问题,我们要不断总结教育教学中的经验教训,不断反思,不断学习,提高自己的业务水平。

"一枝一叶总关情",我们只要全身心地投入到教育事业中,真诚地爱护学生,平等地对待学生,饱含激情地拥抱每一个学生,那么我们的教育事业将会一片蓝天白云,高远靓丽。

让好的音乐滋润孩子的心灵

——浅析初中音乐欣赏课的有效教学

王 柯

摘 要:音乐是人类历史上最古老且最具有感染力的艺术形式之一。音乐课是人类进行音乐传承的重要形式之一,也是人文学科的一个重要领域,是实施美育的主要途径,是学校基础教育的一门必修课。本文在分析初中音乐欣赏课特点的基础上探究初中音乐欣赏课的有效教学策略。

关键词:初中;音乐欣赏;课程特点;教学策略

新课标指出:音乐学习的重要领域是感受和鉴赏,它是整个音乐课程学习的基础,对培养学生音乐审美能力有积极的促进作用。音乐就是通过有组织的音乐所塑造的听觉形象来表达创作者的思想感情,反映社会现实生活,使欣赏者在得到美的享受的同时也潜移默化地受到熏陶的一种艺术。俄国著名教育家苏霍姆林斯基曾经说过,"音乐课是真正的美育课……能够欣赏懂得音乐,这是审美修养的基本标准之一,离开这一点,就谈不上完美的教育"。音乐欣赏教学的重要性,由此可见一斑。

一、初中音乐欣赏课的课程特点

音乐欣赏教学是指导学生通过对音乐作品的感受并引起感悟及联想来提高审美情趣为目标,提高学生的认知能力。对于音乐欣赏课而言,开设课程的目的和要求也是根据课程的特点而设定的。从目前初中的音乐欣赏课来看,它主要有以下几个特点。

1.主观色彩

音乐是声音的艺术,音乐所表达的信息是一种模糊信息,这是音乐的重要特征。它决定了音乐欣赏感受的模糊性质,因此欣赏者在欣赏音乐时带有明显的主观再造成分。同一音乐作品,不同的人感受必定是不同的。甚至可以说,同一个人在不同时间里对同一首乐曲的感受也必定是不同的。音乐给每个人的感受与理解是不一样的,每个人的生活阅历,情感经历都是不同的。同样的作品,恐怕有"一百个观众,就会有一百个哈姆雷特",如果你只是欣赏音乐的美感,也许就不需要深入了解,但在欣赏音乐前了解许多必要的知识,那么欣赏音乐作品的能力就会大大增强,对音乐的理解就会更深入。当然,我们强调音乐欣赏主观心理这种不共性的同时,并不排斥音乐欣赏认同心理的一面。

2.情感效应

音乐欣赏课具有情感诱发的特点。在音乐欣赏课中,诱发情感效应的原因很多。如情感信息的认同心理,可以使听众的思想情感与音乐表达的情感相吻合或极为接近,从而诱发情感效应;或者欣赏者聆听音乐时,无意中将音乐信息同某一过程联系起来,按个人愿望来解释和感受,诱发情感的想象。

3.欣赏的自由性

新音乐大纲对音乐欣赏内容不再作出具体的规定,这给广大音乐教师带来了广泛的选择余地,提供了创造机会,但在内容的选择上,应首先考虑初中生的年龄特点和接受能力。要选择有益于学生的身心健全发展并为学生喜闻乐见,容易理解和接受的,具有较高思想性与艺术性的优秀作品,特别是我国优秀的民族音乐和民间音乐。教师根据本地的特点,可选择地方性的戏曲等乡土音乐内容,给学生更亲切的感受,让学生觉得音乐并不是高不可攀的,缩短学生与音乐间的距离。

二、初中音乐欣赏课的有效教学策略

如何通过音乐欣赏课提高初中生的认知和审美能力,提高学生的综合素质,提高教学质量,是所有音乐老师探索的问题。由于音乐欣赏能力的提高不是一蹴而就的,而是要经过一个由表及里,由浅入深的发展过程。欣赏者必然要经过一个心理反应过程,由感知外部音响→开展想象联想→得到情感共鸣→理解认识。所以欣赏教学时必须遵循这一心理反应过程,根据初中生年龄阶段特征和音乐欣赏课的课程特点,引导学生逐渐由直觉欣赏向高层次的情感欣赏迈进,设计有的放矢的教学策略。

1.以兴趣引导学生

"兴趣"作为一种对周围的现象或事物表现出的喜好情绪,对人的各种活动都具有非常重要的导向作用,因为它是每一个人从事各类活动的内在动力之一。由于我们的音乐教学本来就充满了各种乐趣,因此,要做到让学生对音乐课感兴趣这一点并不难。我们只要认真地设计,充分利用这一个有利的因素,使学生建立起浓厚的音乐认知兴趣。比如,在学习彝族民歌《阿西里西》之前,教师首先声情并茂示范演唱《赶圩回来阿哩哩》或《远方的客人请你留下来》的主题音乐部分,让学生猜测她们属于哪一个民族的民歌,并给学生一定的提示,采用排除法,去掉以往所学的新疆民歌和藏族民歌的可能后(其实也是对以往所学知识的回顾和复习),再让学生判断。学生有可能猜到了很多个答案,期待着老师的肯定。然而,在他们的每一次回答中尽量提出3个字——"为什么?",于是,学生会从音乐旋律的节奏、情绪及歌曲中衬词的特点上一一作出他们的个性理解和回答,每一个学生都期望自己的答案是准确的,于是就会出现抢答的现象,此时,学生的求知氛围特别浓郁。其实在这一环节中,也就是让学生自己去总结出彝族民歌的特点。当对他们其中的几个答案作了肯定及赞赏时,学生的兴奋溢于言表,更增加了他们学习歌曲的兴趣。

2.以流行歌曲引发学生乐趣

与我们的音乐课堂教学内容相比,青春期的初中学生似乎更迷恋流行歌曲,周杰伦、超级女声等往往占据了他们的全部艺术细胞。《让世界充满爱》《走进西藏》,一些好听的、感人的通俗音乐正在逐步走进我们的课堂,受到广大师生的喜爱。随着新课程的改革,我们改变以往的教学观念,尊重学生的爱好,尝试着去了解他们的音乐,和他们去分析流行音乐,甚至可以和他们一起学唱。作为音乐老师,我们应该和学生们平等地谈论流行歌曲,如通过对周杰伦的几首作品的欣赏和分析,让学生自己去判断他的优点和不足,这样一来,让学生了解,老师并不是绝对地封杀流行音乐,而是采取择优而赏的态度,使他们能理性地面对明星效应。

3.交流互动

在新课程的教学中,我们应注重和学生的交流和互动,去倾听他们的心声。其实交流和互动是日常教学中最基本的表现形式之一。师生之间、学生之间只有经

常进行信息交流,才能实现师生之间的互动,学生之间的互动,相互沟通、交流、学习,相互补充,共同完善。在音乐教学中,信息、情感的交流,就是在课堂上,一方面,教师传授新的知识,另一方面,学生也将自己在学习过程中所产生的情感感受及时地反馈给教师。这样,才能营造一种和谐、平等的学习氛围,让学生能更轻松、更快乐地学习,养成健康、高尚的审美情趣和积极乐观的生活态度。

三、结　论

总之,在欣赏教学中,最根本的是教师要精心设计,通过各种形式的教学手段和途径来帮助学生理解音乐作品所表达的内涵、意境。在新课程理念下的音乐欣赏教学中,教师更应从学生的身心发展规律和学习认知特点出发,在欣赏音乐中启动学生的联想和想象,丰富他们的听觉感知,扩大音乐视野,积累音乐语汇,发展音乐思维,从而达到启迪智慧、陶冶情操、培养审美能力和审美情趣的目的。教师要遵循教学规律,积极发挥主观能动性,在自身实际情况的基础上充分利用资源,吸收国外先进的教学模式、思路和方法,为音乐教育事业奉献出自己的力量,让美好的音乐,滋润孩子们稚嫩的心灵。

参考文献

[1] B.M.捷普洛夫.音乐能力心理学[M].孙晔,译.北京:人民教育出版社,1990.
[2] 艾伦·科普兰.怎样欣赏音乐[M].丁少良,译.北京:人民音乐出版社,1984.
[3] 张俊,郭爱民,李岳庚.音乐与音乐欣赏[M].长沙:中南大学出版社,2005.
[4] 卢广瑞.音乐欣赏[M].北京:清华大学出版社,2007.

学生活动与教师作用[①]

谢宗林

问题思考：

　　随着新课程的实施,新旧两种课程在理念上进行了激烈的碰撞,不少教师感到困惑,甚至无所适从。新课程提倡以学生为本,以学生的发展为主,倡导学生自主、合作、探究的学习方式。因此在课堂上出现了完全以学生活动代替老师的讲授,以学生问、答、演练代替教师的点、拔、启、导,似乎教师的作用被淡化了。似乎只要课堂活跃就是好课。有的教师为了追求课堂活跃,把活动设计得天衣无缝,学生只需按照老师开辟的道路去走就行了。特别是在小组活动中,把活动的成功与否寄托在"优生"身上,生怕"学困生"搅乱活动的开展。这一现象不得不引起我们的思考:如何在活动中发挥教师的作用?

　　其实在新课程下,教师的作用加大了,做教师更难了。下面我结合自己的教学经验,谈谈教师如何在学生活动中发挥作用。

问题解决：

　　1.把关注的焦点放在学生身上而不是教师自己身上

　　在学生活动时,老师可能注意到,各个小组的学习进程出现了差异,小组讨论也非常激烈,他们甚至提出许多问题。这时,老师的第一想法可能是:我驾驭不了这堂课怎么办? 课堂会不会太乱? 我的教学目标是否能完成? 而不是想,学生在做什么? 他们的学习进行得怎么样了? 他们需要什么? 我是否想办法帮助他们? 如果教师把关注的焦点放在学生身上,就会忙于深入各小组的讨论,了解他们的认

[①] 本论文发表于《英语学习辅导报》英语教研版第 27 期(总第 153 期)。

知情况,从而灵活地组织安排下一个活动。教师还要特别关注那些没有参与的学生在干什么。他们是在认真倾听还是神游在外,或者是在被动接受。教师的任务是帮助调动这些学生的积极性,并反思自己的教学设计:如何让更多的学生加入活跃的学习活动中来。

2.既关注学习过程又关注学习结果

现在的课堂上,几乎都有小组活动,但是仔细观察就可发现,多数讨论仅仅停留在形式上。老师下令开始、结束,然后起来发言的学生往往说"我怎么怎么看"而不是"我们小组怎么看"。我认为教师应事先建立一些基本的小组合作原则,讨论前,小组成员先独立思考,把想法写下来,再分别说出自己的想法,其他人倾听,然后讨论形成集体意见。这样,每个人都有思考的机会和时间。教师在要求汇报时,也应说"哪个小组愿意来说"而不是"哪个同学愿意来说"。教师在小组活动时应深入到小组中去,了解学生合作的效果,讨论的焦点,认知的进程等,从而灵活地调整下一个教学环节。而不是热热闹闹走过场。

3.注重活动的有效性而不是活动越多越好

有些课,教师设计了丰富多彩的活动,而且每个活动都很好。课堂上出现了完全以学生活动代替老师的讲授,以学生问、答、演练代替教师的点、拔、启、导,教师事先设计好各个环节,上课只需控制活动时间,显得胸有成竹。从表面上看,每个学生都在自主参与,每个学生都在动手实践,而且课堂活动也很丰富,但这样的课华而不实。新课程更强调教学活动的有效性,教师需要必要的知识讲解并启发学生进行探究性活动,通过自主学习过程,给他们深刻体验。虽然每个活动学生都做了,但是在活动之前,学生没有思考的时间,没有假想和再去验证的过程,活动结束时没有时间让学生质疑,没有时间关注未成功的学生的反思。因此,成功课堂不在于活动多少,而在于把每个活动甚至每个环节做透,做细。

4.关注学生的有效参与

学生的有效参与是合作学习的关键所在,它可分为行为参与和思维参与两类。回答问题、分组讨论和表演等属于行为参与。学生的思考、讨论、争论和写作都属于思维参与。但是,在课堂教学中应避免无效参与,如学生参与的动机不明确,参与方式机械被动,有明显的表演色彩,尽管课堂活跃,但学生的语言知识和语言能力均无明显发展,思维能力没有提高,只能算是无效参与。

5.与学生共建生成课程

课程是不断生成和发展的,不是固定不变的,在探索中获得新知,"方法"和"内容"不断共生,学生的情感得以丰富,价值观得以形成。在新课程教学中,教师要关注学生的学习过程与方法并产生积极的情感体验和正确的价值观,关注学生主动参与、生动的思维活动、实践与创新过程。教师要具备强烈的课程参与意识,要与学生共同建构、共同创造,共同生成新课程。要和学生伴随新课程一起成长。教师要在教学中不断反思和总结,变教学过程为探索过程,充实和完善课程。

6.案例展示

在学完表推测的用法后,我给学生布置了做预测的活动。

(1)呈现几个有深度的预测问题,让学生运用所学的知识,发挥自己的才智,思考并讨论这些问题。

① Which football team might be the champion for the next World Cup?

② What will Xipeng be like in 10 years?

③ Could there be many robots in our home in 100 years?

④ Could there be aliens in space?

(2)以小组为单位,选择一两个问题进行深入讨论,做出预测,并说明合理的原因。

(3)小组发表评论或意见。

(4)教师引导学生总结。

后 记

重庆市九龙坡区西彭第一中学是九龙坡区的示范性初中,多年来坚持特色办学,在"三明立人"理念引领下,干部教师参与全区深化课程改革,促进学生特色发展的各类教育教学活动,有思路,有实践,有成效。本书展示的内容就是其中最为重要的印证。

我从重庆二外调到九龙坡区教师进修学院工作,同现任的学校校长、书记保持了较多的工作联系,同时也建立了深厚的个人间的感情。从工作联系上讲,学校的教育科研课题研究、软科学项目的实施、薄弱学校的建设、课程体系建设等学校发展中开展的工作,都在很大程度上与我的工作有联系,从学校的这些工作联系上,我认为有三点是学校特色发展之路的好的做法:一是校长重视学校特色发展的总体设计,能够深入思考和参与学校的特色建设,正所谓路线决定之后,干部就是决定因素,校长的素质与管理对于学校今天的办学有决定性的作用。二是有一支热心改革,关注学科特色教育教学实践的好的教师队伍,现代社会强调以人为本,学校特色建设更应以教师发展和教师个性化为本。三是对于学校总结提炼的研究成果,在本书确定为明德、明理、明志3个板块,虽然不一定完全能够区分开相关的内容,但与今天我们所倡导的立德树人,所提出的学生核心素养培育等教育要求相论,我个人认为是有异曲同工之效果的。

参与本书的策划出版,我个人是很乐意的。只是因为对于本书内容的学习理解不够,时间与精力上没有更多地研究其中的教育教学原理与方法,为此,可能对书中需要补充完善的地方没有更好地注意。但我还是认为:明德教育就是明确学生如何做人和学会必要的做人的道理所需要的教育;明理教育就是引导学生理解和运用做事的知识去做好事,提高做事的效率与质量的教育;明志教育就是让学生有一定的志趣与理想,更好地实现人生的价值教育。

本书出版,要感谢全体干部教师,更要感谢所有关注学校特色办学的领导与同行。

九龙坡区教师进修学院

张世平

2017 年 1 月